Evan Eisenberg · Der unvergängliche Klang

Evan Eisenberg

DER UNVERGÄNGLICHE KLANG

Mythos und Magie der Schallplatte

Aus dem Amerikanischen
von Angelika Schweikhart

Edition Sven Erik Bergh
im Verlag Ullstein

Die amerikanische Originalausgabe erschien bei
McGraw-Hill Book Company, New York

Satz: Dörlemann-Satz, Lemförde
Druck und Binden: Mohndruck Gütersloh
Printed in Germany 1990
ISBN 3 7163 0222 8

CIP-Titelaufnahme der Deutschen Bibliothek

Eisenberg, Evan:
Der unvergängliche Klang: Mythos und Magie der Schallplatte/
Evan Eisenberg. Aus d. Amerikan. von Angelika Schweikhart.
– Frankfurt/M; Berlin: Ed. Bergh im Ver. Ullstein, 1990
Einheitssacht.: The recording angel <dt.>
ISBN 3-7163-0222-8

Meinem Vater,
meiner Mutter,
meiner Frau

DANK

Für ihre Kommentare zu den Druckfahnen oder Teilen daraus und für Gedanken, die sie während etlicher Jahre mit mir geteilt haben, möchte ich meinen herzlich empfundenen Dank an John Aniello, Alan Bernstein, Gerald Cohen, David Hamilton, Ted Klein, Maria Margaronis, Ann Marlowe, Erik Murkoff, Adam Narva, Elizabeth Pochoda, Paul Sanford, Steven Sater, Victor Shargai, Joan Warner, Charles Weinstock und anderen Freunden, zu zahlreich für diese 45-Upm-Seite, aufzeichnen. Es gibt jedoch manches, dem die Aufzeichnung Gerechtigkeit nicht widerfahren lassen kann. Die Geduld und Herzlichkeit meiner Verlegerin, Cynthia Merman, die Zähigkeit und die Randbemerkungen (selbst ein Kunstwerk) meines zutiefst literarischen Agenten, Joe Spieler, die Großzügigkeit meiner Gesprächspartner im ersten, dritten, neunten und elften Kapitel, der Glaube, das Verständnis und das endlose Abschreiben meiner Eltern, Arlene und Howard Eisenberg, und meiner Schwestern Sandee Hathaway und Heidi Murkoff, die ungesicherten Darlehen und die unendliche Fähigkeit meiner Großeltern, Millie und Harry Scharaga, zu *shepping naches* sowie die Liebe, der Mut und die Güte meiner Frau Freda mögen als Legende weiterleben.

E.E.
New York City
Tag der Bastille 1986

INHALT

1.	Clarence	11
2.	Musik wird ein Ding	20
3.	Tomás	45
4.	Einsame Zeremonien	53
5.	Platten in Gesellschaft	80
6.	Die Cyrano-Maschine	98
7.	Glenn Gould	111
8.	Phonographie	120
9.	Nina	174
10.	Dosen-Katharsis	189
11.	Saul	226
12.	Deus ex machina	244
	Register	276

1
CLARENCE

Von außen sieht Clarences Haus aus wie die anderen in dieser Gegend von Bellmore, Long Island. Vielleicht ist der kleine stoppelige Grasfleck eine Schattierung brauner als im Durchschnitt, aber es gibt nichts Bemerkenswertes, bis man zur Tür tritt, in der sich dort, wo das Schloß sein sollte, ein mit Lumpen ausgestopftes Loch befindet; man drückt auf die Klingel, die nicht klingelt, man klopft und sieht, wie hinter dem kleinen Glasviereck ein Gesicht auftaucht. Eine marineblaue Wächtermütze ist bis zu den Augen hinuntergezogen, deren Wimpern feucht glänzen. Die breiten, von roten Flecken übersäten Yankee-Backen zeigen ein Lächeln, und die hohe Stimme fordert einen hastig auf, hinten herum zu kommen.

Clarence öffnet die Küchentür, und man tritt ein, aber nur mit Mühe. Jede Fläche – die Tische und Kommoden, die Ofenregale und der Kühlschrank und fast auch der gesamte Linoleumboden – ist von Platten bedeckt. Schwere Schellackplatten, die in Pappkartons gezwängt sind oder einfach in Stapeln auf dem Boden liegen; einen solchen Stapel krönt ein Teller rostbrauner Spaghetti. In einer Ecke stehen vier Einkaufstüten voller gezuckerter Krapfen. Der Geruch ist durchdringend.

»Die Toilette ist verstopft«, entschuldigt Clarence. »Ich muß aufs Clo in die öffentliche Bibliothek gehen. Pinkeln tue ich in einen Eimer.« Er zeigt auf einen Wandschrank. »Tut mir leid, daß es so kalt ist. Sie wollen die Öfen nicht richten. Ich rasiere mich jeden Morgen mit kaltem Wasser.« Der Ausschlag, so viel ist jetzt klar, ist eine riesige Sammlung von Rasierschnitten.

»Sieh dich hier um! Kann man das glauben? Und dieser Bastard Healey erzählt jedem, was für ein guter Katholik er sei, das alles für mich zu tun.« Healey, ein Rechtsanwalt, dessen Name ich geändert habe, kaufte das Pfandrecht – offiziell kaufte es seine Sekretärin – auf Clarences Elternhaus in Roslyn Estates, Long Island, eine vierzehnzimmrige Villa im Schätzwert von 48.000 Dollar. Clarence hatte sie und etwa 70.000 Dollar 1970 von seinem Vater, einem bekannten Cadillac-Händler geerbt, aber innerhalb weniger Jahre hatte er all sein Geld ausgegeben, und dann war ihm nur noch das Haus geblieben – ungeheizt, unbeleuchtet, so vollgestopft mit Plunder, daß die Tür nicht mehr aufging – und eine dreiviertel Million Schallplatten. Hinkend vor rheumatischer Arthritis und ohnehin nicht begabt für eine einträgliche Beschäftigung, lebte Clarence von Sozialhilfe. Da er die Steuern für seinen Besitz nicht zahlen konnte, verlor er ihn an Healeys Sekretärin. Diesen Ort verdankt Clarence also seiner Torheit.

In mancher Hinsicht ist es hier besser für ihn. Er hat Strom, und wenn seine Finger auch zu steif sind, die elektrischen Birnen auszuwechseln, kann er doch wenigstens seine Platten spielen. In Roslyn mußte er ein beim Trödler gekauftes batteriebetriebenes Schrottgerät benutzen, eigentlich ein Kinderspielzeug, und nach einiger Zeit versagte auch das seinen Dienst. Jetzt hat er ein gutes, gebraucht gekauftes, tragbares Netzgerät in der Küche. Auf dem, was der Speisezimmertisch sein müßte, steht auf den Platten seltsamerweise ein weiteres Gerät und auch ein schäbiges Transistorradio; während er mich dorthin führt, sagt Clarence: »die sind für dich, weil du gesagt hast, du hättest dort, wo du haushütest, überhaupt keine Musik. Ich habe sie aus einem Secondhandladen, aber sie funktionieren tadellos.«

Clarence ist also ein Heiliger, wenn er auch zum Himmel stinkt. Die Geschichten von seiner Großzügigkeit (10.000 Dollar Trinkgeld für einen Taxifahrer, der eine Bar eröffnen wollte) sind nicht bloß Legenden. Er verschenkt sogar Schallplatten.

»Du sagtest, du magst Gershwin und Fred Astaire: Ich habe alle die alten Brunswicks von *Shall We Dance* und *A Damsel in*

Distress. Sie gehören dir. Sie liegen hier irgendwo auf dem Kühlschrank.« Und Clarence verbringt die nächste Stunde damit, sie auszugraben, jede Platte dick bestrichen mit einer Geschichte. Anekdoten rieseln herab wie Sandkörnchen. »O, die ist sehr selten, eine von Jolsons ersten. Magst Du Jolson? Sie gehört dir. Hier ist eine sehr seltene Ethel Waters, ›Frankie and Johnnie were lovers‹, du sollst sie haben. Hier ist eine der ersten Astaire-Platten« – Clarence singt: »'S wonderful, 's marvellous ... gefällt dir das? Sie gehört dir. Nein, nimm sie. Du magst Gershwin mehr als ich. Hast du ... es gibt ein Twentieth-Century-Fox-Doppelalbum, etwa zwanzig Dollar, Ira singt; hast du das Frances Gershwin Album? Ich werde es ausgraben. Ich habe ein sehr seltenes Liedblatt, das Ira für mich im Museum der Stadt New York signiert hat. Ja, ich habe ihn getroffen, ein sehr freundlicher Mensch. Wenn ich es finde, wirst du sterben. ›Dawn of a New Day‹ war der Titelschlager der Weltausstellung von 1939, und auf dem Brunswick-Label standen George und Ira Gershwin. Nun starb aber bekanntlich Gershwin 1937, so mußten sie es also zwei Jahre zurückdatieren, es sei denn, George hätte die Musik geschrieben, und Ira hätte dann ... Hast Du Joe Franklin im Radio gehört, er sagte: ›George Gershwins Frau Ira?‹ Ich schwöre. O, hier ist eine andere Fred Astaire! Du sollst sie alle haben. Hier ist *noch* eine Fred Astaire!« – die sanfte, dünne Radiostimme ist jetzt nur ein Zittern – »Du hast das große Los gezogen! Du sollst alle Originale haben, alles, was auf dem Epic Album ist!«

Die Platten sind schwer und kalt, wie schwarzes Eis; als ob sie, sollte der Ofen wunderbarerweise doch anfangen zu heizen, in eine Art musikalischer Flüssigkeit schmelzen würden. »Kälte macht den Platten nichts aus«, versichert mir Clarence, »nur Hitze. Wie ich Irv Molotsky sagte« – der Reporter der *New York Times,* der vor einigen Jahren über Clarence geschrieben hat – »Platten sind seelenlos, bis man die Nadel in die Rille setzt, erst dann erwachen sie zum Leben.«

Clarence Browne wuchs während der Depression auf. »Momma kaufte sich zwölf Jahre lang kein neues Kleid. Poppa hatte einen

Job bei Cadillac; das war's. Ich ging damals zum Kaufhaus in Port Washington, um diese großen Kinderbücher zu kaufen (heute kosten sie jeweils fünfzig Dollar). Ich hatte Jackie Cooper, ich hatte . . . ich bewahre sie immer noch auf. O, ich bekam ein dickes Buch, und ich war glücklich. Ich war immer zufrieden. Aber dann fing ich mit diesen Platten an. Es wurden mehr und mehr, wie du siehst. Ich suchte damals ganz New York City ab. Einmal gabe ich etwa fünfhundert Platten auf einmal gekauft – sie kosteten damals etwa einen Penny oder einen Nickel, Secondhand.« Aber nun war die Depression vorüber und der heranwachsende Clarence hatte plötzlich volle Taschen. Seine Sammlung wuchs. »Schließlich sagten Momma und Poppa: ›Wir wollen nicht, daß es noch mehr Platten werden, außer Du fängst etwas damit an.‹ Nun hatte ich aber ursprünglich, schon lange davor, die Idee, meine Sammlung mit jedermann zu teilen. Denn, siehst Du, Sammler – nimm Kunstsammler – machen das nicht; sie teilen nur mit sich selbst. Es mit jedermann zu teilen!«

Clarence bekam seine Chance in den späten vierziger Jahren, als Jerry Lawrence in WMCA eine Sendung mit den alten Wachsmatrizen machte. »Seine Platten hatten große Schrunden, als wären sie von Würmern zerfressen – nicht Bücherwürmer, *Platten*würmer.« So kam Clarence vorbei und bot die Verwendung seiner Sammlung an, damals mehr als zehntausend Platten. »Lawrence sagte, ich sei Manna vom Himmel.«

Das war der Anfang einer langen Amateur-Liaison mit dem Showbusiness. Clarence lieferte nicht nur die Platten, sondern trat auch in zahlreichen Radio- und TV-Sendungen auf, oft mit Pegeen Fitzgerald, die zusammen mit ihrem Ehemann Eddie eine populäre Talkshow moderierte. Durch sie lernte Clarence die meisten Showstars kennen, deren Autogramme seine Platten schmücken. Er traf Pegeen, als er zwölf war. »Poppa war Chef des Cadillac-Standes auf der Weltausstellung 1939, und Eddie war ihre Stimme. WOR sendete aus dem Jersey-Pavillon, und ich ging mit Momma dorthin. Ich ging herum und sammelte alle Schriften ein – ›Clarence Sammler‹ nenne ich mich selbst – und Momma schrie: ›Nimm nicht den ganzen Schrott!‹ Dann kam Pegeen, stellte sich vor und sagte: ›Ich glaube, Sie tun dem jungen Mann unrecht. Er ist eben sehr wißbegierig.‹ So habe ich sie getroffen, und sie war die Tür zu allen anderen.«

Der Plattenstapel auf dem türlosen Kühlschrank scheint nicht abzunehmen, auch wenn das kalte Gewicht in meinen Armen (es gibt keinen Platz, an dem man die Platten, die Clarence durchgesehen hat, ablegen könnte) wächst. »Groucho Marx: die ist selten. Er war ein Gentleman. Es tut mir leid, daß er diesen Ärger mit der Nurse hatte; doch der Sohn war auf ihrer Seite. Meine Southern Fried Mammy sagte immer, jeder über fünfzig sollte erschossen werden. Sie sagte immer, du kannst Vater Zeit nicht schlagen.« Als wir uns trafen, war Clarence dreiundfünfzig. Vor kurzem, vertraut er mir an, hat er sich eine Flasche Gift gekauft.

»Billie Holiday. Das letzte Mal war sie kurz vor ihrem Tod im Frauengefängnis. Ich habe sie herausgeholt. Aber sie konnte nicht mehr singen. Mein Freund Paul sagte immer, wenn ich sterbe, sollen sie alle meine Platten um mich herum stellen, wie bei den Ägyptern. Als 1922 das Grab Tut-Ench-Amuns geöffnet wurde, gab es ein Lied ›King Tut‹. Ich gab es Wilfred R., er liebt alles Ägyptische. Wilfred hat mindestens zweihunderttausend klassische Platten, die ich ihm zur Aufbewahrung gegeben habe. Paul hat mindestens zehntausend von meinen Platten. Aber die meisten behalte ich selbst. Der Kerl von der Kirche – er brachte die Spaghetti – sagte, hier sähe es aus wie in einem Plattenladen.«

Clarence führt mich nach draußen zur schuppenartigen Garage, die voller Platten ist. Ziegel sind gegen die Tür gehäuft. »Kinder kamen hierher und brachen das Schloß auf. Sie haben Platten gestohlen. Und die Möbelpacker zerbrachen Tausende. Sie haben es absichtlich getan. Ich könnte heulen. Sie nennen mich verrückt. Ich mache nie etwas, das jemanden verletzt. Ich habe immer meine Mitmenschen mehr als mich selbst geliebt. Deshalb bin ich jetzt in diesem Zustand. Siehst du, Poppa hinterließ mir all dieses Geld, als er starb. Ich half jedem und dachte, es würde ewig reichen. Jetzt wecken sie mich morgens auf, indem sie Steine gegen meine Mauern werfen. Es tut mir so weh. Und die meisten Leute, denen ich geholfen habe, meiden mich jetzt. Ich habe nie etwas von ihnen zurückgefordert, aber sie wenden sich ab und gehen auf die andere Straßenseite.«

Auch das Souterrain ist voller Platten, aber geschäftsmäßiger. Pappkartons sind bis fast an die nackten Glühbirnen, von denen es erstaunlich viele gibt, aufgestapelt. In einer fernen Ecke sitzt der Ofen, glänzend, wie ein schlafender Drache. Clarence erklärt die legalen Feinheiten, die den Ofen in Ruhe halten; anscheinend wollen Healey, oder seine Sekretärin, ihn nur reparieren, wenn Clarence das eine oder andere Zugeständnis macht, und Clarence will nicht. Er hat einen Rechtsanwalt von der Rechtshilfegesellschaft, über die er keine Klagen hat; aber es ist trotzdem kalt.

Die Treppe zum oberen Stock ist von Kartons gesäumt, und der Aufstieg wird durch Clarences Arthritis nicht beschleunigt. Auch oben wird der schmale Gang durch Kartons verengt. Eine Tür auf der rechten Seite präsentiert die verstopfte Toilette und einen Schwall von dem Dunst, an den ich mich schon beinahe gewöhnt habe. Der erste Raum auf der linken Seite ist Clarences Büro. Zwischen Schachteln stehen ein Tisch, übersät von Papierfetzen, und verschiedene selbstgebaute Regalschränke. »Ich versuche alles zu katalogisieren. Karteikarten sind heute zu teuer, deshalb nehme ich Kontoauszüge von der Bank oder zerreiße Wahlzettel.«

Im nächsten Zimmer gibt es hinter den Schachteln ein Bett und eine Kommode. Auf dem Bett liegen keine Laken oder Decken, nur ein paar alte Übermäntel; auch Näpfe mit Katzenfutter und Wasser. »Das ist Babys Futterplatz. Er schläft unter meinem Arm – Du solltest ihn schnurren hören! Er versteckt sich immer, wenn jemand zu Besuch kommt. Vor langer Zeit hatte ich einen Hund, Chicky. Wenn ich im Fernsehen war, auf Kanal Vier, und ich zu Hause dann die Sendung sah, war Chicky in meinen Armen, und wenn ich auftrat, begann er die Scheibe zu lecken. Klug? Denkst du nicht auch, der Hund war klug?«

Unter den Merkwürdigkeiten auf der Kommode sind einige Edison-Walzen. »O, ich habe eine ganze Menge davon. Weißt du, was Pegeen dort in Kalifornien gelagert hat? Fässer voller Edison-Walzen, mit denen sie Bar Mizwas aufgenommen haben. Deshalb kaufte ich sie für fünf Dollar pro Faß.« Irgend jemand hatte auch meine Bar Mizwa aufgenommen, aber die Cassette ging kaputt. »Dein Glück und mein Glück«, sagt Clarence, »es ist barbarisch!« Nicht sicher, wie ich das verstehen soll, bemerke ich, daß das Aufzeichnen von Bar Mizwas gerade die Aufgabe war, die Edison für den Phonographen im Sinn hatte. »Ich sollte Dir«, sagt Clarence, »einige von den Sachen zeigen, die ich zusammengestellt habe. Ich nenne sie das Familien-Phonographie-Album. Ein altes, rokoko-verziertes, samten eingebundes Ding mit Aufnahmen von einem Ehemann und seiner Frau, einer Mutter und Tochter – Show-biz-Familien.«

Alte, verzierte Arme recken sich von der Kommode, um einen Spiegel zu halten. Seine blindwerdende Fläche ist mit Briefen und Andenken bedeckt. Ein Kondolenzbrief zum Tod von Clarences Mutter, in schwarzer Schrift auf gelbem Pergament, ist unterschrieben von Pegeen Fitzgerald.

Die Plattenwelt, in der Clarence lebt, ist trotz sorgfältiger Karteien voller Irrwege. »Ich sammle alles mit ›Clarence‹ darauf. Ich mag Rock and Roll nicht, auch wenn ich die Namen fabelhaft finde, aber es gibt einen Negro Rock and Roller mit Namen Clarence, und ich habe alle seine Platten. Pegeen liebt ›Bye, Bye Blues‹, ich habe ihr mehr als zweihundertfünfzig Versionen gegeben. Es gibt einen Plattensammler mit Namen Caminatti, er wohnt in der Disk Lane. (Nein, wirklich, es gibt sogar jemanden im Telefonbuch mit dem Namen Platte!) Alles, was Caminatti sammelt ist ›Nola‹. Er hat etwa viertausend Versionen.

Ethel Waters. Ich gab David B. ein Ethel Waters Album, signiert. Ihm wurden dafür fünfzehnhundert Dollar geboten. Dave ist der netteste Junge. Er schreibt wie ein Engel. Er hat sein Buch für mich signiert. Du wirst dein Buch doch auch für mich signieren? Dick Sudhalter hat für mich eine Widmung in sein Bix-Buch geschrieben. ›Für Clarence mit Liebe und Respekt‹, schrieb er. Ist das nicht nett? Ich ging zu seinem Konzert in der

Carnegie Hall, und neben mir war einer in einem rosa Cordanzug, der immer auf- und abhüpfte. Du weißt, wie die Sitze sind. Er machte mich seekrank.« Derlei geschieht selten, wenn man eine Platte hört, es sei denn natürlich, die Platte wird bei einem Konzert gespielt. »Die Band spielte in die Orginalaufnahme von ›Back in Your Own Back Yard‹. Es funktionierte nicht. Die Aufzeichnung war zu tief.«

So viel Zuhören, so viel Umgang mit Musikern: wollte Clarence je selbst ein Musiker sein? »Ich habe als Kind Klavierstunden genommen. Momma hat mich nie gezwungen. Ich hatte einen wundervollen Lehrer mit Namen Elwood Branch. Er konnte ein Repertoire von mindestens zwanzigtausend Liedern auswendig. Seine Finger zerkratzten die Politur des Klaviers oberhalb der Tasten, deshalb setzte er dort zum Schutz einen Glasstreifen hin. Er hat die alten Stummfilme begleitet ... Aber wenn man ein Instrument spielen will, muß man dranbleiben. O, ich konnte Weihnachtslieder und den ganzen Jazz spielen. Aber ich zahlte ihm vielleicht zehn Dollar extra, nur damit er da sitzt und für mich spielt. Ich ging zur Kunsthochschule. Mit Norman Rockwells Sohn.« Clarence ging auch aufs College: Bard, eine ehrwürdige Enklave des unabhängigen Studiums an den Ufern des Hudson. Aber nichts in seiner Ausbildung erwies sich als eine wirkliche Berufung. Er hat nur eine Berufung: Von 270 Dollar im Monat lebend kauft Clarence immer noch Platten.

»Ich kaufte neulich welche in einem Secondhandshop. Die kleine alte jüdische Frau, die den Laden führt, sagte ›Was machen Sie damit?‹ Ich sagte: ›Ich nehme Mozarella-Käse, ich nehme Tomatensauce und schütte sie über meine Platten.‹ Sie sagte: ›Und was machen Sie dann damit?‹ Ich sagte, ich stecke sie in den Ofen. Schließlich merkte sie, daß ich sie auf den Arm nehme.« Er steckt sie wirklich in den Ofen, aber nur, um sie dort aufzubewahren.

Clarence hilft mir, meine Geschenke einzupacken – das absolute Minimum, das er zuläßt – in seine stabilsten Plastiktüten, zwischen Pappen, und sichert sie alle in einem großen blauen Vinylding mit Lederriemen. Er begleitet mich in der erbärmlichen Nässe zum Bahnhof, und wir machen bei einem Imbiß in der Nähe Halt. Clarence erlaubt kaum, daß ich ihn zu einer Suppe einlade, aus Sorge, ich hätte dann nicht genügend Geld für meine Fahrkarte. Die Kellnerin ist angesichts von Clarences Geruch und laufender Nase erstaunlich höflich.

Die Zeit verrinnt, und ich finde es noch immer unmöglich, die Frage zu stellen, mit der ich gekommen bin: Clarence, du gibst von dir aus verschwenderisch Platten weg. Wenn du eine gewisse Anzahl der wertvolleren verkaufen würdest, könntest du einigermaßen vernünftig leben. Du könntest zu einem gewissen Ausgleich kommen. Warum tust du es nicht?

Jetzt kommt meine Chance. Clarence spricht nicht, er schlürft die Erbsensuppe. Aber die Worte wollen nicht heraus. Ich kann sie spüren, und sie schmecken nach Verrat. Außerdem ist die Antwort auf meine Frage klar und wird immer klarer, wie Leitungswasser in einem Glas (sieh genau hin: siehe deine Fingerspitzen gegen die ferne Seite gepreßt, die verschlungenen Furchen und Rillen vergrößert, leuchtend?), während Clarence von einem Sammlerkollegen in Brooklyn erzählt.

»Er lebt in der Sechzehnten Straße. Er ist jetzt alt. Der netteste Mensch, der jemals lebte. Er hat eine Sammlung, die ich gerne hätte. Er fing in den Zwanzigern an. Er schrieb den Plattentext für Ruth Etting auf Columbia; sie haben seine Platten benutzt. Er würde wahrscheinlich zweihunderttausend für seine Sammlung verlangen. In meiner besten Zeit habe ich immer tausend Dollar mit mir herumgetragen, was töricht war, aber man wußte ja nie, was man finden würde, wenn man zu *Dayton's* ging.«

Das Besondere an diesem Sammler in Brooklyn: er ist taub.

2
MUSIK WIRD EIN DING

Ich gebe dir Flügel. Du wirst bald aufgehoben
Über das Land, über die grenzenlosen Wogen
Des Meeres; wo Männer speisen und den Becher kreisen lassen,
Dort wirst du leuchten auf den Lippen der Gäste,
Wo liebliche, herrliche Knaben dich preisen, mehrend
Ihre Lieder, damit sie dem süßen hohen Ton der Pfeifer entsprechen.
Schließlich, mein Knabe, wirst du in Hades' Wohnungen eingehn,
In jenes schwarze Loch, wo die abgeschiedenen Geister klagen,
Aber auch dort wird dein Ruhm nicht aufhören,
Dein vielgeliebter Name wird unbeschädigt lebendig bleiben,
Du wirst über das Festland, über Griechenland,
Über die Inseln und das Meer hinweggleiten, nicht getragen
Von Rössern, Kurnos; du wirst auf deinem Weg umringt
Von veilchenbekränzten Jungfrauen, den Musen; Dir
Wird das schönste Lied des erfahrenen Sängers gewidmet,
So lange das Licht und die Erde bestehn.

Als Theognis diese Aussage machte, hatte er die gesamte griechische Tradition hinter sich. Es war im sechsten Jahrhundert kein Geheimnis, daß der Dichter Unsterblichkeit verleihen konnte. Er führte die Akten über Heroen, Weise, über schöne Frauen und Knaben und spornte damit zu hervorragenden Leistungen an. Aber obwohl der Dichter immer über die Unsterblichkeit bestimmt hatte, hatte er selbst erst vor kurzer Zeit seinen Anteil daran bekommen. Das Werk des Barden in der oralen Tradition war anonym gewesen, ein Faden im Gewebe der Überlieferung. Die Schrift hatte dies korrigiert, weil sie nicht nur die Personen und den Gang einer Erzählung, sondern auch die besondere

Anordnung der Worte durch einen Erzähler erhalten konnte. Jetzt waren die Worte eines Dichters wirklich geflügelt und konnten, in strenger Formation, unendlich fliegen.

Ironischerweise hat die Schrift, auch wenn sie die Flügel der Dichtkunst zur Vollkommenheit ausbildete, diese Flügel gleichzeitig beschnitten. Sie fesselte die Dichtung an das Papier. Sie verwandelte die Dichtung in ein Ding. Dichtkunsthörer wurden Dichtkunstbesitzer, die Texte horten oder sie als Talismane behalten konnten. Ein gutes Beispiel dafür ist wohl Alexander der Große, dessen Armeen der griechischen Kultur Flügel verliehen, und der (so will es die Legende) *die Ilias* unter seinem Kissen hatte, wo immer er kampierte. In der nach ihm benannten Stadt, die er am Nildelta gründete, entstand später eine riesige Bibliothek und ein Museum. Timon von Phlios, der skeptische Philosoph, nannte sie den Käfig der Musen.

Die Ironie liegt in den Fakten, der Widerspruch nur in der Metapher. Flügel bedeuten, den irdischen Bedingungen, zu denen auch die Sterblichkeit gehört, zu entgleiten. Deshalb malen wir unsere Engel mit Flügeln, und deshalb sahen die Griechen ihre Götter, einschließlich der Musen, als luftgeboren an. In Wirklichkeit jedoch sind geflügelte Wesen nicht eben für Langlebigkeit bekannt. Die wirklich dauerhaften Dinge (Schildkröten, Steine) sind gerade die erdgebundensten und untätigsten, die dinglichsten. Daher ist in Wirklichkeit der beste Weg, etwas unberührbar sicher außerhalb der Zeit zu stellen, es zu verdinglichen.

Die Griechen taten nichts, die musikalischen Ingredienzien ihrer Dichtung zu erhalten. Ihre Akzente und grobe alphabetische Notierung besagen wenig, zudem sind ohnehin die Partituren bis auf ganz wenige Fragmente verloren. Aber im europäischen Mittelalter entstand ein System der musikalischen Notation, das bis zu unserem verfeinert wurde, und an das uns eine ungebrochene Tradition bindet. Es hat also den Anschein, als wäre auf den erhalten gebliebenen Notenlinien der letzten sieben oder acht Jahrhunderte die Musik bewahrt worden; aber wir sollten uns dessen nicht allzu sicher sein. Der durchschnittliche Kammerton ist seit Mozarts Zeit um einen Halbton gestiegen. Für das Tempo haben wir bei Musik, die zeitlich vor dem Metronom liegt, nur einige vage italienische Formeln als Anleitung. Und Fragen von Ausdruck und Stil – Ornamentierung, Doppelpunktierung, Rubato usw. – sind zuweilen für jeden ein Rätsel.

Ist das nicht pingelig? Ist nach diesen Kriterien unser literarisches Erbe etwa besser erhalten? Schließlich können wir auch nur raten, wie Milton seine Verse gesprochen hat (außer bei *L'Allegro* und *Il Penseroso* gibt er nicht einmal das Tempo an). Doch scheint dies irgendwie nichts auszumachen. Wenn ich meine Odyssee Press Ausgabe, erstmals veröffentlicht 1935, in der Hand halte, halte ich *Paradise Lost* selbst. Solange ich eine gute Vorstellung davon habe, was die Worte zur Zeit des Autors bedeuteten, und eine grobe Vorstellung davon, wie sie klangen, kann ich mich dem Gedicht nähern. Dies ist ohnehin *unser* Begriff von Dichtung; eine Kultur, die Vers und Lied verbindet, mag dies anders begreifen. Für uns ist das Buch das Werk.

Vollkommene Bewahrung ist nicht einfach eine Frage der Technik, sondern auch der Ontologie. Ein Defekt der Erhaltung ist ein Defekt der Verdinglichung, und das ist das Problem mit Schlüsseln und Noten. Sie sind nicht Musik, sie stellen sie nur dar. Die Musik selbst ist Klang.

»Ich habe gerade Beethovens Siebte gekauft.« Wer dies hört, erwartet nicht, daß ihm die Eulenburg-Partitur gezeigt wird, es sei denn, er ist Musiker oder hält den anderen dafür; denn in unserer einigermaßen lesekundigen Gesellschaft können nur Musiker Musik lesen. Und selbst für einen Musiker bietet das stumme Lesen einer Partitur nicht die ganze ästhetische Erfahrung eines Werks, wie es das stumme Lesen eines Romans sowohl für den littérateur wie den Laien tut. Eine Partitur ist eine Sammlung von Anweisungen, nützlich für diejenigen, die sie ausführen können. Partituren sind von Musikern, von Mäzenen, die sie erhielten und manchmal auch von Investoren gesammmelt worden. Für das zuhörende Publikum im großen gab es außer in unserem Jahrhundert so etwas wie Musiksammeln nicht. Der Begeisterte konnte Kunst und Literatur sammeln – in schwächerer Form auch Drama – aber nicht Musik. Das konnte man für gut oder schlecht halten; vom Standpunkt des Philisters aus war es sehr schlecht.

Für die Autoren des frühen neunzehnten Jahrhunderts, die ihm diesen Spottnamen gaben, war der Philister ein Feind des Geistes. Er war jemand, üblicherweise jemand mit Geld, der die Grundannahmen des Kapitalismus mit in den Bereich der Kultur nahm. Eine solche Annahme war, daß alles, was einen Wert hat, als Ware verstanden wird, die man kaufen und verkaufen kann. Daß Kunst meist die Form von Objekten hatte, kam dem entgegen. Es implizierte, daß gegen einen bestimmten Preis auch Kultur zu bekommen war. Eine rigorose Erziehung in den freien Künsten war nicht wirklich notwendig, auch Geist mußte auf Kunstwerke nicht angewendet werden; gebraucht wurden nur die Objekte. Hingen Gemälde im Salon, fragte keiner, ob man sie ansieht – man war ja nicht blind; mancher Narr würde vielleicht fragen, ob man alle seine Bücher gelesen habe, aber darauf brauchte man nur zu antworten, was einmal Anatole France (aus subtileren Gründen) gesagt hatte: »Nicht ein Zehntel. Oder benutzen Sie Ihr Sèvres etwa jeden Tag?«

Musik war unbequem. Das Klavier wurde, weil es ein kleines Vermögen kostete, zum wichtigsten Statussymbol des bürgerlichen Hauses. Noten konnte man sammeln; aber es mußte Klaviermusik sein, oder Klavier und Singstimme, oder vierhändige Auszüge von Orchestermusik, und sie mußten für die Tochter des Hauses spielbar sein. Ein Stapel mit schwierigen Noten konnte niemanden täuschen, da von den Damen erwartet wurde, daß sie ihr Können nach dem Essen vorführten. Die Töchter mancher Reichen spielten so gut, daß ihre Klavierlehrer sich in sie verliebten, aber das war nicht, was sich die Reichen vorstellten. Sie hätten lieber die Musik en gros gekauft und die Musiker ferngehalten.

Zum Teil war es der Widerstand der Musik gegen die Aneignung durch die Philister, die sie zum Favoriten der Romantiker machte – besonders der frühen deutschen Romantiker, die sich als *Davidsbündler*, in Schumanns Formulierung, gegen die Philister der Welt sammelten. »Was für ein melancholisches Ding ist es doch«, schrieb Friedrich von Schlegel, »eine Sammlung der interessantesten Kunstwerke zu sehen, die bloß als eine Ansammlung von kostbaren Schätzen zusammengehäuft wurde! Die Leere dehnt sich vor uns, trostlos, hoffnungslos, unermeßlich. Der Mensch wird zum Bettler – Kunst und Leben sind auseinandergerissen!« Angewidert von Handel und Waren, wurden die Romantiker der Dinge im allgemeinen überdrüssig. Angewidert von dem, was wir heute Materialismus nennen, verwarfen sie eine materialistische Wissenschaft, eine Zerlegung der lebendigen Welt in Objekte und noch mehr Objekte. Die Musik schien dieser Zerlegung zu widerstehen.

Hegel, der, ohne ganz zur Romantik zu gehören, sie schließlich dominierte, stellte die Musik in seiner in den Vorlesungen zur Ästhetik errichteten Hierarchie der Künste fast an die Spitze. Musik war der Architektur, der Bildhauerei und der Malerei überlegen, weil sie nicht körperlich, sondern ideal und subjektiv war. Sie hatte nur den zweiten Platz nach der Dichtung, weil die Dichtung, gegenüber der im wesentlichen sinnlichen Musik, ein Produkt der Vernunft war. Hierin zeigt Hegel seine unromantische Seite. Für den wahren Romantiker war das Vermögen der Musik, den Verstand zu umgehen und die Seele direkt zu erreichen, ein ebenso großer Vorzug wie ihre Unkörperlichkeit. Autoren wie Tieck, E. T. A. Hoffmann und Jean Paul hielten die Instrumentalmusik für die höchste Kunst, auf deren Stellung ihre eigene nun zielte. Zum ersten Mal seit der Renaissance nannten sich Poeten selbst Sänger; sie nannten ihre Bücher *Lyrische Balladen, Hebräische Melodien, Buch der Lieder*. Es gefiel ihnen, wenn ihre Worte in Musik gesetzt wurden – eine demütige Haltung, die zu einer demütigen Hybridform führte, dem Kunstlied. »Ich kann weder spielen noch singen«, schrieb Wilhelm Müller, »doch wenn ich Verse schreibe, singe und spiele ich trotz allem. Wenn ich die Melodien hervorbringen könnte, würden mir meine Lieder besser gefallen als jetzt. Aber nur Mut. Eine verwandte Seele wird sich finden, die die Melodien hinter den Worten hört und sie mir zurückgibt« – was Schubert dann machte, als er Müllers *Die Winterreise* und *Die schöne Müllerin* vertonte. Man kann sich schwer vorstellen, daß Alexander Pope in dieser Weise gesprochen hätte.

Es gab keine Feindseligkeit gegen die Literatur bei den Romantikern, nur Melancholie über ihre notwendige Form. »Bücher«, sagte Emerson, »sind der Tod der Literatur.« »Wahre Kunst ist nie fixiert, sondern immer im Fluß.« Hier lag ein anderes Motiv für den Argwohn der Romantiker gegen die verdinglichte Kunst: Wenn das Leben Fluß ist, dann ist Fixiertheit Tod. Nach dieser Logik waren improvisierte Musik und Volksmusik das Ideal. Da das Spielen von komponierter Musik aber spontanen Ausdruck zuließ, ließ man sie ebenfalls durchgehen.

Seit 1877 wurde die Musik allmählich zu einem Ding. Der Prozeß zog sich über einige Jahrzehnte hin, weil die frühen Phonographen nur einen schwachen Eindruck vom Timbre gaben und weil Edison, der halb taub war, seine Erfindung auf nicht-musikalische und schmerzlich unmusikalische Zwecke gerichtet hatte. Er hatte sie hauptsächlich für die Stimmaufzeichnung von geschäftlichen und familiären Angelegenheiten gedacht, was jetzt Cassetten leisten, und als die Öffentlichkeit Musik verlangte, gab er ihnen Vaudeville-Ditties. In Amerika war der entscheidende Moment, der Moment, auf den man die Verdinglichung der Musik festnageln könnte, 1906. In diesem Jahr führte die Victor Company die Victrola ein, den ersten, als Möbel entworfenen Phonographen, eine Konsole in Mahagoni mit »Klavier-Politur«, die einen Endpreis von 200 Dollar hatte. Im selben Jahr hatte Victors Red Seal Line erstmals wirklich Erfolg, wobei Caruso und Patti die Liste anführten. Diese einseitigen Platten kosteten sieben Dollar, wofür man sich 1906 völlig neu einkleiden konnte. Victor teilte seinen Händlern mit: »Nicht alle Kunden können sich eine Siebendollar-Platte leisten, aber die bloße Ankündigung wird sie in Ihre Läden bringen, wie ein Magnet Eisen anzieht.« Selbst die weniger teuren Red Seal Opernaufnahmen verkauften sich lange nicht so gut wie Victors Blasmusik- und Vaudeville-

Ausgaben. Aber in Victors Reklame (und Victor war einer der ersten in der Industrie überhaupt, der große Reklame machte) waren Opernsänger prächtig dargestellt. Die Firma erläuterte dem Handel: »In der großen Oper liegt Werbung.« Diese Strategie hatte Erfolg, denn, um Roland Gelatts *The Fabulous Phonograph* zu zitieren, »eine Sammlung von Red Seal Platten wies einen als Mensch mit Geschmack und Vermögen aus. Zusammen mit den ledergebundenen Ausgaben von Dickens, Thackeray und Oliver Wendell Holmes wurden Victor Red Seals zum notwendigen Zubehör der feinen amerikanischen Salons, die mit beträchtlichem Stolz den beeindruckbaren Gästen und Verwandten vorgeführt wurden.«

Musikalischen Snobismus hat es auch davor schon gegeben. Aber wo Tanzveranstaltungen, Aufführungen und Soiréen für den Bürger ein gefährlich glattes Parkett blieben, verlagerten Aufzeichnungen die Musik auf einen ihm vertrauten Boden, den der Erwerbung.

Das Sammeln von Kulturobjekten kann vielerlei Bedürfnisse befriedigen, worunter Snobismus vielleicht nicht das wichtigste ist. Hier eine vorläufige Liste:

1. Das Bedürfnis, der Schönheit und dem Vergnügen Dauer zu verleihen. Da schöne Ansichten und Klänge vorübergehen, versucht man eher sie festzuhalten, als darauf zu vertrauen, daß sie oder andere ebenso schöne wiederkehren. Darin deutet sich ein Mißtrauen gegen die Welt an, ein Mißtrauen, das (mindestens) auf die Griechen zurück geht und erklären kann, warum sie so viel Kunst herstellten und bewahrten. Worin liegt schließlich überhaupt der Sinn von Mimesis? Es wird andere Frühlinge, andere Heroen, andere Hetären geben. Warum diese Exemplare festnageln und pressen, wenn andere, lebendig und ebenso schön, vorbeiflattern werden? Die Griechen hätten darauf vielleicht geantwortet, daß die späteren nicht so ausgezeichnet sein werden wie die früheren. Hesiod sah überall Niedergang, die Standards verringerten sich von Gold zu einer schäbigen Legierung. Die Griechen glaubten nicht an den Überfluß der Natur oder der

Musen. Der Marktplatz konnte voller Dichter sein, aber wann würde es einen neuen Homer geben?

Man könnte sogar behaupten, dieses Mißtrauen ist so alt wie der Mensch und war Adams wirkliches Motiv, den Apfel zu nehmen. Aber in der Moderne ist es enger geworden, daher richtet sich das Interesse weniger auf eine Nachwelt als auf die eigenen nächsten wenigen Wochen. Das Paradox ist von Blake ganz scharf gesehen worden:

> Wer eine Freude an sich bindet,
> Zerstört das geflügelte Leben;
> Wer aber die Freude küßt, wenn sie entschwindet,
> Lebt im Sonnenaufgang der Ewigkeit.

2. Das Bedürfnis, Schönheit zu begreifen. Schönheit hat ihre intellektuelle Seite, die um so schöner wird, je mehr man davon begreift. Wenn der Geist sein Greifvermögen ausübt, wollen die Finger natürlich daran teilhaben, und wenn auch nur, um das Objekt in auffälliger Distanz vom Geist zu halten. Der Besitz eines Buches oder einer Platte erlaubt es, das Werk wiederholt und nach der eigenen Bequemlichkeit zu studieren. Die Gefahr liegt in der möglichen Verwechslung von Besitz und Beherrschung.

3. Das Bedürfnis, sich selbst als Konsumenten auszuzeichnen: im Kapitalismus gibt es zunächst Heroen der Produktion und dann (wie Riesman gezeigt hat) Heroen des Konsums. Das sind Menschen, die in heroischem Maßstab Geld ausgeben oder vielleicht auch mit heroischem Unterscheidungsvermögen. Der Sammler kann in einer der beiden Weisen heroisch sein, aber der Heroismus des wahren Sammlers liegt dem antiken Modell näher. Das furchtlose und listenreiche Überwinden der Hindernisse beim Streben nach der Beute ist eine Heldentat. Die Beute selbst ist gegenüber dem Streben sekundär (wenn dies für die Menschen überhaupt gilt, wie Pascal dachte, dann stimmt es noch mehr für Heroen). Clarences Sammeln ist von dieser heroischen Art. Sein Wunsch, seine Sammlung zu teilen, der zunächst

in Widerspruch zur ganzen Idee des Erwerbens zu stehen scheint, ist einfach die Freigebigkeit des Heros, der, nachdem er seine Heldentat erledigt hat, nach Belieben verfahren kann. Clarence verleiht Platten oder verschenkt sie, aber er verkauft nie – man stelle sich vor, Menelaos verkaufte die Trümmer von Troja! Clarence liebt es, über seine Sammlung zu sprechen und wie er an diese Schallplatte oder jenen Autographen gelangte. Jeder einzelne Gegenstand ist eine Trophäe.

Auch hierin liegt ein Paradox. Der wahre Heros des Konsums ist ein Rebell gegen den Konsum. Indem er das Erwerben zu einem asketischen Extrem treibt, verwirft er es und versetzt sich in eine ältere und noblere Welt. (In derselben Weise rebelliert der wahre Heros der Produktion, der chevalereske Industriebaron oder der erbarmungslose Unternehmer gegen die Produktion.) Ein solches Verhalten als auffälligen Konsum abzutun, wäre ein Mißverständnis. Der verschwenderische Sohn ist nicht nur ein Angeber.

4. Das Bedürfnis nach Zugehörigkeit. Betrachtet man es als ein Gefühl, könnte man dieses Bedürfnis Sehnsucht oder Nostalgie nennen. Wenn man Sehnsucht nach einer Zeit empfindet, in der man gelebt hat oder gern gelebt hätte, sind Kulturobjekte ein ziemlich würdiges Tonikum. Was in Wirklichkeit ein Schwelgen im Atavismus ist, kann als Würdigung einer zeitlosen Schönheit durchgehen. (In derselben Weise kann der Kunstliebhaber schlechten Geschmack mit einem Interesse an vergangenen Moden rechtfertigen.) Jedes Objekt verbindet seinen Besitzer mit zwei Epochen, der seiner Erschaffung und der seiner Erwerbung. Clarence, der selbst als Junge schon ein vollentwikkelter Nostalgiker war, lernte im mittleren Alter eine ihm sehr viel nahegehendere Sehnsucht, die nach seinen »Höhepunkten«. Seine Platten befriedigen beides, sie erlauben ihm, über die Dekaden ihrer Herstellung, ob er nun in ihnen gelebt hat oder nicht, wie über die abenteuerlichen Jahre ihrer Beschaffung zu sprechen.

Darin, wenn auch sonst kaum, ist Clarence gesegnet. Er hat eine Vergangenheit, die er betrauern kann. Ihm ist die gewöhnlichste und gefährlichste Sehnsucht erspart geblieben, die Sehnsucht nach dem Hier und Heute. Denn die meisten von uns spüren, daß sie *zu Hause* sind, und fühlen sich doch nicht zu Hause. David Riesman, der 1947 Teenager in Chicago interviewte, schrieb:

Wie die »Sammelbilder«, die für die Acht- bis Elfjährigen den Konsumwettbewerb symbolisieren, schien die Plattensammlung der einzige Weg, die eigene Beziehung zur Gruppe zu etablieren... Melodien bedeuteten Menschen: Wege zu Menschen sind. Erinnerungen an sie. Gleichzeitig aber zeigten die Teenager große Besorgnis, die »richtigen« Präferenzen zu haben ... Die Kulturobjekte, gleich welcher Art, sind Andenken, die irgendwie durch die Kraft einer genuin fetischistischen Zuneigung unhumanisiert bleiben.

Ich bezweifle allerdings, daß diese Teenager den Punkt eines genuinen Fetischismus erreicht haben, wo die Objekte nicht Wege zu Menschen sind, sondern an deren Stelle treten; aber zweifellos würden einige von ihnen diesen Punkt erreichen, wenn man ihnen Zeit ließe. Wenn die Beziehung zur Gruppe zu schwierig wird, – weil ihre Normen ungerecht sind, weil sie treulos ist oder nicht zu finden – ist Fetischismus die plausible Alternative. An diesem Punkt scheint Clarence über einen ziemlichen Umweg angelangt zu sein.

5. Das Bedürfnis, andere oder sich selbst zu beeindrucken. Dies kann einfach philiströser Snobismus oder auch etwas Subtileres sein, dem manchmal sogar ein Davidsbündler verfällt. Hillel der Alte warnte davor, die Schrift als eine weltliche Krone zu benutzen. Ich denke, dies richtet sich nicht nur gegen Angeber, sondern gegen alle Intellektuelle, die es lieben, das süße Gewicht der Kultur auf ihren Häuptern zu spüren. Das aramäische Wort für Krone, taga, beschreibt auch das kalligraphische Filigran, mit dem bestimmte Buchstaben in einer Bibelhandschrift verziert sind. Wieviele Buchsammler interessieren sich wirklich für die Wörter und Ideen und nicht einfach bloß für die Typographie, den Geruch von frischer Tinte oder alterndem Papier, die befriedigende Gestalt eines Namens – Hillel der Alte zum Bei-

spiel? Die Pointe ist, daß man die Kultur wirklich lieben kann, ohne sich für sie zu interessieren. Diese Art Liebe wird durch den Besitz von Schallplatten beinahe ebensogut befriedigt wie durch Plattenhören.

In einer traditionellen Kultur, deren Tradition intakt ist, gibt es bestimmte Gefäße von unzweifelhaftem Wert – Schriften, den Kanon, das Grundrepertoire – um die alle anderen Dinge geordnet sind wie Kapillaren um eine Arterie. Das unterscheidet Tradition von bloßer Bewahrung; dadurch ist kritische Beurteilung möglich. (Eine traditionelle Kultur in diesem Sinn kann literarisch oder präliterarisch sein, sie wird aber niemals vollkommen »organisch« oder »harmonisch« sein. Wenn eine Gesellschaft ohne Dissonanz jemals existiert hat, so hätte sie kein Bedürfnis nach aktiver Tradition gehabt. Jedenfalls muß »traditionell« als relativer Begriff verstanden werden.) Wenn die Hauptarterien reißen, verströmen Werte. Da nichts geheiligt ist, ist alles geheiligt. Und jeder, der die Kultur bewahren will, steht vor der Entscheidung, Nichts oder Alles zu behalten.

Dieses Dilemma betrifft die Künste und Wissenschaften in gleicher Weise. Unterschiedslos werden Fakten von dem naiven Empiriker gesammelt, der in der Furcht lebt, das eine Faktum, das allem Übrigen Sinn verleiht, zu verpassen. Seine Furcht ist berechtigt; dieses Faktum wird nie gefunden werden. In der Zwischenzeit aber gibt die Klassifikation den Dingen einen Anschein von Ordnung. Und Sinn zu stiften, ist dem letzten verborgenen Mollusken auf dem letzten unbekannten Riff überlassen.

Man könnte diese Tendenz auf Aristoteles Schule zurückverfolgen, auch wenn der Meister selbst unschuldig daran ist. Sein Nachfolger Theophrastus war ein manischer Sammler und Klassifizierer, und diese Attitude der Peripatetiker hat die Wissenschaft der Spätantike dominiert. Die Alexandriner waren die ersten Gelehrten im modernen Sinn und hatten die erste große Bibliothek (den Käfig der Musen). Diese Philosophen waren epistemische Tütenmenschen. Unsere eigenen Tütenmenschen, arkane Fracht durch die Innenstadt schleppend, erscheinen manchmal wie ungeschulte Peripatetiker. Die Vorstellung dieser sich ständig bewegenden hamsternden Menschen macht vollkommenen Sinn: wer stehen bleibt, verpaßt alle die Dinge, die dort sind, wo man nicht ist. Natürlich sind die meisten Tütenmenschen Leute, die durch Spekulanten aus ihren Häusern vertrieben worden sind, die keine Sozialhilfe bekommen können, weil sie keine Adresse haben, die nicht in einem städtischen Asyl zugrunde gerichtet werden wollen, die also unter den gegebenen Umständen pragmatisch handeln. Manche jedoch haben ein Heim und ein Einkommen und verhalten sich gleichwohl in einer Weise, die von einem ökonomischen Standpunkt aus schwer zu verstehen ist. Ich denke an die Art, die von Bellow in *Mr. Sammlers Planet* in der Person Schulas, Sammlers Tochter, beschrieben ist, die »überallhin zu Vorträgen und freien Vorlesungen ging ... die Einkaufstasche mit dem Aufgesammelten, mit Losabschnitten und Wegwerfliteratur zwischen ihren Knien. Anschließend war sie die erste, die Fragen stellte.« (Auch Mr. Sammler ist ein Sammler in der wörtlichen Bedeutung seines Namens – ein Sammler von Ideen. Aber er bekämpft diese Neigung in sich, weil er spürt, daß die Zeit gekommen ist, *auszuwählen.*)

Clarence ist ein Tütenmensch. Er ist Peripatetiker soweit es seine Arthritis erlaubt, und er ist unzweifelhaft ein Intellektueller wie wahrscheinlich viele Tütenmenschen. (Momma: »Nimm nicht den ganzen Schrott«. Pegeen Fitzgerald: »Er ist eben sehr wißbegierig.«) Er sammelt sowohl Fakten wie Dinge. Die Fakten sind meistens trivial und die Dinge, einschließlich seiner Platten, meistens Schrott, aber das beweist nur, daß er ein Gelehrter ist. Um ein erstklassiger Gelehrter zu sein, muß man Gefallen an allem, was zweitrangig, drittrangig, n-rangig ist, haben. Denn das Sammeln eines Gelehrten ist immer vollständig. Wo praktische Erwägungen die Vollständigkeit begrenzen, kommt das andere große scholastische Prinzip ins Spiel, die Schrulle (nach Walter Benjamin: »schrullig aber ist alles, was aus dem Sehwinkel eines echten Sammlers gesagt wird«). Wenn einmal eine Linie, gleichwie beliebig, aufgenommen ist, muß sie bis zum Ende verfolgt werden (»Ich sammle alles mit Clarence darauf«). Man beachte, daß keines der beiden Prinzipien – Vollständigkeit oder Schrulle – irgendetwas mit dem zu tun hat, was gut ist, oder gar mit dem, was man wirklich mag.

Wahre Gelehrte, wahre Sammler und wahre Tütenmenschen sind Karikaturen unser aller. Wir modernen Menschen haben kein sicheres Auswahlprinzip mehr, deshalb sammeln wir. Wir sammeln gewissermaßen, *weil* wir peripatetisch sind; wurzellos pflücken wir den Wald und tragen ihn weiter.

Bevor es Schallplatten gab, sprach niemand von Musik-»Industrie«. Was die Musikindustrie herstellt, ist Produkt, eine Massenbezeichnung, die sich auf eine Zahl von Einheiten bezieht. Was die Industrieleute mit dem Produkt machen, erinnert an den antiken Diskuswerfer – mit den Worten eines Marketing-Direktors der Warner Bros.: Sie »werfen es gegen die Wand, und sehen dann, was hängenbleibt«.

Etwa acht von zehn Ausgaben bringen für den Hersteller Verluste. Seine Kompensation stammt aus den Monsterhits, den Platten, die wirklich hängenbleiben. Das Bild des Diskuswerfers ist das Eingeständnis, daß die Plattenfirma nicht bestimmen kann, welche Platten Hits sein werden – daß die Millionensummen, die für Marktforschung und Promotion ausgegeben werden, die Psyche des Käufers nicht austricksen können. Gewiß gibt es Künstler, die fast immer Geld machen. Und da Hype einen gewissen Effekt hat, kann sich die Erfolgsprophezeiung einer Firma durchaus erfüllen. Aber derartige Annahmen sind gefährlich. Das war eine Lektion aus dem Fiasko von 1979, als ein neues Kiss-Album mit viel Fanfaren auf Platin gesetzt wurde – das heißt, eine erste Lieferung von mehr als einer Million Einheiten wurde an die Läden geschickt – und nahezu unberührt zurückkam.

Wenn man von irgend jemand sagen kann, daß er die Platten kaufende Öffentlichkeit kontrolliere, dann vom Deejay oder eher noch dem Programmdirektor. Aber die Aufgabe eines Programmdirektors ist es, möglichst vielen möglichst oft zu gefallen. Er spielt also die Platten, die sich – wahrscheinlich – verkaufen und die seine Zuhörer fordern. Obgleich Plattengesellschaften ziemlich viel Druck anwenden können, werden sie doch durch Gesetze gegen Schmiergelder und gegen die Kontrolle von Radiostationen und Plattengesellschaften durch dieselben Körperschaften etwas gebremst.

Trotz dieser offenen Tatsachen blühen die Verschwörungstheorien. Ein patriarchalischer Marxismus, der mit Marx und William Morris einsetzte und von der Frankfurter Schule (besonders von Marcuse und Adorno) gepflegt wurde, glaubt, daß die Massen wirklich schlechten Geschmack haben, allerdings nicht von Natur aus. Es ist der Kapitalismus, der ihre Gaumen verkrüppelt und ihnen so lange gewaltsam seinen Dreck einfüttert, bis sie ihn mögen oder sich dies einbilden. Adorno wendet dies dann auf die Musik an. Er behauptete, klassische Musik, weil sie die entmenschlichten Massen an ihre Menschlichkeit erinnert, bedrohe das System und werde deshalb verhindert. Gefördert dagegen werde populäre Musik, ein Opiat, das alles realistische Denken vertreibt und die mechanisierten Rhythmen des Produktionsprozesses verstärkt. Mit »populärer Musik« meinte Adorno alles von Polka bis Charlie Parker.

Amerikanische Anhänger der Frankfurter Schule, darunter fast alle Rock-Kritiker, ob sie es wissen oder nicht, gehen nicht ganz so weit. Aber auch sie meinen, daß der populäre Geschmack verdorben worden sei; damit erklären sie, warum er von dem ihren abweicht. Und sie meinen, er sei durch die offene Verschwörung von Plattenexecutives, Marketers, Promoters, Händlern, Programmdirektoren und Lohn-Musikern verdorben worden. Wenn diese Verschwörung auch zu ungeschickt ist, die Plätze von bestimmten Platten auf den Charts festzulegen, so ist sie doch mindestens in der Lage, Stile zu verkaufen und Trends zu setzen.

In Wirklichkeit kann die Kabale aber nicht einmal das. Rock and Roll wurde zuerst von den wichtigsten Plattenfirmen verschmäht. Sie zahlten für ihren Dünkel, während Kleinstlabels wie Chess und Sun Vermögen machten. Disco wurde von aufmerksamen Independent Labels wie Casablanca entdeckt. Ist eine solche Modeströmung einmal in Gang, springen die Großen gern auf – und boxen sich an die Spitze durch –, aber sie sitzen selten auf dem Führerstand. Deshalb ist es töricht, wie Adorno vom hörenden Publikum zu behaupten, daß »es in diesem Beharren auf den modischen Standards sich selbst im Besitz eines Überrestes der freien Wahl gefällt«. Es ist frei – zumindest ist seine Zwangsjacke maßgeschneidert.

Vor dem Kapitalismus sang der Musiker für sein Essen. Er verrichtete seine Arbeit in Anwesenheit seiner Mäzene – Adligen, Klerikern, festliche Versammlungen der Bauernschaft –, und in dem Maße, wie er zufriedenstellte, wurden dann seinerseits wieder seine Bedürfnisse befriedigt. Zwischen diesem Zustand und der Gegenwart lagen viele Stadien: Subskriptionskonzerte, Auftragskompositionen, Subskriptionskompositionen, bezahlte öffentliche Konzerte, veröffentlichte Noten, Klavierauszüge. Mit dem Aufkommen der Platten war die rückwärts gewandte Metamorphose der Musik, vom Schmetterling zu Chrysalis, vollendet. Musik ist jetzt ganz und gar eine Ware, austauschbar gegen die universale Ware: Geld. Der Musiker muß den arbeitenden Menschen hinter dem Geld nie sehen; der Zuhörer muß den arbeitenden Musiker hinter dem Vinyl nie sehen. Jeder ist, in einem modifizierten marxistischen Sinn, ein Fetischist.

Wenn ich eine Platte kaufe, wird der Musiker von der Schallplatte in den Schatten gestellt. Und ich werde durch mein Geld in den Schatten gestellt – nicht nur aus der Sicht des Musikers, sondern auch aus meiner eigenen. Wenn ein Zehndollarschein meine rechte Hand verläßt und eine Platte in meine Linke kommt, ist der Höhepunkt erreicht. Das Schütteln und Klingeln der Kasse ist die wahre Musik. Später werde ich die Platte spielen, aber das ist überflüssig. Mein Geld hat sie schon gehört.

Was ich hier überzeichne, ist, meine ich, eine ziemlich gängige Form des Plattenkaufs. Das Kaufen zählt, und das ist einer der Gründe, warum Plattenkäufer unersättlich sind. Der Wunsch zu kaufen, fällt mit dem Wunsch Musik zu hören nicht immer zusammen. Wenn ich Musik hören will, gibt es sicher etwas in meinem Regal oder in meinem Radio, das mich zufriedenstellen könnte; wenn ich eine bestimmte Platte hören will, die ich nicht habe, kann ich sie vielleicht von einem Freund oder einer Diskothek leihen. Der Wunsch zu kaufen, andererseits, explodiert, wenn meine Börse eine bestimmte kritische Masse erreicht, oder wenn ich ängstlich bin oder wenn ich hart an etwas Idiotischem gearbeitet habe und eine Belohnung möchte. Dann will Geld ausgegeben werden, und wenn ich mir als Musikliebhaber gefalle, scheint es nur natürlich, das Geld für eine Platte auszugeben. Ich könnte es vermutlich auch für ein Konzert ausgeben – aber eine Platte ist anfaßbar, wie Geld.

Daß Musik so vollständig zu einer Ware hat werden können, die ihren innigsten Verkehr mit dem Geld hat, scheint seltsam. In unserer geliebten Antithese von Gott und Mammon gehört Musik zu Gott. Zum Teil, weil Musik so unkörperlich schien, und zum Teil, weil sie eine zentrale Rolle in der Religion und im Ritual spielte. (Eine über den Daumen gepeilte Definition des Rituals: eine Handlung, oder eine Gruppe von Handlungen, wiederholt in regelmäßigen Intervallen oder bei wiederkehrenden Gelegenheiten und in Befolgung eines gesetzten Musters, das als obligatorisch angesehen wird, aber nach pragmatischen oder wissenschaftlichen Kategorien nicht Punkt für Punkt gerechtfertigt ist.) In traditionellen Gesellschaften tritt die Musik – oft im Verein mit Wort, Drama, Tanz – in allen Arten des Rituals auf. Wie das Zischen von Hekatomben beruhigt Musik die Götter. Es ist auch gut für die Menschen, es eint und harmonisiert sie. Der junge Nietzsche interpretierte in seiner Schrift über das antike griechische Ritual Musik als die Stimme der Einheit: wo Apollos visuelle Kunst das Prinzip der Individuation lehrt, läßt uns die dionysische Musik in den einen Willen verschmelzen.

Als ein Element des Rituals kann Musik die Gruppe entweder abstrakt oder für einen bestimmten Zweck einen. Ein solcher Zweck ist Krieg; das Hollywood-Bild von der Kriegstrommel ist weitgehend korrekt. Ein anderer Zweck ist Arbeit oder was sonst der Versorgung dient. Es gibt musikalische Zeremonien vor der

Jagd und danach beim Fest, es gibt Regentänze und Erntefeste, Arbeitslieder und *field holler*. Ein anderer Zweck ist Prokreation. »Die soziale Organisation«, schreibt der Musikethnologe Alan P. Merriam, »ist an beinahe jedem Punkt durch ein Lied markiert: der Lebenszyklus umfaßt Geburtslieder, mit besonderen Unterabteilungen für Mehrfachgeburten; Wiegenlieder, Namengebungslieder, Sauberkeitserziehungslieder, Pubertätslieder, Begrüßungslieder, Liebes- und Heiratslieder, Familien-, Sippen- und Clanlieder, Lieder für gesellschaftliche Vereinsgruppen, Begräbnislieder . . .« Manche Lieder sind vielleicht nur üblich, nicht obligatorisch, aber es ist doch schwierig, ohne sie auszukommen. Der Geltungsbereich wird in der Bemerkung eines Sia-Indianers zusammengefaßt: »Mein Freund, ohne Lied kannst du überhaupt nichts tun.«

Im Westen hielt sich die Musik bis weit in das achtzehnte Jahrhundert eng an das Ritual. Prozessionslieder, Märsche, Hochzeitskantaten, Begräbnisoden, Passionen, Oratorien, Sarabandes, Serenaden, Requien, Krönungsmessen, Hymnen, Kampfgesänge, Choräle, Messen *in tempore belli*: alle funktionierten in spezifischen, mehr oder weniger ritualisierten Situationen. Aber sowohl der Protestantismus wie das aufklärerische Denken hatte eine Tendenz zur Geringschätzung des Rituals. Das Gesellschaftsleben sollte stromlinienförmig werden, und das Ritual sah aus wie unnützes Gepäck. Als die verschiedenen Handlungen ihres Rituals entblößt wurden, durfte die Musik oft bleiben, weil sie beruhigend oder erregend oder anderweits nützlich war. Aber die Musik verlor auf diesem Weg viel von ihrer Magie. Gespielt bei einem Essen, einem Tanz, einer Hochzeit oder einem Krieg schien sie nur noch Hintergrund – oder schlimmer noch, ein grober Versuch, eine Stimmung herbeizutönen. Sie schien vulgär. Thackeray gibt eine gute Vorstellung davon in der Folge seines *Buchs der Snobs* (eine Reihe, die 1846 im *Punch* lief), die sich mit Parties befaßt.

Unterdessen, inmitten des Gedränges und Gestoßes, des fortwährenden Summens und Plauderns, des Flackerns der Wachskerzen und des unerträglichen Moschusgeruches – was die armen Snobs in ihren vornehmen Romanen »den Glanz der Edelsteine, den Duft der Parfüms, den Schimmer unzähliger Lampen« nennen – singt ein ruppig aussehender Ausländer mit gelbem Gesicht und gewaschenen Handschuhen, den ein anderer begleitet, unhörbar in einer Ecke.

Offensichtlich war die Musik mit unverblümter Funktion unbequem. Sie brauchte das Ritual, selbst wenn sie sich ihr eigenes schaffen mußte.

Das öffentliche Konzert, erfunden in London 1672, infiltrierte Europa langsam im achtzehnten und schneller im neunzehnten Jahrhundert. Allmählich bekam das Konzert seine eigenen Rituale (Applaus, Zugaben, respektvolle Kleidung) und Tabus (kein Summen, kein Sprechen, kein Essen). Es war wie ein religiöser Gottesdienst, und die Religion, der es diente, war Musik. Private Aufführungen folgten bald. War der Musiker früher der Diener der Salonmeute (Beethoven, Chopin, Liszt), so war er jetzt ihr Leitstern. Die Musik ersetzte beinahe die Konversation als Grund für die Menschen zusammenzukommen; Soirées und ihre Etikette drehten sich um das Klavier.

Auch wo die Musik noch immer äußerlichem Pomp zu dienen schien, hatte sich das Blatt oft gewendet. Mozarts *Requiem*, in Auftrag gegeben von einem schattenhaften Fremden, hat seine beabsichtigte Aufgabe nie erfüllt. Mozart stellte es sich als sein eigenes Requiem vor, und wir auch; und wir stellen es uns als ein Monument für den Musiker, nicht für den Menschen vor. Auch die *Missa Solemnis* sollte eine Zeremonie ausschmücken – die Einführung eines Erzbischofs –, aber Beethoven sabotierte diesen Plan, indem er im Namen der Kunst die Abgabe weit über den Termin hinaus verzögerte. Brahms schrieb eine *Akademische Festouvertüre*, aber das entsprechende Fest ehrte Brahms mit der Doktorwürde, und die Ouvertüre, die er als Dank schrieb, wurde zum ersten Mal im Jahr darauf in einem Konzert aufgeführt.

Die Musik lebt in der Zeit, entfaltet sich in der Zeit. So auch das Ritual. Beide erlegen den Anwesenden eine gemeinsame Zeit auf. Die visuelle Kunst macht das nicht; sie läßt dem Auge und dem Geist ihr eigenes Tempo. Auch die Literatur tut das nicht; sicher nicht, wenn sie schweigend gelesen wird, und auch wenn sie laut gelesen wird, gewährt sie einen bestimmten Freiraum.

In Nara gibt es einen Tempel mit so rhythmisch arrangierten Dächern, daß sie *köreru ongaku*, »Gefrorene Musik«, genannt werden. Goethe nannte Architektur überhaupt gefrorene Musik, und Schopenhauer sagt dazu übereinstimmend: »Der Rhythmus ist in der Zeit, was im Raum die Symmetrie ist.« Eine andere Möglichkeit, dies auszudrücken, wäre zu sagen, daß Musik die Architektur der Zeit ist.

Zwei verschiedene Ordnungen von Zeit, eine größere und eine kleinere, werden in der Architektur der Musik umschlossen. Die kleinere Ordnung ist die Zeit, die ein bestimmtes Musikstück tatsächlich einschließt und die es mittels Klang und Schweigen teilt und gestaltet. Wann immer eine Anzahl von Leuten ein beliebiges Musikstück in einer beliebigen Weise gespielt hören, haben sie, in diesem Sinn, eine gemeinsame Zeit. Die größere Ordnung ist ein Kontinuum, das durch Tage, Jahre und Lebenszeiten kreist. Musik verschiedener Art, gespielt an verschiedenen Punkten auf diesem Kontinuum, trägt dazu bei, ihm Struktur zu geben.

Idealerweise sollten die größeren und die kleineren Bewegungen der Zeit ineinandergreifen wie Zahnrad und Kette, und in traditionellen Kulturen war dies auch oft der Fall. Aber als die Musik sich als reine Kunst zu entwickeln begann – als sie einer inneren Logik gehorchte und in die sublime Hypertrophie ausbrach, die Bach, Mozart, Beethoven war –, verlor sie ihren Ort. Gerade als der Musik die perfekte Mimesis des Lebensrhythmus gelang, verlor sie ihren Ort im Lebensrhythmus.

Dieser Prozeß vollzog sich allmählich, und eine Zeitlang blieben noch einige Formen an ihrem Platz auf dem großen Rad: Man denke an Monteverdis *Vespern*, Telemanns *Tafelmusik*, Bachs Kantate für (zum Beispiel) den vierzehnten Sonntag nach

Trinitatis, Mozarts Serenaden, Schumanns *Frühlingssymphonie* Chopins *Nocturnes*. Und einiges aus der östlichen klassischen Musik behielt eine enge Verbindung mit der größeren Zeit – indische Musik zum Beispiel, wo spezielle Ragas oder Tonarten für spezielle Jahres- oder Tageszeiten vorgeschrieben werden. Aber im Westen hatten im frühen neunzehnten Jahrhundert die traditionellen Kontexte den künstlichen weitgehend Platz gemacht. Wie die visuelle Kunst viel von dem Zusammenhang mit dem lebendigen Raum verloren hatte und von Decken und Altären herabstieg und sich in Rahmen und Museen niederließ, so zog die Musik in explizit musikalische Zeitperioden wie die Salon Soirée oder die Dienstagabend-Oper. Unterdessen fiel die populäre Musik (Balladen, sentimentale und unzüchtige Melodien) in Zeitabschnitte, die als geeignet für »Unterhaltung« beurteilt wurden – ein Begriff, der neben der »Kunst-um-der-Kunst-willen« groß geworden war.

Dies war besser als nichts. Wie sehr auch Ersatz, wie sehr geschichtet, es bestand doch im neunzehnten Jahrhundert eine musikalische Architektur der Zeit. Sie wurde durch den Phonographen erschüttert. Vor dem Phonographen war jedes Spielen von Musik (mit der einzigen Ausnahme, wenn ein Musiker für sich spielte) notwendig ein soziales Ereignis. Menschen mußten zusammenkommen – Fürst Leopold von Köthen mit seinem Hoforchester, Graf Rasumofski mit dem Rest seines Amateurquartetts, der junge George Bernard Shaw mit einem Tausend anderer Wagnerianer, einem Hundert Instrumentalisten, einem Dutzend Sänger, einem Dirigenten und allerlei Hilfspersonal. So kamen die Leute zusammen, und um die Sache zu vereinfachen, kamen sie in regelmäßigen Abständen zusammen. Derlei praktische Erwägungen hatten die Verbindung der Musik mit dem Ritual immer unterstützt. Als der Phonograph auftauchte, brach viel von diesem Gerüst zusammen.

Denn Musik war jetzt ein Objekt, das Eigentum eines Individuums sein und nach dessen eigener Bequemlichkeit benutzt werden konnte. Es gab keine Notwendigkeit zu kooperieren, koordinieren oder mit jemandem anderen etwas zu teilen. Technisch waren die Musiker noch immer nötig; bei der Ökonomie der Produktion war es auch das übrige Publikum. Aber nur technisch. Wenn die Platte einmal einen Eigentümer hatte, verschwand es.

Jetzt konnte die *Sinfonie der Tausend* vor einem Publikum von Einem gespielt werden. Jetzt konnte man ein Nocturne zum Frühstück hören, Vespern am Mittag und das Osteroratorium an Chanukka. Man konnte sein morgendliches Kreuzworträtsel zu »One O'Clock Jump« lösen und sich während der gesamten *Matthäuspassion* lieben. Alles war möglich; nichts war heilig; die Freiheit war (ausgenommen Beschwerden von den Nachbarn und verzweifelte gelegentliche Verbotsversuche wie der Bann der Russischen Synode 1912 gegen das Aufzeichnen von Gebeten) absolut. Es war die Freiheit, nachdem einmal die Kathedrale der Kultur zusammengebrochen war, die Stücke, die man mochte, nach Hause zu nehmen und sie nach eigenem Gefallen zu arrangieren. Einmal mehr hatte eine mechanische Erfindung die Bedürfnisse des Kapitalismus befriedigt, alles Leben nach seinem Ebenbild neu zu erschaffen. Die Kathedrale der Kultur war jetzt ein Supermarkt.

Aber schließlich ist es Freiheit: Liberale Freiheit ist wirklich Freiheit, wenn man sie mit den verschiedenen »höheren« Freiheiten vergleicht, ob sie nun faschistisch, kommunistisch oder theokratisch sind. In diesem Jahrhundert hat die Sehnsucht nach Kathedralen zum Bau von Gefängnissen geführt – totalitäre Staaten kontrollieren die Musik, die eine Reputation als politisches Dynamit hat, peinlich genau. Die Sowjets kündigten 1928 an, daß das Importieren oder Spielen von amerikanischem Jazz mit einer Strafe von einhundert Rubeln und sechs Monaten Gefängnis belegt ist; Jazz wurde erst ganz akzeptiert, als er seinen gefährlichen Appeal verlor und Rock and Roll diesen erwarb. Unter Ayatollah Khomeini gab es ähnliche Einschränkungen. So sind Platten beinahe ebensosehr wie Bücher zu einem Symbol der Freiheit geworden. Bevor es *Samisdat* gab, gab es *Röntgenisdat* – Untergrundaufnahmen von Jazz und Rock auf Röntgenplatten.

In Fellinis *Amarcord* wird der ungebeugt linke Onkel des Erzählers von der faschistischen Polizei durch das ganze Dorf gejagt. Gerade als es so aussieht, als hätten sie ihn verloren, hören sie vom Kirchturm herab eine Stimme, die die *Internationale* singt. Sie belegen den kleinen Turm mit Gewehrfeuer, die Stimme bricht ab, die Frau des alten Mannes beginnt eine ergreifende Wehklage. Aber etwas ist auf den Boden gefallen. Es ist ein Teil von einem Phonographen. Der Onkel ist entkommen. In Isaak Babels Geschichte *Gedali* andererseits ist die Internationale an der Macht – und requiriert den Phonographen eines armen Ladenbesitzers in Zhitomir. »›Gib deinen Phonographen an den Staat, Gedali . . .‹ ›Ich liebe Musik, Pani‹, sage ich zur Revolution. ›Du weißt nicht, was du liebst, Gedali. Ich werde dich erschießen, und dann wirst du es wissen.‹«

Der Totalitarismus hat die Technologie selten gegen sich gestellt gefunden. War im Reich der Klänge der eine Apparat eine Hornisse für den Behemoth, dann wurde ein anderer schnell sein Verbündeter. »Wir hätten Deutschland nicht erobern können«, sagt Hitler, »ohne den Lautsprecher« – nicht nur den öffentlichaufgerichteten Lautsprecher, der seine Worte über den Kurfürstendamm schallen ließ, sondern auch den Radiolautsprecher, der sie in entfernte Häuser und Bierhallen trug. Und es waren nicht nur die Worte, die sie trugen, denn die Nazis waren große Verehrer und Ausbeuter der Musik. Sie mußte natürlich arisch sein: »Jüdisch-negroide« Musik wurde von ihren Sendern weggefegt, was in einem Zeitalter globalen Swings keine leichte Aufgabe war. (Hitler war empört, als er erfuhr, daß »Ausgerechnet Bananen«, der schmissige Hit von 1923 und sein persönlicher Favorit, von Juden geschrieben war.) Das Prinzip war einfach. Das Radio stellt seine verstreuten Zuhörer unter den Zauber eines gemeinsamen Ereignisses. Die rituelle Aura einer Live-Aufführung – rhetorisch, musikalisch, was immer – wird ausgestrahlt. Dies hat nichts zu tun mit Radiowellen oder Hirnwellen; es ist eine einfache Frage von Gleichzeitigkeit. Das Bewußtsein, daß in diesem Moment die Musikkapelle spielt, der Führer auf die Bühne steigt, die Menge im Hitlergruß erstarrt und Millionen der Landsleute ebenso gefesselt wie man selber vor dem Radio sitzen – dieses Bewußtsein reicht aus, die ganze Nation zu einer Arena zu machen. Und die Wirkung ist ziemlich dieselbe, wenn die Kapelle das Berliner Radio-Orchester ist, das Beethovens Fünfte Symphonie (das Schicksal, das an jede deutsche Tür klopft) spielt. Jedesmal hat man eine Architektur der Zeit, beziehungsweise deren zynische Arrangierung.

Man sollte beachten, daß während der weltweiten ökonomischen Depression das Radio zu Prominenz kam und Platten einen Niedergang erlebten. Das waren die Jahre, als der Faschismus attraktiv wurde, zum Teil weil er eine Art ritualistische Solidarität anbot. In Amerika wurde der Faschismus nicht besonders attraktiv, aber das Radio. Die übliche Erklärung ist, daß die Leute sich Platten nicht leisten konnten, und natürlich hat es damit eine Menge zu tun. Wir wissen aber, daß vor der Depression schwarze Arbeiter sich am Freitagabend, wenn ausgezahlt worden war, vor den Plattenläden anstellten, und daß sie eine blühende Industrie mit »Race Records« unterhalten konnten. Arme Leute kaufen also Platten. Nach dem Börsenkrach aber fühlten sich Arme wie Reiche erschüttert, vereinzelt, isoliert. Was sie im Radio fanden, war – so denke ich – die Tröstung der Solidarität und der vorhersagbaren, strukturierten Zeit. Als Mitte der dreißiger Jahre der Schock abebbte, kamen die Platten wieder.

In den heutigen Demokratien sind dank der Zahl und Verschiedenartigkeit der Stationen die guten wie die schlechten Effekte des Radios reduziert. Musikalisch ist der einzige Tyrann der demokratische Geschmack, der für die Zuhörer weniger oppressiv ist als für off-beat-Musiker, die gesendet werden wollen. Elvis Costellos Anti-Hymne »Radio, Radio« *(Radio ist die Klangerlösung / Radio reinigt die Nation ... entweder seid still oder werdet abgeschnitten, sie wollen nichts davon hören, es sind nur Inches auf dem Reel to reel/ Und das Radio ist in den Händen einer solchen Menge von Idioten, die versuchen, die Art, wie du empfindest, zu anästhesieren)* ist ihrem Geist nach sehr viel totalitärer als die Politik, gegen die sie protestiert. Auf dem Tanzboden führt der Refrain galvanisierend zu einem Kniezucken, auch wenn dies Teil der Satire ist. Jedenfalls wurde der Song ziemlich oft gesendet.

Wo das Radio vereinigt, trennen Platten. Sie eignen sich sehr gut für eine Gesellschaft, wo jeder seine eigenen Träume verfolgt. Wenn einige von uns damit zufrieden sind, wie manche, die nach Tisch schlafen, dieselben Träume wie ihre Nachbarn zu träumen, sind andere verborgene Rebellen; in diese Kategorie gehört der Erzähler von Ralph Ellisons *Unsichtbar*. Seiner Struktur nach ist das Buch eine Folge von traumartigen Erinnerungen, die von einer einzigen Louis Armstrong Platte ausgehend gesponnen werden. Die Rahmenkapitel finden den Erzähler, der miet- und kostenfrei in einem Keller wohnt, der »warm und voller Licht« ist.

Jetzt habe ich einen Radio-Phonographen; ich möchte fünf haben. Es gibt eine gewisse tote Akustik in meinem Loch, und wenn ich Musik habe, will ich ihre Vibration fühlen, nicht nur mit meinen Ohren, sondern mit meinem ganzen Körper. Ich möchte gerne fünf Platten von Armstrong hören, wie sie spielen und singen »What Did I Do to Be so Black and Blue« – alle zur selben Zeit ... Vielleicht mag ich Louis Armstrong, weil er aus dem Unsichtbarsein Poesie gemacht hat ... Unsichtbarkeit, laß mich das erklären, gibt einem einen leicht anderen Zeitsinn, man ist nie ganz im Takt ... Anstelle des raschen und unverständlichen Flusses der Zeit, ist man sich deren Knoten bewußt, jener Punkte, wo die Zeit still steht oder aus denen sie voranspringt. Und man schlüpft in diese Pausen und sieht sich um.

Unsichtbarkeit, eine Bedingung besonders von Schwarzen, aber auch von allen anderen Nichtangepaßten der Gesellschaft, hat in dieser Darstellung ihren Sinn. Der Erzähler hat versucht, in der amerikanischen Normalzeit zu leben mit ihrem »raschen und unverständlichen Fluß«, aber er hat sie als geistlosen Strom gefunden. Die einzige Erleichterung ist, »in die Pausen zu schlüpfen und sich umzusehen«, Unsichtbarkeit läßt einen das tun. Private Musik, Musik, die keiner sonst hört, verstärkt diese Unsichtbarkeit, indem sie einem eine private Struktur der Zeit gibt, die man gegen die öffentliche Zeit setzen kann.

Ellisons Held möchte seinen Winterschlaf beenden und einen weiteren Vorstoß machen, sich in die Zeit der Gesellschaft einzufügen, vielleicht, indem er sie verändert – indem er ihr einige der Strukturen gibt, die seine Träume ersonnen haben. Das Buch endet mit einem erschütternden Verweis auf das Medium der Solidarität, das Radio: »Wer weiß außer jenem auf den niedrigen Frequenzen, daß ich für dich spreche?«

Auf einer Frequenz, denke ich, spricht er für Clarence, der in gewisser Weise ein weißer unsichtbarer Mann ist (»die Leute ... meiden mich jetzt ... sie wenden sich ab und gehen auf die andere Straßenseite«). Clarences Leidensgeschichte, auch wenn sie durch Paranoia angeschwollen ist, hat ihm etwas von der Mentalität eines gehetzten Volkes gegeben (er erzählte mir, daß sein vollständiger Name, Clarence Abram Browne, oft für den eines Schwarzen oder Juden gehalten wird). Tatsächlich hätten viele Zeilen in dem Armstrong-Song, von dem Ellison spricht, Zeilen (er zitiert sie nicht) wie *Selbst eine Maus/rennt aus meinem Haus* direkt aus Clarence Mund kommen können. Dieser verbitterte Eremit führt nicht das Leben, das er wollte; er empfindet es als Exil. (Er kann sich kein Telefon und keine Fahrkarte leisten. In einem Brief schrieb er einmal: »Ich sehne mich danach, dich zu sehen. Bitte enttäusche mich nicht. Ich vereinsame hier so.«) Beide Männer rebellieren gegen die Zeit und verwenden Schallplatten als Waffen; während Ellisons Mensch die Musik benutzt, um ins Innere der Zeit zu schlüpfen und sie zu unterminieren, unternimmt Clarence massive Versuche, sie anzuhalten.

Jeder von uns hat etwas von Clarence in sich. Sonst wären Platten nicht die vorherrschende Form der Musik in unserer Welt. Musik wäre nicht ein Ding. Wir haben sie zu einem Ding werden lassen, weil wir alle wissen, daß Dinge zuverlässiger sind als Musiker oder gesellschaftliches Leben oder die Musen. Clarence formuliert ganz richtig: *Platten sind unbeseelt, bis man die Nadel in die Rille setzt, dann erwachen sie zu Leben.*

3
TOMÁS

Ich traf Tomás in einem Secondhandshop in der Nähe meiner Wohnung. Er suchte nach einem Smoking. Mit geübten Fingern durchstöberte er die grauen Ständer und zog wie ein Zauberer einen annehmbaren Anzug hervor. Er verschwand, kehrte wieder. »Mein Lieber, was denkst du? Die Farbe ist zu blau. Aber er sitzt *perfekt.*« Tomás Schultern waren breit, seine Taille schmal. Er arbeitete sich drei Stunden täglich im Gymnastikstudio der Columbia University ab. Mit seinen klassischen eckig-geschnittenen Zügen und diesem neuen schwarz-weißen, dreieckigen Rumpf – T-Shirt unter dem Smoking - war er so elegant wie ein Satz von Euklid.

Er machte eine Anzahlung auf den Smoking und eine Garnitur lange Unterwäsche, und wir gingen. In meiner Wohnung legte Tomás, (dessen Namen ich geändert habe) Mozarts c-Moll-Messe auf den Plattenteller, streckte sich auf die Couch, streckte seine neuesten Muskeln, während ich Eier verrührte. »Meine Platte ist kaputt«, sagte er, »ich weiß nicht warum. Aber ich behalte sie, weil es eine so wunderschöne Platte ist und mein Herz an ihr hängt, und ich werde sie bis an mein Lebensende behalten. Sonst würde ich sie als Frisbee-Scheibe werfen, denn sie ist keinen lausigen Penny wert.«

»Tatsache ist, ich werde sterben«, sagte er, und machte sich über seine Eier her wie ein Schwerarbeiter, »denn zum ersten Mal, seit ich in Amerika bin, habe ich kein Geld mehr, um Platten zu kaufen. Weißt du noch, wie ich in Harvard mindestens zehn bis fünfzehn Platten im Monat gekauft habe, außer in dem Sommer, als ich in zwei Monaten dreihundert Platten gekauft habe? Ich habe praktisch acht Stunden am Tag gearbeitet, nur um Platten zu kaufen, denn ich habe drei Viertel meines Lohns für Platten ausgegeben und ein Viertel für Essen und Unterhalt. Das war eine besondere Situation. Und jetzt sind zwei Aufnahmen mit Obraszowa herausgekommen, *Samson und Dalila* und *Werther*, und beide sind mir als Geburtstags- oder Weihnachtsgeschenke versprochen worden, aber sie sind nicht gekommen, und ich sterbe. Ich wünschte, ich wäre unabhängig und könnte einfach in einen Plattenladen gehen und sie kaufen, wie ich das früher gemacht habe. Das waren noch – o Gott, was waren das für Zeiten.

Darin komme ich einer Art Konsumzwang am nächsten. So wie viele Amerikaner zu Bloomingdale gehen und den ganzen Nachmittag damit zubringen, Kleider und Toilettenartikel zu kaufen, und sich dann, wenn sie nach Hause kommen, groß und einmal wirklich als Menschen fühlen. Das ist Kapitalismus in seiner besten Form. Die meiste Zeit meines Lebens bin ich nicht so. Ich bin nicht an Sachen interessiert, die mein Leben beherrschen und bestimmen. Aber Platten sind, denke ich, meine Schwäche. Ich kaufe eine Platte und bin dann einfach für ein oder zwei Stunden ein anderer Mensch. Und dann gehe ich nach Hause und spiele und spiele und spiele sie, bis ich sie nicht mehr hören kann. Ich hatte einmal eine Platte mit Arien mit der Obraszowa, die, glaube ich, den ganzen Sommer auf meinem Plattenspieler lag. Ich bekam sie im Juni, und sie war auf dem Plattenteller bis September. Ich habe jetzt die ganze Zeit *Tristan und Isolde* gehört, weil ich das Konzert mit Bernstein gesehen habe, und ich habe immer das Liebesduett gehört – Seite 5 – jeden Abend von sieben Uhr bis Mitternacht. Das ist etwas, das auch Salvador Dali macht, so habe ich also etwas mit dem Genie gemeinsam, mein Lieber, denn er hatte anscheinend die Seite zwölf der *Götterdämmerung* in den letzten dreizehn Jahren auf seinem Plattenteller liegen.«

Tomás lehnte sich zurück und sah zufrieden und nachdenklich aus. Ich fragte ihn, ob Phonographen in Chile während seiner Kindheit verbreitet waren.

»O ja«, sagte er, »aber mein Haus war etwas Besonderes ... Mein Vater liebte klassische Musik, aber er haßte Opern. Meine Mutter liebte Opern, aber nur in der Oper mit allen Pelzen und Juwelen. Sie hatte eine Platte mit Tenorarien mit Franco Corelli. Aber mein Vater war der mit dem Plattenspieler; er hatte eine große Sammlung Beethoven und Brahms. Als ich geboren wurde spielte mein Vater zur Feier des Tages Beethovens Siebte Symphonie und spielt sie seitdem.

Ich erinnere mich, in der Primary School Mozarts 40. gehört und mich in sie verliebt zu haben. Ich lief zu meinem Vater und sagte: ›Ich muß diese Platte haben.‹ Und mein Vater sagte: ›Du hast Glück. Ich gehe morgen nach Santiago, dort kann ich sie für dich kaufen.‹ Ich wartete den ganzen Tag, ich wartete den ganzen verdammten Tag lang, und es wurde sechs, es wurde sieben, es wurde acht, es wurde neun, und um neun etwa sollte mein Vater kommen. Er kam erst um halb elf, wegen irgendeiner Verspätung, und da war die Platte, und ich freute mich die Freude meines Lebens. Ich war nie so glücklich.

Das war meine allererste eigene Platte. Als ich dann anfing, mich für Oper zu interessieren, war es mein Großvater, der damit anfing, mir eine Sammlung zu kaufen. Sie war sehr beschränkt, denn man mußte, wollte man eine Oper haben, einfach die kaufen, die vorhanden war; man konnte die Sänger nicht auswählen. Ich glaube nicht, daß es in Chile auch nur eine Gesamtaufnahme einer Oper mit Maria Callas gab. Es gab eine Menge Renata Tebaldi. Birgit Nilsson war in Chile, was Maria Callas jetzt hier ist. Als ich zwölf oder dreizehn Jahre alt war, wollte ich unbedingt ihren *Tristan und Isolde*, und sie hatten nur die alte Aufnahme mit Flagstad. Schließlich fand ich einen Freund der Familie, der nach Amerika ging, und er kaufte mir dann die Aufnahme. Ich war also schon ziemlich fanatisch. Ich bin froh, daß ich damals noch nicht auf Maria Callas stand, denn ich hätte jede einzelne Platte aus Amerika bestellen müssen.«

Ich fragte Tomás, ob irgendein Schulfreund diese Begeisterung geteilt hätte. »Nein«, sagte er und sah wehmütig aus. »In der High School war ich wohl der einzige in meiner ganzen

Generation, der klassische Musik liebte. Ich erinnere mich, daß ich, als ich den zweiten Akt der Tosca hörte, der einfach wahnsinnig ist, das *wirklich* mit jemandem teilen wollte. Meine Mutter, die einzige Person, mit der ich über Oper sprechen konnte, liebte Tosca, aber nicht den zweiten Akt. Sie liebte den ersten Akt, diese ganze liebliche, lyrische Musik. Aber diese große Drama-Sache, ich wollte einfach jemanden, der darüber verrückt wird. Und als ich dann Leute in Harvard fand, die den zweiten Akt lieben ... Aber damals war ich einfach ein sehr einsamer Junge. Das war mit das größte, als ich nach Amerika kam. Darum war ich so versessen darauf, jeden zu treffen, der klassische Musik liebt; und so habe ich dich getroffen.«

Im College hatte ich die anstößige Gewohnheit zu pfeifen, und vielleicht hatte ich an diesem Tag in der Essensschlange etwas aus Lucias Wahnsinnsszene gepfiffen. Zurückblickend jedenfalls kann ich keinen anderen Grund sehen, warum die Person, die die Besteckbehälter füllte, ein Gespräch über *Lucia di Lammermoor* hätte anfangen sollen. Sie hatte kurzgeschorenes krauses Haar, das Gesicht eines lateinischen Aristokraten mit einem Anflug von Melancholie-Akne, und ein schnelles, gebrochenes Lächeln. Wie ich hatte er eine *Lucia* mit der Callas; er jedoch hatte fünf frühere Exemplare aufgebraucht, so behauptete er. Das erstaunte mich. Ich stellte mir einen präkolumbianischen Phonographen mit einem Jaguarzahn als Nadel vor.

Tomás Fach war eigentlich die Physik, aber seine Leidenschaft war die Oper. Seine Leidenschaft war derartig, daß ich ihm unmöglich sagen konnte, daß ich Oper eigentlich nicht besonders mochte, weit weniger als Instrumentalmusik. Als ich mit meinem Tablett in den Speisesaal ging, ließ ich den Kopf hängen wie ein Schwindler. Tomás hatte das wahrscheinlich gespürt; unsere späteren Begegnungen waren freundlich aber zufällig. Wir erwähnten Maria Callas selten.

»Ich kam nach Amerika, zwei Monate nachdem Maria Callas der Welt ihr Abschiedskonzert gegeben hatte. Ich hätte diese Frau gern gesehen. Sie ist einfach jemand, den ich unvorstellbar bewundere. Aber ich denke, wir haben genug Glück, daß sie in einer Zeit lebte, die ihre Aufzeichnungen bewahrt hat. Eines der wundervollen Dinge, die ich in Amerika bekommen habe, war der Zugang zu diesem Schatz. Maria Callas war ein Mensch, der mehr als jeder andere Zuhörer brauchte. Gott im Himmel sei Dank, daß wir ihre wundervolle Sammlung von Raubplatten haben. Und ich kann zu Hause sitzen und ihr zuhören. Ich habe so ziemlich alles, was sie jemals gemacht hat.

In der Oper, wenn es dort eine große Diva gibt – es muß aber eine Diva in der wahren Bedeutung des Wortes sein, eine Opernsängerin, die mit ihrem Charisma dominiert – wird man weggetragen. Aber heute gibt es bis auf die Obraszowa keine großen Diven mehr. Ich war in dieser Saison sechs oder siebenmal in der Metropolitan Opera. Sehr gediegene Aufführungen, aber keine Diven, und ich langweilte mich zu Tränen. Aber ich werde verrückt, wenn ich auf meinen Platten die Obraszowa oder Maria Callas singen höre. So kommt in gewisser Weise der Diva-Charakter auch bei Schallplatten durch. In der Stille meines Zimmers, mit meinen Gegenständen, mit meinem Bett – es sagt mir einfach sehr viel mehr zu. Wozu also ausgehen?

Wenn ich Platten höre, habe ich meine eigene Welt und werde nicht durch Husten gestört, und ich werde nicht durch den Wichser neben mir gestört, der Bonbons auspackt, was mir am Donnerstag in der Carnegie Hall passiert ist. Bernstein dirigierte den langsamsten *Tristan*, der je zu hören war, und es war totenstill. Und dann kommt so ein Kerl ...

Ich erinnere mich an mein erstes Jahr in Harvard, und du weißt ja, ich kam aus Chile, der unterentwickelten Welt, da mußte ich einfach zum Boston Symphony Orchestra, dem größten Orchester der Welt, gehen. So ging ich also zur Symphony Hall, und eines Tages hat es geklickt: Warum zum Teufel komme ich *hierher*? Ich genieße es noch nicht einmal, weil es zur falschen Zeit kommt, denn ich bin müde oder hatte gerade Dinner und bin träge. Ich meine, warum dieses ganze Ritual, in eine Konzerthalle zu gehen? Deshalb mag ich auch keine formale Religion: Ich möchte meine eigenen Rituale haben, aber ich mag nicht den Ritualen anderer Leute folgen. Weil gewöhnlich Rituale sehr komplizierte Sachen sind. Sie müssen einem schon genau entsprechen; sonst sind sie, denke ich, ein sehr gewaltsames Erlebnis.«

Meine erste Begegnung mit Tomás im Speisesaal fand in unserem zweiten Hochschuljahr statt. Dank einer gemeinsamen Freundin, die es unternommen hatte, einige Lücken in meiner moralischen Erziehung zu schließen, lernten wir uns später näher kennen. Sie nahm mich auf Parties mit, wo Männer Maskara aufgetragen hatten, die Musik einer eisernen Faust in einem Samthandschuh glich, und Tomás in seinem Element war. Tomás, so stellte sich heraus, war berühmt – nicht als Physiker und nicht als Diskophile, sondern als Startunte der jüngeren Semester in Harvard.

Durch unsere gemeinsame Freundin blieben wir auch in New York nach unserem Abschluß in Kontakt. Tomás, der in Columbia experimentelle Hochenergiephysik studierte, kam manchmal vorbei, um neue Muskeln zu zeigen, sich über seine Armut und zerbrochene Liebesaffären zu beklagen oder ein Essen zu schnorren. Er beschrieb dann sein Nachtleben (die Tuntenshow im Anvil, Tanzbodenfellatio im Ramrod) mit solcher Begeisterung, daß wir uns fragten, ob er sicherstellen wollte, daß ein für zwei Personen gekochtes Essen für drei reichen würde. Aber er beschrieb eine Premiere an der Met fast genauso.

Jetzt jedoch schienen Disco und Oper gleichermaßen ein wenig entzaubert. »Ich habe Disco immer als eine sehr opernhafte Form des Ausdrucks gesehen. Oper bedeutet großes Gefühl, große Handlungen, ausgreifende Gesten. Und Disco ist dem ganz ähnlich – in einer sehr mechanischen, sehr plastischen Art und Weise. Man wird von allen Seiten mit Laserstrahlen und Lichtern und sehr lauter Musik bombardiert. Für mich ist es nichts besonderes, denn ich bin daran gewöhnt; tatsächlich finde ich es sogar vulgär. Aber in der Zeit, als Disco noch das war, was es war, entsprach es genau meinen Bedürfnissen. Es war sehr opernhaft.

Ich mochte die Oper wegen der Inszenierung. Aber die Inszenierung lenkt auch manchmal ab. Für Belcanto ist die Bühne eine Ergänzung – das klingt jetzt frevelhaft, aber die Musik ist einfältig; wenn man also im Hintergrund etwas Wasserfarben dazusetzen kann, verbindet sich das wunderbar. Aber Wagner ist viel zu übermächtig. Die Musik ist so prachtvoll, daß Wagner meiner Meinung nach für die Platte geschaffen ist, nicht für die Bühne – so sehr das auch eine ganze Reihe Leute schockiert, einschließlich seiner selbst, denn er hielt sich ja selbst für ein *Gesamtkunstwerk*, was das auch sein mochte – die Synthese von Musik und Drama.«

Ich fragte Tomás: Wenn du eine Oper auf Platten hörst, stellst du dir dann die Handlung vor?

»Natürlich. Aber weißt du, die Phantasie ist so viel besser. Deshalb hasse ich auch Pornofilme; ich lese lieber Pornobücher. Die Phantasie ist so viel reicher als die Realität – bestimmt jedenfalls *meine* Phantasie.«

Tomás spielte Klavier, als er fünf Jahre alt war, dann Geige, dann Gitarre, aber fand es bei allen Instrumenten schwierig, sie zu beleben. »Ich denke«, sagte er, »ich hätte, wenn überhaupt etwas, dann ein großer Opernsänger sein können, wenn ich die Stimme gehabt hätte.«

Hat es ihn jemals frustriert, frage ich, nur zuhören und sich nicht selbst ausdrücken zu können?

»Aber ich mache es doch die ganze Zeit, ich meine, ich drücke mich aus. Ich laufe in meinem Zimmer herum, und ich werfe mich auf den Boden, und ich singe mit der Musik, und ich blicke in den Spiegel, und ich habe meine Show. Wenn ich von irgendetwas richtig weggerissen werde, dann springe ich auch manchmal von meinem Bett, renne in die Mitte des Zimmers und fange damit an. Wenn es ein Mann ist, eben ein Mann, wenn es eine Frau ist, eben eine Frau. Und wenn ich dann noch in einer sehr affektierten Stimmung bin, ziehe ich vielleicht sogar meine Dekke herunter, lege sie mir über die Schultern und mache ein Kostüm, verstehst du?

Das ist eben auch ein Grund, warum ich Platten so sehr liebe.

In der Oper bin ich auf diesen kleinen Stuhl beschränkt, wo ich nicht einmal reden kann, ich kann nicht sagen ›Paß auf, hör' doch das hohe C, das wird wahnsinnig werden!‹

Du weißt ja, Musik ist für mich reine Leidenschaft. Ich meine, ich kann nicht begründen, warum *Tristan und Isolde* ... Ich könnte eine halbe Stunde über den Mythos reden, alles, was ich je gelesen habe, aber das trifft es nicht. Tristan und Isolde ist für mich einfach reine Gefühlsbewegung. Ich sinke in meinen Stuhl, und ich, ich, ich freue mich, weißt du, ich vermische mich mit der Musik, und ich schmelze dahin, und ich vergehe.«

4
EINSAME ZEREMONIEN

Der Romancier Compton Mackenzie, der erste große Amateur des Grammophons (wie die Briten sagen, um Emil Berliners Scheibenspieler von Edisons Walzenspieler zu unterscheiden) verbrachte die meiste Zeit auf kleinen Inseln, die er pachtete oder kaufte. Von 1923 an wurde sein Magazin *The Gramophone* von seinem Haus auf der englischen Kanalinsel Herm aus publiziert. Wenige Jahre später umschlossen auf der Insel Jethou die Mauern seines Musikzimmers eine neue Balmain, ausgestattet (wie seine Frau sagte) mit dem »größten den Menschen damals bekannten Grammophontrichter«. Als seine Schallplattensammlung zu groß für Jethou geworden war, baute er ein größeres Haus auf Barra, Insel der Äußeren Hebriden.

Seit damals liegen Inseln im Zentrum der phonographischen Mythologie. Die alte BBC-Radioserie, in der bekannte Personen die Schallplatten auswählen, die sie auf eine einsame Insel mitnehmen würden, ist von Radio Canada, dem Magazin *High Fidelity* und dem Rockkritiker Greil Marcus kopiert worden. Manche beschäftigen sich vielleicht damit, Bücher für eine einsame Insel auszuwählen, aber in dieser Übung liegt zu wenig Paradoxes. Man weiß sehr genau, wie ein wassergeschädigter Band Shakespeare aussieht und riecht, wenn er am Strand in der Hand zusammenbäckt; aber die Vorstellung, einen Phonographen mit Batterien oder eine Steckdose mit der geeigneten Voltzahl zu finden, ist reine Phantasie und regt deshalb die Einbildungskraft an. Und dann ist Lesen natürlich ein einsamer Akt, was Musikhören nicht ist, oder jedenfalls nicht war.

Das Paradox der Musik für eine einsame Insel ist so recht im Zentrum der Phonographie. Die Klänge einer reich entfalteten Kultur, Klänge, die durch die Bemühungen von Tausenden von Musikern und Technikern im Lauf der Jahrhunderte möglich gemacht wurden, zu nehmen und sie privat in der eigenen freien Zeit zu genießen: das ist die Freiheit, die die Schallplatte verleiht. Diese Freiheit ist dann am reinsten, wenn man am weitesten weg von der Gesellschaft ist, so daß die Auswahl auf eine tabula rasa geworfen werden kann. Der Plattenteller gleicht ihr auf ideale Weise. Und er ähnelt auch noch wirklich der einsamen Insel des Cartoonisten: eine flache Scheibe mit einer dünnen Palme in der Mitte.

Die Stadt ist kein Ort, um Schallplatten zu *hören*. Die Hälfte der Zeit muß man sie als Schild gegen die Geräusche der anderen benutzen. Die Musik wird zu einem Ersatz für Stille. (Auf dem Land ist die Musik die Erfüllung der Stille.) Man entscheidet nicht freiwillig, wann oder gar was man hören will, weil man dem durchdringenden Baß von den Rock-, Rap- oder Disco-Schallplatten eines Nachbarn nur etwas Gleichartiges entgegensetzen kann. Greshams Gesetz wirkt hier; einfache Musik treibt das Subtile aus. Aber bestimmte Arten einfache Musik wie Hardrock sind richtig für die Stadt, da sie nicht so sehr ein Ersatz für Stille, sondern eine Erfüllung des Lärms sind.

Selbst in einer ruhigen Wohnung ist man sich Hunderter konkurrierender Zeitstrukturen bewußt – der Geschäftstag, Zeitpläne von Radio und Fernsehen, Lebensstil der Nachbarn und *ihrer* Musik. So erfüllt eben auch ein leeres, knallweißes Loft nicht die Bedingungen einer tabula rasa. Strawinsky nannte die Musik »den einzigen Bereich, wo der Mensch die Gegenwart wahrnimmt«. Aber das Leben in der Gegenwart ist (entgegen der vulgären Meinung) beinahe unmöglich in einer modernen Stadt, die immer nach der Zukunft giert und die Vergangenheit verzehrt. Ein Grund für die Beliebtheit der Kopfhörer unter Stadtbewohnern ist, daß sie einem das Gefühl geben, man sei der Unersättlichkeit der Stadt entkommen, weil man nun innerhalb der Musik ist. Der Wunsch, innerhalb einer Schallplatte zu sein, wird in der Phantasie von der einsamen Insel anschaulich.

Heute ist »einsame Insel« ein hübscher, Art Deco-gefärbter Euphemismus für »Atomschutzbunker«. (Ellen Willis macht dies in Marcus Sammlung von Rock-Aufsätzen *Stranded: Rock and Roll for a Desert Island* sehr deutlich.) Musik gehört zur Grundversorgung. 1966 beschrieb das *Wall Street Journal* ein »alternatives Hauptquartier«, wo hinter tonnenschweren Stahltüren »Lehnstühle und eine rot-goldene Couch dazu einladen, einem eingespielten Konzert zuzuhören«. Talking Heads werfen in »Life During Wartime« einen Blick auf die schreckliche Alternative: *I got some groceries, some peanut butter, to last a couple of days/ But I ain't got no speakers, ain't got no headphones, ain't got no records to play.* Als John Lennon erschossen wurde, gab es einen Run auf Beatles Schallplatten; einer derer, die eifrig die Kästen durchwühlten, erzählte einem Fernsehreporter, daß er aus dieser Gesellschaft aussteigen und in die Berge gehen wolle, aber zuerst wolle er sich noch einen Vorrat an Beatles-Platten zulegen. Diese Ironie wäre Lennon nicht entgangen, der – obgleich er sich mehr Inseln hätte leisten können als Mackenzie und mehr Berge als dieser junge Mann – sich dafür entschieden hatte, in New York City zu leben.

Etwas von einem Survivalisten steckt in jedem Schallplattensammler. Man will einen ordentlichen Vorrat an konservierter Musik in seinem Schrank neben dem Alka Seltzer. Aber das Motiv ist nicht nur egoistisch. Der Sammler möchte die Geschichte bewahren, während er ihr entflieht – er möchte die Geschichte vor sich selbst retten. Und wer Schallplatten herstellt, hat vielleicht ein ähnliches Motiv. Fred Gaisberg, der erste große Schallplattenproduzent, war besonders stolz auf Aufnahmen, die er während und unmittelbar vor den Kriegen gemacht hatte – die Aufnahme von Dvořáks Cellokonzert mit Casals und Szell in Prag im April 1937; oder der »Schwanengesang des Wiener Philharmonischen Orchesters unter ihrem alten Dirigenten Bruno Walter«, eine Neunte von Mahler, aufgezeichnet im Januar 1938. Jede war »etwas Kostbares und Seltenes, dem brodelnden Kessel Europa entrissen, bevor der große Sturm losbrach«.

Aber wenn eine Schallplatte eine Zeitkapsel und ein Phonograph eine Zeitmaschine ist, dann in *einem* ungewöhnlichen Sinn. Eine Schallplatte ist ein behauener Zeitblock, wiederholbar nach Laune des Besitzers. Dieser Block könnte aus einer anderen Zeit und einem anderen Ort geschnitten (obwohl nur Live-Aufzeichnungen in einem Stück geschnitten werden) und so ein Dokument oder eine Aufzeichnung seiner Fundgrube sein. Aber eine Musikaufzeichnung zeichnet nicht die historische Zeit auf. Sie zeichnet musikalische Zeit auf, die, obwohl sie in der historischen Zeit existiert, ihr nicht angehört. Ein Violoncello ist immer eine Zeitmaschine, die den Zuhörer an einen Ort außerhalb der Zeit mitnimmt. Der Phonograph ist ebenfalls eine derartige Zeitmaschine, aber mit dem Unterschied, daß der Zuhörer sie selbst bedient und eine kurze Reise unternehmen kann, sooft er will.

Schallplatten, sagte ich, erschütterten die öffentliche Architektur der Zeit. Sie ersetzten sie durch eine Art modulares Innendesign. Das Individuum versorgt sich selbst mit behauenen Zeitblöcken und pflastert sich dann seinen Tag mit ihnen. Jeder Block ist unendlich wiederholbar. Jeder Block ist verschieden von jedem anderen, aber formal gegen jeden anderen austauschbar.

Innendesign wird in unserer Kultur nicht so ernst genommen, wie es sein sollte. Wie Ballett ist es die Domäne von Frauen und Homosexuellen, ignoriert von den hochgesinnten Kulturkritikern. Und das, weil es mit Kunstobjekten tändelt und sie an nicht-weißen Wänden befestigt, sie mit profanen Dingen vermischt und sie zur Befriedigung von Bedürfnissen des täglichen Lebens benutzt. Anders als Architektur scheint es weniger als die Summe seiner Teile zu sein.

Die meisten dieser Bemerkungen ließen sich auf das durch Platten vermittelte Innendesign der Zeit anwenden. Während Albinoni und Donald Byrd ihre Erfüllung als Tapete (um Frank Zappas Bezeichnung zu verwenden) zu finden scheinen, scheint Beethoven in dieser Rolle unglücklich. Und doch wird er ständig so verwendet. Wie beklagenswert ist das? Macht das tägliche Leben die Kunst unvermeidlich trivial? Ist die Kunst nicht vielleicht zäher – kann sie nicht stattdessen das tägliche Leben bereichern, selbst wenn sie nur nebenbei wahrgenommen wird (wie zum Beispiel die meisten Leute Architektur wahrnehmen)? Und woher haben wir eigentlich die Vorstellung, daß die Kunst nie etwas gewinnt, wenn sie in Tuchfühlung mit dem Leben gerät?

Wir haben sie aus der Kunst-um-der-Kunst-willen-Bewegung des neunzehnten Jahrhunderts. Die westliche Musik, besonders die Kunstmusik, distanzierte sich damals vom alltäglichen öffentlichen Leben. Zur gleichen Zeit aber hatte die Musik einen Rückweg ins tägliche private Leben gefunden; das Klavier, das unter den Fingern des liebevollen Amateurs Harmonie und Polyphonie hervorbrachte, hatte den einsamen Genuß der Musik zu einer lebendigen Möglichkeit gemacht. Aber es war eine zu lebendige Möglichkeit für die weniger Liebevollen. Zwar stand es dem Amateurpianisten frei, Musik in sein tägliches Leben einzubauen, doch bestanden auch gewisse Grenzen; es war schwierig, beim Essen, Rasieren, Schreiben und Einschlafen Klavier zu spielen.

Doch man kann beim Essen, Rasieren, Schreiben und Einschlafen Platten spielen, und für viele ist es undenkbar, dies nicht zu tun. Compton Mackenzie, der für Kammermusik-Aufzeichnungen Anhänger gewinnen wollte, schrieb in der ersten Ausgabe von *The Gramophone*:

> Ich persönlich würde empfehlen, die musikalischen Übungen vor dem Aufstehen am Morgen und vor dem Einschlafen in der Nacht zu machen; aber ich weiß, daß in England sehr viele Vorurteile dagegen bestehen, zu einem anderen Zweck als zum Schlafen im Bett zu liegen, und deshalb mache ich den Vorschlag, sich von der Morgenmusik beim Rasieren begleiten zu lassen. Seift man sich das Gesicht während der ersten beiden Sätze ein, kriegt man einen Schaum, den sonst nur Barbiere herzustellen vermögen. Und beginnt man mit dem dritten Satz das Rasieren, wird sich herausstellen, daß der letzte Satz immerhin so lange dauert, daß man die Rasiersachen ordentlich wegräumen kann.

Man könnte denken, Mackenzie schlüge hier (wenn auch im Scherz) den grob funktionalen Gebrauch der Musik vor – genau das, was *l'art pour l'art* als bürgerlich verworfen hatte. Zwei Punkte zu seiner Verteidigung: Zuerst, Rasieren zu Musik (besonders zu einem Scherzo) ist in Wirklichkeit disfunktional bis lebensgefährlich, wie Chaplin in *Der große Diktator* gezeigt hat, wo er einen Kunden zu einem Ungarischen Tanz von Brahms rasiert. Zweitens, während Mackenzie zu Brahms und Schubert im Bett lag, verwarfen jüngere Deutsche wie Weill, Brecht und Hindemith *l'art pour l'art* als einen bürgerlichen Eskapismus und entwickelten stattdessen die Theorie der *Gebrauchsmusik*. Doch kann, wie der Kritiker Paul Rosenfeld einige Jahre später bemerkte, Gebrauch nicht nur »Benutzung«, sondern auch »Sitte« oder sogar »Ritual« bedeuten. So konnte dieses zusammengesetzte Wort also ein Emblem neumittelalterlicher Bescheidenheit sein: der Musiker als ein Handwerker, der nach Bedarf die Musik auf die verschiedenen Funktionen hin gestaltet (Hindemith, der mittelspäte Strawinsky). Es konnte ein schamloses Eingeständnis der Agitprop-Absichten (Brecht/Weill) sein. Aber es konnte auch eine Rückkehr zum Ritual sein, wie in *Le Sacre du Printemps, Les Noces* oder Weills *Der Ja-Sager*, eine chinesische Parabel von der Selbstaufopferung, die Brecht rot einfärbte.

Ritual und Funktion haben sich im Westen getrennt, und in der *Gebrauchsmusik*-Bewegung sehen wir das Bemühen, sie wieder zu vereinen. Einen ähnlichen Versuch hat man in Sowjetrußland unternommen, und weitere sah man bald in Nazideutschland. Aber *Gebrauchsmusik* war zumindest potentiell *anti*totalitär. Denn wo das totalitäre Ritual manipulativ war und abhängig von der Blindheit der Zuhörer, versuchte *Gebrauchsmusik* dem Zuhörer die Mechanismen der Musik und seine eigenen Reaktionen darauf bewußt zu machen. Dieser »Verfremdungseffekt«, wie Brecht ihn nannte, setzte einen aufgeklärten Zuhörer voraus. Das war, so meine ich, vor allem wegen der Verbreitung der Schallplatten möglich. Berliner der zwanziger Jahre wußten, daß ein Musikstück beliebig verwendbar war. Jeder, der einen Phonographen besaß, konnte Musik verwenden, wozu er wollte, in unbekümmerter Mißachtung der Absichten des Komponisten, der kulturellen Konventionen oder auch des geheiligten *Geistes* der Musik. (Aufgeklärte Berliner waren, so möchte man annehmen, nicht davon hingerissen, daß die Nazis ihre Machtergreifung 1933 mit einer befohlenen Aufführung der *Meistersinger* zelebrierten. Sie wußten, daß dies nicht die Vollendung des inneren Gehalts der Musik war, sondern nur eine ihrer vielen möglichen Anwendungen. Aber die Aufgeklärtheit verging den Leuten bald, dank des Radios und Goebbels neuem Instrument, dem Lautsprecherwagen, der die Stimme des Führers von fahrenden Lastwagen herab schallen ließ. Diese Einrichtungen stellten einen Kontext und eine Bedeutung her.)

Zwar legte die Ideologie der *Gebrauchsmusik* der Gemeinschaft großes Gewicht bei, doch besagte ihre Form, daß es dem Individuum frei stand, sein eigenes Ritual nach seinen eigenen Bedürfnissen zu schaffen. Nicht daß irgend jemand eine solche Erlaubnis gebraucht hätte; die Freiheit war dem Medium eigen. Mackenzie hechelte wirklich nicht jedem kontinentalen Lüftchen hinterher, und doch schrieb er in Cobbets 1929 erschienenem *Cyclopaedic Survey of Chamber Music:*

> Jetzt aber gibt es Gelegenheiten zum Musikhören, die wenige von sich aus haben! Es ist leicht zu glauben, daß, wer ein Mozart-Quartett nicht in der frischen Morgendämmerung gehört hat, diese Musik nie ganz genossen hat, und da es selbst einem Millionär schwerfallen könnte, sein Privatquartett zu einer solchen Stunde aus dem Bett zu treiben und die Spieler in die Büsche unter seinem Schlafzimmerfenster zu setzen, wird das Grammophon für eine solche Gelegenheit unverzichtbar ... Die Veränderungen am Himmel über den Baumspitzen oder den Schornsteinaufbauten reichen dem Auge, und in vielen Mozart-Quartetten ist das Muster der Musik das Muster des beginnenden Tages.

Mackenzie, der gern Robert Louis Stevensons Ausspruch zitierte, daß eine Yacht und ein privates Streichquartett die einzigen wirklichen Vorteile großen Reichtums wären, hätte sicher gern gehört, daß Fürst Nikolas Wolkonski, Tolstois Großvater und Vorgänger als Herr auf Jasnaja Poljana, jeden Morgen zu den

Klängen einer Haydn-Symphonie erwachte, die unter seinem Schlafzimmerfenster von einem Oktett aus leibeigenen Musikanten gespielt wurde; anschließend gingen die Musiker dann auseinander (berichtet Troyat), »der eine um die Schweine zu füttern, der andere um in der Dienerhalle Strümpfe zu stricken, ein dritter, um den Garten umzugraben«. Zu Mackenzies Zeit war es schwieriger, gutes Personal zu bekommen.

An diesem Punkt wird ein Walter Benjamin-Leser unruhig. Mechanische Reproduktion, so wird er einwenden, zerstört den rituellen Wert eines Kunstwerks, seine »Aura«. Wie paßt die billige Kopie eines Kunstwerks, etwa ein Poster oder eine Schallplatte, in ein Ritual?

Benjamins Essay von 1936, »Das Kunstwerk im Zeitalter seiner technischen Reproduzierbarkeit«, das viele von uns zum Nachdenken über diese Frage gebracht hat, handelt hauptsächlich von den visuellen Künsten, und erledigt die Musik so nebenbei. Aber bei der visuellen Kunst hat die Reproduktion nur eine Dimension, den Raum. Bei der Musik gibt es zwei, Raum und Zeit. Und erst in der Zeit geschieht das Wunder der Brote und Fische. Eine Minute lang schrie Edison »Mary had a little Lamb«, und in der nächsten Minute, mit geschlossenem Mund, rief er es noch einmal. Die erste sprechende Maschine war ein Wunder, auch wenn die Massenproduktion von Schallplatten nicht möglich war (ein Sänger stand vor sechs Walzen-Maschinen und sang dieselbe Nummer hundert Mal, und die Firma hatte dann 600 Walzen zu verkaufen). Obgleich die Walzen sich nicht selbst reproduzieren konnten, konnten sie doch Klang reproduzieren; Emersons Vorhersage, daß wir dem »Echo Zügel anlegen« würden, war innerhalb einer Generation wahr geworden. Berliners Scheibe machte die Reproduktion der Schallplatte selbst möglich, sie wurde von einer Vorlage gepreßt. Aber Edison hatte ihn in den Schatten gestellt.

Die Photogravur reproduziert ein *Kunstobjekt* und gibt es im Raum weiter. Dies, sagt Benjamin, mindert seinen rituellen Wert, der weniger von den beobachtbaren Qualitäten des Objekts als von seinem »Hier und Jetzt«, seinem Dasein, seiner einzigartigen

Identität abhängt. Die Phonographie dagegen reproduziert ein *Kunstereignis* und gibt es in der Zeit weiter. Doch die Analogie geht noch etwas weiter. Hat nicht auch ein Kunstereignis wie ein Konzert einen rituellen Wert, der von seiner Einzigartigkeit abhängt?

Strenggenommen ist »Ereignis« überhaupt keine rituelle Kategorie, gerade weil es Einzigartigkeit impliziert. Um rituellen Wert zu haben, muß ein »Ereignis« wiederkehren. Mit anderen Worten, es darf kein historisches Ereignis sein, sondern ein Beispiel von etwas Zeitlosem. Später werde ich zeigen, daß es in der Mehrzahl der Fälle kein ursprüngliches musikalisches Ereignis gibt, das eine Schallplatte aufzeichnet oder reproduziert. Stattdessen ist jedes Abspielen einer Platte das Beispiel von etwas Zeitlosem. Das ursprüngliche musikalische Ereignis ist nie geschehen; es besteht, wenn es überhaupt besteht, außerhalb der Geschichte. Kurz, es ist ein *Mythos*, gerade wie die im primitiven Ritual »wieder-aufgeführten« Mythen.

Wiederholung ist für das Ritual wesentlich und exakte Wiederholung einzuhalten, hat es immer auferlegt. Nach einer Hindu-Schrift konnte ungenaues Singen einer Raga für den Sänger tödlich sein. Dasselbe gilt für falsch singende Schamanen bei den Apachen. In Polynesien konnten unachtsame Künstler exekutiert werden; auf der Insel Gaua in den Neu-Hebriden (erzählt der Musikforscher Curt Sachs) »standen gewöhnlich alte Männer mit Pfeil und Bogen am Rand und schossen auf jeden Tänzer, der einen Fehler machte«. Die ältesten Musiknotierungen waren für die Bewahrung von heiligen Formeln bestimmt; manche, wie die babylonische Notenschrift, waren ein Geheimnis, Priestern und Kantoren vorbehalten. Max Weber schrieb diese Tendenzen und die ästhetische Stilisierung überhaupt einem Interesse an magischen Bildern zu. Wenn im Christentum die Todesstrafe für falsche Töne fehlt, so ist doch das Interesse an liturgischer Genauigkeit geblieben. Henry Raynor schreibt in seiner *Social History of Music*: »Die Geschichte der Entwicklung der westlichen Notenschrift ist eine Geschichte der Versuche von Kirchenmusikern, die Genauigkeit des Ritus zu gewährleisten«.

Die Notenschrift kann vor Erinnerungsfehlern, nicht aber vor Versprechen oder Verspielen schützen. Nur die Aufzeichung – vor allem die Bandaufnahme mit ihren Fehler aufhebenden Montagestellen – kann absolute Genauigkeit sichern. Außerdem wird sich selbst eine makellose Live-Aufführung in gewissem Maß von der letzten makellosen Live-Aufführung unterscheiden. Nur eine Schallplatte kennt keine Abweichungen.

Die privaten phonographischen Rituale mancher Leute sind ziemlich offen religiös, etwa wenn sie den *Messias* an Weihnachten spielen. Ich selbst, als orthodoxer Jude, der in der Stadt lebt, aber daran glaubt, daß der wahre Geist des Sabbat ländlich ist, habe früher am Freitagnachmittag nach dem Duschen Klemperers Sechste Beethoven-Symphonie gehört, eine Platte, die vom Segen der Muße überzeugt. (Als das Scherzo aufgezeichnet wurde, fragte Walter Legge, der Produzent, immer wieder aus seiner Kontrollkanzel, ob das Tempo denn nicht doch etwas zu langsam wäre? Klemperer, in ungewöhnlich guter Stimmung, antwortete: »Keine Sorge, Walter, Sie werden sich daran gewöhnen.«) Aber die meisten privaten phonographischen Rituale sind weltlich. Die Geburtstage der Komponisten werden in erkennbarer Weise gefeiert. Es gibt den Brauch, *Le Sacre du Printemps* am Frühlingsanfang zu hören. Dann die Antisitte, am Muttertag Mothers of Invention zu hören. Ein Kritiker schreibt, daß für ihn Sonntagmorgen nicht Sonntagmorgen wäre ohne Thelonious Monk.

Menschen, die solche Rituale beachten, beachten meist auch Tabus. Hat eine Platte einen bestimmten Platz im Leben, vulgarisiert man sie nicht, indem man sie zufällig spielt. Hat man tiefe Gefühle für einen Komponisten, fragt man ihn nicht, ob er einen ins Badezimmer begleitet – man hebt den Tonarm und unterbricht. Andererseits beendet man eine Symphonie nicht in der Mitte, wenn man es vermeiden kann; das Radio abzustellen, ist vielleicht entschuldbar, denn die Show geht ohne einen weiter, wenn man aber die Schallplatte abstellt, unterbricht man unhöflicherweise die Aufführung. (Praktische Menschen sehen es gerade andersherum, denn bei einer Schallplatte können sie immer dort einsetzen, wo sie weggegangen sind.)

Sogar der physische Akt, eine Platte zu spielen, kann ritualisiert sein. Mein eigener alter AR Plattenspieler muß einige Male mit der Hand gedreht werden, bevor die Mechanik einrastet, und der Tonarm muß zur Einstellung der Dämpfung vorweg unter die Ebene des Plattentellers gebracht werden. Kein anderer kann diese Dinge handhaben. Meine Levitische Kenntnis macht mich zum Herren über alle in meiner Wohnung geleiteten phonographischen Riten. Selbst ganz moderne Maschinen bedürfen einer gewissen Aufmerksamkeit ihren Hebeln und Knöpfen gegenüber. Es gilt: je kunstgerechter eine Maschine, desto mehr Aufmerksamkeit braucht sie. Kein ernsthafter Diskophile wird eine LP auflegen, ohne sie vorher zu reinigen, und das gebräuchlichste Reinigungssystem bedeutet als ein Minimum, drei Tropfen einer hochtechnologischen Plattenreinigungsflüssigkeit auf ein Samtkissen mit walnußartigem Griff zu pressen, die Tropfen mit dem Boden der Druckflasche zu verteilen, wobei man das Kissen pendelgleich gegen die Plattenrillen hält und die feuchte Seite des konvexen Kissens gegen die Oberfläche der Platte preßt und sich dabei vergewissert, daß die Längsachse des Kissens perpendikular gegen die Rillen steht, dabei aber das Kissen langsam um seine Achse dreht, so daß der trockene Teil gegen die Platte gepreßt wird, indem man das befeuchtete Kissen mit dem sich sträubenden DC-1 Reinigungskissen schräg neigt und sich dann fragt, womit man das Reinigungskissen reinigen soll. Die Instruktionen sind überaus dogmatisch, was den »richtigen Gebrauch der drei Tropfen« bei der Salbung des Kissens betrifft. All dies klingt kompliziert, gelingt aber bald so natürlich wie das Anlegen der Gebetsriemen, und bald kann man es kaum ertragen, eine Platte anders aufzulegen. Ein Ritual hat etwas Seelenberuhigendes, das die Musik vom Lärm, die Kultur vom Chaos trennt. (Neuerdings kaufe ich mir manchmal Cassetten, und ich bin auch nicht mehr orthodox.)

Dank der Schallplatten, so sagte ich bereits, kann man sich nun lieben, während man die *Matthäuspassion* hört. Doch sofern man nicht einer Art post-Zinzendorfscher Häresie anhängt, wird man als phonographischer Ritualist etwas derartiges nicht tun.

Aber das und schlimmeres geschieht. Benjamin Britten beklagte: »Es ist eines der unglückseligsten Ergebnisse des Vormarsches von Wissenschaft und Handel, daß dieses einzigartige Werk [die Matthäuspassion] auf Knopfdruck jeder zimmerfüllenden Meute von Cocktailtrinkern ausgeliefert ist – man kann sie nach Belieben hören oder Abschalten, ohne Zeremonie oder Anlaß.« Vor kurzem hörte ich von einem Klassik-zur-Nacht Discjockey: »Ich schlage vor, Sie holen sich jetzt Ihr Popcorn oder, wenn Sie älter und reifer sind, Ihre Martini-Oliven und lehnen sich dann zurück und genießen Bachs *Matthäuspassion.*« Und dies von einem Discjockey, der es auf sich genommen hat, eine öffentliche Architektur der Zeit vorzuschlagen, wenn nicht überhaupt zu errichten. Der private Bürger kann es sich leisten, sogar noch rücksichtsloser zu sein, und ist es auch oft. Aber wenn seine Rücksichtslosigkeit nicht nur Gleichgültigkeit ist, kann sie sogar kreativ sein; und wie Tomás beobachtet hat, ist das Grandiose an einem privaten Ritual, daß es sogar Mittel zum Ausdruck des Selbst ist. Ist es nicht wunderbar, daß ein post-Zinzendorfscher Häretiker zur Passion sich lieben kann?

Zu den privaten Ritualen von Tomás gehört die Aufführung von bestimmten säkularen Passionen – Mord, Selbstmord, Liebestod der einen oder anderen Art. (*Salome*, eine seiner Lieblinge, ist gleichzeitig heilig und sexuell: eine echte Abscheulichkeit.) Drapiert mit seinem Bettuch führt Tomás die ins neunzehnte Jahrhundert gehörende Mythologie von Liebe und Tod, die heute fast nur noch unter Schwulen weiterlebt, wieder auf.

Für Tomás ist Musik nicht Struktur, sondern reine Passion. Und Tomás Wiederholungen der Musik sind nicht so sehr architektonisch, als obsessiv und beschwörend, in der Art einer ekstatischen Religion. (Weber unterschied die ekstatische von der ritualistischen Religion, aber es gibt sehr viele hybride Formen wie den Hinduismus und den Chassidismus.) Wenn man seine Aktivitäten obsessiv nennt, ist damit nicht notwendig ein psychiatrisches Urteil gefällt. Wir könnten ebensogut den architektonischen Ritualisten zwanghaft nennen. Ich würde lieber sagen, daß beide Symbole verwenden, um dem Moment Sinn zu verleihen. Der Ekstatiker findet Bedeutung in der Konzentration, der Architekt im Kontext.

Was würde Tomás ohne seine phonographischen Schauspielereien machen? Würde er sich an der Schulter von Fremden ausweinen? Kleine Knaben schänden? Möbel und Atome zertrümmern? Unfähig zur Zertrümmerung von Atomen werden? Man kann nur vermuten, daß sein Leben, ohne dieses unordentliche Benehmen, weniger ordentlich und weniger sinnvoll wäre.

Sinn (wie alles, was einen Sinn hat) wird nicht ein und für alle Male gewonnen. Eine kleine Unachtsamkeit und er entgleitet. Das musikalische Ritual, das das eigene Leben akzentuiert, kann, wenn man es zuläßt, rein syntaktisch werden. Die Schallplatte, die den ganzen Sommer über auf dem Plattenteller lag, kann zur Droge werden (*Repeat as Necessary – Nach Bedarf Wiederholen* ist ein New Wave Album), der Appetit kann zum Ekel, das passionierte Spiel zum Kitsch abgleiten. Wenn die genaue Wiederholung Sorgfalt verlangt, wie in einer Aufführung nach Noten oder dem Gedächtnis, ist Sinn hartverdient; aber wenn er einmal verdient ist, geht er auch nicht leicht wieder verloren. Wenn die genaue Wiederholung automatisch geschieht, kommt der Sinn leicht und geht so auch wieder. Die mechanische Reproduktion macht das private Ritual annehmlich, aber billig.

1913 schrieb Claude Debussy:

In einer Zeit wie der unseren, wo der Genius der Ingenieure ein Ausmaß erreicht hat, von dem man nicht hätte träumen können, kann man berühmte Musikstücke so leicht hören, wie man ein Glas Bier kaufen kann. Auch dieses kostet nur 10 Centimes, wie die automatischen Waagen! Sollten wir nicht diese Domestizierung des Klanges fürchten, die Magie konserviert in einer Scheibe, die jeder nach Belieben aufwekken kann? Wird es nicht eine Minderung der geheimen Kräfte der Kunst sein, die bis jetzt für unzerstörbar gegolten haben?

Debussy sprach über den Salon du Phonograph, einer Art dandyhafter walk-in-jukebox auf dem Boulevard des Italiens, wo die Herren für eine Münze, die in einen in eine Mahagoniwand eingelassenen Schlitz eingeworfen wurde, in Armsesseln aus rotem Plüsch sitzen und ihre Auswahl durch Hörrohre zu sich nehmen konnten. Aber er zielte auch auf die Phonographen im allgemeinen, die Charles und Emile Pathé damals geschäftig in französischen Privathäusern aufstellten.

Vielleicht unabsichtlich trifft Debussy hier ein Paradox. Er sagt, Platten machen die Musik billig, wie automatische Waagen (die Wissenschaft zerstört »die geheimen Kräfte der Kunst«), aber dann entschlüpft ihm doch, daß auch die Scheibe ihre Magie hat. Und die Technik hat dies oft, ganz gewiß wenn sie neu ist (in Amerika sagten automatische Waagen auch die Zukunft voraus) und manchmal sogar wenn sie alt ist (Feuer ist eine sehr alte Technik, kann uns aber immer noch mit Ehrfurcht erfüllen). Debussy könnte darauf antworten, daß diese Magie außermusikalisch ist. Aber das ist oft genug auch die Magie der Live-Musik. Und dieser Einwand wäre auch an Debussy nicht verloren, der Virtuosen verachtete, weil sie im Namen der Magie die Musik verzerren (besonders seine eigene).

Wir sind alle wie Prospero geworden und können unsichtbare Musiker herbeibeschwören, die zu unserem Vergnügen singen und spielen. Ein Teil des Spaßes ist unser Gefühl für Macht. Wir können den pokergesichtigen, makellosen Heifetz manipulieren. Wir können Streisand zum Verstummen bringen. Wir können bei den Berliner Philharmonikern die Bässe und Celli aufdrehen und Karajans sorgfältige Balance unterlaufen.

Darin gleicht der Phonograph ziemlich genau dem Rest des »Heimunterhaltungszentrums«, das ein Voodoo-Puppenheim voller Politiker, Filmstars, gefährlicher Liebschaften und welthistorischer Ereignisse ist – alle in Miniatur, alle manipulierbar. Diese Faksimiles versichern uns, daß die Welt sinnvoll ist und wir sie handhaben können. (Wir wissen natürlich, daß unsere Fähigkeiten dazu verschwinden, wenn wir einmal den Wohnzimmerteppich verlassen. Wir sind klug genug, unsere TV-Fernbedienung nicht auf jugendliche Rowdies zu richten, wie Peter Sellers in *Willkommen, Mr. Chance.*) Vorzugeben, daß diese Haltung nicht auf die hohe Kunst ausgedehnt werden könnte, wäre unaufrichtig, denn die Beherrschung von Kulturobjekten ist wie ihr Besitz eine Möglichkeit, sich kultiviert zu fühlen. (Und überhaupt, was wäre Besitz ohne Kontrolle?) Und dann ist auch die Manipulation von wehrlosen Musikern der Lieblingssport nicht nur von Zuhörern, sondern auch von Plattenproduzenten und sogar Komponisten gewesen. Eine ganze Schule der elektronischen Musik hat sich darauf spezialisiert; ein außergewöhnlich überzeugendes Beispiel ist Charles Dodges *Any Resemblance Is Purely Coincidental*, in der eine berühmte Plattenaufnahme von »Vesti la giubba« – »Zieh dein Kostüm an« mit dem ersten und größten Heiligen der Phonographie, Caruso, erniedrigende Demutsgesten machen muß. (Caruso, der von seiner Umgebung gern Karikaturen zeichnete, und einmal bei der Arie »Che gelida manina« – »Wie eiskalt ist dies Händchen« – in einer Aufführung von *La Bohème* Dame Melba eine heiße Wurst in die Hand drückte, die sie erschrocken in die Luft warf, dürfte sich darüber nicht beklagen.)

Unser Gefühl für Macht ist jedoch keineswegs vollständig. Anders als Prospero können wir die Geister, die wir herbeirufen, nicht sehen, und das macht das ganze etwas gespenstisch. Besonders spät in der Nacht fühlt sich der Plattenhörer oft seltsam verletzlich und ausgeliefert (anders als der Radiohörer, der ständig mit anderen lebenden, atmenden Menschenwesen in Verbindung steht). Er fühlt sich vielleicht sogar beobachtet. Er ist genau in der entgegengesetzten Lage des Kinobesuchers, der selbst unsichtbar, ein beobachtender Geist ist. Der Kinobesucher ist ein Punkt im Raum; der Plattenhörer ist immens, eine Welt in Nerven gebündelt.

Im Film erfahren wir, so hat der Philosoph Stanley Cavell beobachtet, unsere eigene Unsterblichkeit. Wie sonst hätten wir reine Geister werden können, anwesend, aber unsichtbar. Bei Schallplatten, so könnte man sagen, erfahren wir die Unsterblichkeit von anderen: der menschlichen Musiker, deren Geister wir beschwören. In der primitiven Magie sind die Geister, deren Macht in Anspruch genommen wird, Naturgeister oder die Geister der Toten. Davon ist ein Echo in der phonographischen Magie, das ihr eine gewisse Unheimlichkeit verleiht. Plattenhören ist eine Séance, wo wir unsere Geister auswählen. Die Stimmen, die wir hören, kommen aus einer anderen Welt – wofür sich Stimmen besonders eignen. Darin liegt etwas Täuschendes: Die Stimme scheint aus dem Medium oder dem Lautsprecher zu kommen, aber woher kommt sie wirklich? Der Blick, gewohnt den Klang zu seiner Quelle zu verfolgen, findet nichts als hölzerne Boxen und einen bewegten Kreis. Am Ende der Suche findet man etwas Stimmloses. Der Aufführende wird (im etymologischen Sinn) okkult.

Viele Plattenkünstler sind tot, und am Ende werden es alle sein. Selbst wenn sie am Leben sind, ist ihre Unterwerfung unter das Wachs (wie früher) oder die Einbalsamierung in Vinyl oder Polyvinylchlorid eine Annäherung an die Unsterblichkeit, und damit der Sterblichkeit. Daß wir die Geister der toten Musiker beherrschen, ist morbid genug; daß wir die entfleischlichten Geister der Lebenden beherrschen, ist wahrscheinlich schlimmer. Auf die Frage des Musikethnologen Christian Leden sagte ein Eskimo: »Meine Lieder sind Teil meiner Seele, und wenn der Dämon in den magischen Boxen des weißen Mannes meine Seele stiehlt, dann muß ich sterben.« Béla Bartók stieß auf eine ähnliche Reaktion bei einem fünfzehnjährigen türkischen Nomaden; es ist ebenso ein Allgemeinplatz der Ethnographie wie die primitive Furcht vor Kameras und ebenso in Einklang mit unseren unausgesprochenen Instinkten. Der Plattenhörer und der Musiker – wie der Sterngucker und der Stern, wie ein Mensch und sein Familiengeist – bewohnen nicht dieselbe Welt. Dies ist die Vorbedingung ihrer Intimität. Und ihre Intimität wird enger, wenn der Geist zu hören, aber nicht zu sehen ist, denn dann hat es den Anschein, daß die beiden Welten nicht tangential, sondern koextensiv sind. Aber dann hat der Geist auch Macht über den Menschen – wie Hamlets Geist, der, nachdem er in den Untergrund gegangen ist, schreit, »Schwöre!« Wie Ariel, wenn er singt, »Fünf Faden tief, dein Vater liegt«, Ferdinand an der Nase herumführt. »Dies ist kein sterbliches Geschäft und auch kein Klang/den die Erde schuldet. Ich höre ihn jetzt über mir«, sagt Ferdinand. Über, unterhalb, irgendwo, aber nicht in dieser Welt.

Der Radiohörer könnte als der spiritualistischere erscheinen, der Geister aus der Luft heranzieht. Wenn dem so ist, dann gleicht er einem, der aus Neugier einer Séance beiwohnt und damit zufrieden ist, daß er überhaupt eine Stimme von der anderen Seite hört. Der Plattenhörer möchte nur mit bestimmten Geistern in Kontakt treten. Tatsächlich spielen manchmal Platten und nicht das Radio eine Rolle in wirklichen Séancen. Thomas Mann, der zunächst mit dem Spiritismus flirtete, bevor er ihn im *Zauberberg* schilderte, gibt dem Phonographen eine entscheidende Rolle bei den Séancen im Sanatorium. Es ist eine beliebte Aufzeichnung des Soldatengebets aus Gounods *Faust*, das schließlich den Geist von Castorps bravem Vetter zurücklockt.

Dieses Vorkommnis erlaubt Einblicke. Castorp nähert sich dem Ende seiner Suche nach Aufklärung und (dem Folgeergebnis) seiner Vernarrtheit in den Tod. Günstigerweise kommt im Haus Berghof ein neues Spielzeug an: die neueste Luxusausführung eines elektrisch betriebenen Phonographen. Eingelassen in einen mattschwarzen »Schrein« steht es in Gesellschaft eines Bücherregales voller »breitrückiger schwarzer Bände«. Man hörte ein Orchester Offenbach spielen, dann sang ein berühmter italienischer Tenor; der »Geist eines Violinisten von Weltruf spielte, wie hinter Schleiern«. Die Patienten sind amüsiert; Castorp ist entzückt und wird der Hüter des Instrumentes, das er noch spät in der Nacht spielt, »allein mit den Wundern der Truhe in seinen vier Wänden – mit den blühenden Leistungen dieses gestutzten kleinen Sarges aus Geigenholz, dieses mattschwarzen Tempelchens ...« Die anderen Patienten zu stören, braucht er nicht zu fürchten, denn die Schwingungen »ermatteten, schwach und scheinmächtig wie alles Geisterhafte, ferner von ihm«.

Unter seinen Vorzugsplatten ist Schuberts »Lindenbaum«, obgleich er weiß, daß seine Liebe zu dessen reiner Schönheit im Grunde eine Liebe zum Tod ist. Ein anderer Favorit ist *Aida*. Castorp empfindet die tröstliche Kraft des letzten Liebesduetts im Grab, aber erkennt, daß die wirklichen Dinge, das sachlich Bevorstehende (Grubengas, Hunger, Verwesung) beschönigt worden sind. Ein dritter Favorit ist das Lied aus *Faust*, in dem Valentin – den Castorp mit seinem vor kurzem verstorbenen Soldatenvetter Joachim identifiziert – Gott darum bittet, seine jüngere Schwester zu schützen.

Als sich herausstellt, daß eine jüngere Frau im Sanatorium psychische Kräfte hat, und die anderen Patienten, schon gelangweilt von dem Phonographen, Séancen abzuhalten beginnen, zögert Castorp in dem Gefühl, »daß solche Erfahrungen ... nichts anderes sein könnten als abgeschmackt, unverständlich und menschlich würdelos«. Aber sein Empirismus triumphiert. Bei der ersten Sitzung gibt ein unsichtbarer junger spirit namens Holger, der ein Dichter ist, stundenlange süßliche Meereslyrik (»O seht, wie sterbend grün die ungeheure Weite verschwebt, wo unter breiten Nebelschleierstreifen in trübem Karmesin und milchig-weichen Scheinen die Sommersonne den Untergang verzögert!«), die alle Lieblingsarien des Tages überleuchtet. Bei der zweiten und letzten Séance, deren Atmosphäre ihn an einen Bordellbesuch während seiner Studentenzeit erinnert (Bordelle gehörten natürlich zu den ersten Einrichtungen, in denen Phonographen aufgestellt wurden), wird ein Versuch gemacht, den Schatten Joachims zu materialisieren. Erst als Castorp daran denkt, die leichte Musik, die gespielt worden war, durch Valentins Gebet zu ersetzen, gelingt der Versuch. Aber ein einziger Blick in die Augen – traurig, sanft-freundlich – des tragikomisch geschmückten Geistes genügt. Castorp will nichts mehr von Schwarzer Magie wissen. Und er verliert abrupt seine Liebe zu dem schwarzen »Sarkophag der Musik« und den schwarzen Scheiben.

Man könnte fragen, warum der Phonograph, der metaphorisch ein Medium ist, in einer Séance auch als Instrument eines Mediums fungieren soll. Es könnte eine Frage sympathetischer Magie sein, gleiches gebiert gleiches. Es könnte aber auch sein, daß die Geister weltberühmter Violinisten andere Geister herbeizurufen vermögen (Kreisler ruft Holger, der ruft Joachim). Dieses letztere deutet auf eine allgemeinere Erklärung: eine Kette von magischen Wirkungen, bei der man kaum sagen kann, wo die Magie beginnt oder endet. Prosperos Magie läßt Ariel Musik machen, die ihrerseits wieder (wie eine Beschwörung) magisch auf Caliban und die Mantuaner Schiffbrüchigen wirkt. Wir machen Magie, wenn wir den Phonographen bedienen, veranlassen Geister, Musik zu machen. Diese Musik – exakt wiederholt wie eine magische Formel – kann weitere Magie bewirken. Sie kann uns verschwinden lassen (»Und ich, ich, ich bin glücklich, weißt du, ich vermische mich mit der Musik, und ich schmelze dahin, und ich vergehe ...«). Sie kann uns Heiterkeit bringen oder uns tanzen lassen wie David vor der Lade. Sie kann uns von Wahn oder Schlaflosigkeit heilen oder die Schlaflosigkeit zu einem begnadeten Zustand machen, wie es Glenn Goulds Aufnahmen von den *Goldbergvariationen* zahllosen modernen Keyserlings getan haben. Sie kann schöne Frauen in unseren Armen vergehen lassen. Oder sie kann, Gabriels Posaune antizipierend, die Toten auferwecken.

Irgendwann während des langen Abstiegs in der Zeit nach Mitternacht, als ich eine Cello-Suite von Bach hörte, begann ich auf den Geschmack zu achten. Er war dunkel und scharf, das Zeug, von dem sich vielleicht die Toten ernähren. Ich dachte an Odysseus Besuch im Hades und wie das Blut, das er vergoß, die Toten wie Fliegen anzog. Ich dachte an Orpheus und daran, wen ich von diesem Ort zurückbringen wollte. Ich versuchte an etwas anderes zu denken.

Aufgefordert, einen Geist zu benennen, einen Lieben, den Holger bringen könnte, verstummen die lüsternen Patienten. Denn es »bleibt die Rückkunft Verstorbener, das heißt: die Wünschbarkeit solcher Wiederkehr immer ein verwickeltes und heikles Ding«. Wahrscheinlich kennen sie alle unsere häßlichen Geheimnisse. Sich den Toten zu stellen, heißt sich selbst zu stellen; beides machen wir, wenn wir uns der Musik stellen. Kein Wunder, daß wir wirkliche Musik spät in der Nacht ebenso fürchten wie die Stille.

Wer sich nicht fürchtet, kann mit der Geisterwelt umgehen, entweder weil er ein Heiliger ist oder ihr Komplize. Von einem Heiligen brauchen wir nicht weiter zu sprechen. Wenn Komplize, dann könnte er ein fest im Leben stehender Philister sein oder ein Ästhet, halbverliebt in einen schönen Tod, oder ein Hans Castorp, der der Reihe nach alle diese Stadien durchläuft. Für den Ästhet ist der Tod der Ort, wo etwas Schönes eine immerwährende Freude ist. Wie der jugendliche Liebhaber seine Vollendung in der Urne findet, so findet die Musik sie in den Platten. Und ungespielte Platten sind die süßesten.

Settembrini, Castorps freimaurerischer Mentor, muß die Ankunft des Phonographen vorhergesehen haben, als er seinen Schüler einige hundert Seiten vorher, als sie im Schatten sitzend dem Sonntagsorchester zuhörten, vor dem süßen Zauber der Musik warnte. »Musik ist allem Anschein nach Bewegung selbst – aber trotz alledem verdächtige ich sie des Quietismus ... Für Sie persönlich, Ingenieur, ist sie zweifellos gefährlich. Ich sah es in Ihrem Gesicht als ich herantrat ... Sie ist im Gebrauch von Opiaten erfahren.«

Aldous Huxley, der ein gutes Ohr für die Resonanzen der Technik hatte, faßt ebenfalls den Phonographen als ein Instrument des Todes und der Hoffnung auf ein Nachleben. In *Kontrapunkt des Lebens* spielt der weltmüde Zyniker Spandrell, der »nicht ein Mensch – entweder ein Dämon oder ein toter Engel« – ist, Beethovens »Heiligen Dank-Gesang eines Genesenen« aus dem a-Moll Quartett – Musik in der er den einzigen Beweis für die Existenz Gottes, der Seele, des Himmels findet – und tötet sich. »Lange Töne, ein wiederholter Akkord, lange gehalten, hell und rein, hangend, schwebend, mühelos immerzu aufschwebend. Und dann plötzlich war keine Musik mehr, nur das Kratzen der Nadel auf der sich drehenden Platte.«

Es ist ein melancholischer Umstand, daß der Tod Platten verkauft. Der Tod eines Plattenstars gibt ihm die Art Verkaufsförderung, die der Nobelpreis, eine freundlichere Apotheose, einem Autor verschafft; der Tod eines Autors hat keine solche Wirkung auf den Verkauf. Der Tod eines Malers mag seinen Preisen gut tun, aber nur weil die Originale für den Verkauf bestimmt sind und das Angebot nun nicht mehr der wachsenden Nachfrage entsprechen kann. Schallplatten sind Kopien wie Bücher, und ihr Angebot ist im Prinzip unbegrenzt. Die Wirtschaftswissenschaft erklärt also dieses makabre Phänomen nicht.

Es ist am Auffälligsten im Bereich von Rock and Roll. Otis Redding starb bei einem Flugzeugabsturz drei Tage nach der Aufzeichnung von »The Dock of the Bay«, und der Song setzte sich sofort an die Spitze der Charts. Plattengesellschaften verdienten am Tod von Bob Marley, Jim Croce, Joplin, Hendrix, Buddy Holly. Elvis Presley hatte ein großes Comeback, als er gestorben war; so auch die Beatles, als Lennon erschossen wurde. Die Doors hatten 1980 ein Comeback, zehn Jahre nach dem Tod von Jim Morrison. In jenem Jahr meldete Elektra Records größere Verkäufe von allen zwölf Alben der Gruppe – insgesamt mehr als zwei Millionen Platten – als in jedem anderen Jahr seit der Erstausgabe. Das Feuer wurde noch weiter geschürt durch ein neues Album, das mit Morrisons Hilfe hergestellt wurde, in dem über alten Bändern, auf denen der Bandleader seine Gedichte spricht neue Instrumentalspuren, aufgezeichnet wurden.

Der Verkauf von klassischen Platten verhält sich nicht ganz genau so, zum Teil weil er für Werbung und Promotion abhängiger von Livekonzerten ist. Auch sterben klassische Musiker meist still und in vorgerücktem Alter. Die seltenen Ausnahmen (Dinu Lipatti, Guido Cantelli, Glenn Gould) hatten beträchtlichen posthumen Erfolg. Aber selbst die großen alten Männer wie Furtwängler, Beecham und Casals haben in den Plattenläden ein würdiges Nachleben geführt, und viele gehen immer noch sehr gut. RCA fand, daß besonders Caruso, Toscanini und Reiner fast ebenso beständig sind wie Presley. Diese Gesellschaft scheint ihre toten Künstler besonders intensiv zu verwerten. Toscaninis schroff klingende Studio 8-H-Aufzeichnungen sind elektronisch auf Stereoeffekt hin bearbeitet worden und klingen jetzt noch schroffer. Caruso kehrte mit besserer Stimme denn je zurück, verstärkt vom Soundstream Computerverfahren; Reiners klassische Bartók und Strauss sind auf Half-speed Remasterings und auf digitalen Compact Discs reinkarniert. Jazzmusiker wie Bluebirds erheben sich aus der Asche, und Popkünstler erhalten mit einer Reihe von zwei-Platten-crêches ihr Denkmal. All dies zeigt einen vertrauenswürdigen Sinn für Geschichte, muß aber doch junge Musiker entmutigen. In einem Brief an Irving Kolodin sprach der Produzent Walter Legge von RCAs »erstaunlicher Wiederherstellung« von Mengelbergs *Heldenleben*: »Wenn erst die Plattengesellschaften ihre in den Archiven gelagerten Reichtümer mit gleicher Geschicklichkeit verbessern können, haben sie das künstlerische Kapital, um ihre Ausgaben für Aufnahmen noch für Jahre zu senken ...« Ihn störte offensichtlich die Aussicht nicht, daß tote Talente die lebenden vertreiben, wie Aufzeichnungen die Livemusik.

Legges EMI mit ihrer amerikanischen Tochter Angel hat seit langem ein Neuauflagenprogramm, das zwar unaufregend, aber doch künstlerisch das reichste ist. Ihr frühes Warenzeichen »The Sign of the Recording Angel« wurde 1909 aufgegeben und lebte erst sehr viel später für die US-Filiale wieder auf. Dieses erste Emblem, ein geflügelter Cherub, ausgebreitet über einer Schallplatte und mit einem Federkiel sie eingravierend, deutet an, daß es die Angelegenheit der Firma ist, zu entscheiden, welches Nachleben der einzelne Musiker haben soll. EMIs derzeitiges Logo, das sie mit RCA Victor America gemein hat, ist von Francis Barrauds berühmtem Gemälde »His Master's Voice« abgeleitet. Das Bild hat trotz seiner Volkstümlichkeit etwas Unheimliches. Man blickt darauf und stellt sich vor: Was, wenn des armen Hundes Herr tot ist?

Beim Anblick Nippers ist mir manchmal Maria Stuarts Schoßhund eingefallen, der sich – wahrscheinlich erinnere ich den historischen Ausschnitt falsch – nach ihrer Enthauptung unter ihren Röcken verstecken wollte. Weniger einfältig werde ich an eine Edwin Welte, Erfinder des »reproduzierenden Pianos«, zugeschriebene Geschichte erinnert. Kurz nach Busonis Tod hörte seine Witwe, in einem Liegestuhl an Deck eines Ozeandampfers aufs Meer hinaussehend, aus dem nahegelegenen Salon den Klang eines Klaviers. Die Spielweise war unverkennbar. »Ferruccio!« rief sie, »O Ferruccio *mio*!«

Das Rührende an der Episode mit Signora Busoni und an

Nipper ist das Nichtbegreifen. Aber solche Geschichten führen uns, wie auch die Geschichte der Eskimos, die fürchten, ihre Seelen zu verlieren, zurück zu unseren eigenen, primitiveren Gefühlen. Läßt man einmal (und es wird jetzt Zeit dazu) jede verborgene Morbidität beiseite, läßt doch die ungeheure Popularität des HMV-Logos folgendes vermuten: daß wir uns vor dem Phonographen wie dumme Tiere fühlen, die konsterniert die Ohren spitzen; daß wir nicht die Herren der Stimme sind, sondern es sich gerade umgekehrt verhält; daß der Eigentümer der Stimme uns lieb ist, daß wir ihn vermissen und ihn gerne sehen und an ihm riechen möchten; daß, wie die Scheibe dem Herrn gegenüber treu ist, wir der Scheibe treu sein wollen.

Ich bin nicht kompetent, die Ikonographie hinter Barrauds Bild auszumachen, aber wenn ich durch Janson blättere, sehe ich einen Hund, etwa in Nippers Haltung, der mit verschiedenen anderen Tieren David und seinem Psalter zuhört (im Pariser Psalter aus dem zehnten Jahrhundert); ich sehe einen byzantinischen Adam, seinen Kopf überlegend gebeugt, und einen Baum, der sich ihm wie ein Phonographenhorn entgegenneigt; ich sehe eine Verkündigung von Fra Angelico mit einem knienden Engel, dessen Flügel etwa dieselbe Krümmung haben. In allen Beispielen ist die zuhörende Figur fasziniert, aber auch ein wenig ängstlich, wer oder wo der wirkliche Meister sein könnte.

Man würde gern seine eigene Treue zeigen, aber eine Stimme ist nicht etwas, an das man sich halten kann. (Wenn die Religion mit dem Hören von Stimmen begonnen hat, so muß das Verfertigen von Idolen unmittelbar gefolgt sein.) Das Bakhruschin Museum hat einen Schaljapin-Pavillion, wohin Babuschkas regelmäßig kommen, um den Sänger zu »besuchen«, seine düstere Stimme auf Band zu hören und ihm Blumen zu bringen. In Wave Hill, Toscaninis Haus in der Bronx, kann man Bänder mit seinen Radiosendungen und anderen unveröffentlichten Aufführungen hören. »Wir staunen über die Zahl der Leute«, sagt ein Kurator, »die hier mit dem Blick aufs Tonbandgerät gerichtet sitzen und am Ende oft applaudieren.«

Gut, daß Toscanini nicht in Stereo aufgezeichnet hat. Ein

einzelner Lautsprecher ist wenigstens etwas, worauf man blicken kann, die Art mit dem Trichter ist die beste, sie erinnert an die aufblühenden Trichter der Sprechmaschinen, die ihrerseits wieder an Blasinstrumente erinnern, die das Gesicht des Spielers verbergen, aber seinen Geist projektieren. Man kann in den Trichter einer Trompete hineinblicken und wissen, daß an einem verschwindenden Punkt irgendwo hinter ihrer sichtbaren Konkavität etwas atmet. Bei einem Phonographentrichter gibt es keine erkennbare Spucke, kein Aroma (Satchmo sagte von Bunk Johnson, daß »er eine Unmenge Portwein trank. Man konnte riechen, wie es aus seiner Trompete kam – aber es hat wirklich schön geklungen«; Nipper hätte es bemerkt), nur Klang, aber das Gefühl für die direkte Projektion ist dennoch da. Bei einem einzigen Lautsprecher, selbst bei einer Box mit Stoff an der Vorderseite, ist es immer noch da. Stereo jedoch arrangiert die Musiker vor einem im leeren Raum. Man kann fast auf sie zeigen, aber sie sind nicht da. Statt zu projizieren, sind sie projiziert – aber unsichtbar, »eine gespenstische Gruppe«. Die Einführung von Stereo hat nicht einfach das Vergnügen des Zuhörers verdoppelt; es veränderte die Phänomenologie des Phonographen, indem es einen räumlichen und damit sichtbaren Aspekt hinzufügte, der gleichzeitig Klarheit und Verwirrung schaffte. Es war nicht einfach eine technische Verbesserung, so wenig der Tonfilm nur eine technische Verbesserung gegenüber den bewegten Bildern war. Daß viele Zuhörer sich bei Stereo immer noch nicht wohlfühlen, geht daraus hervor, wie sie ihre Lautsprecher aufstellen: sinnlos nahe zusammen oder an gegenüberliegenden Wänden. Dieses Arrangement ist aber angenehmer als Monophonie, da es keinen Brennpunkt der Aufmerksamkeit schafft, damit auch keine Illusion von menschlicher Anwesenheit und damit keine Desillusion. Kopfhörer sind darin noch besser, denn sie verweisen darauf, daß das Reich der Musik in einem ist. Kopfhörer, wie Aufstellung an gegenüberliegenden Wänden, sind bei Rock-Hörern beliebt, die keine Vorvorstellungen darüber haben, wie Live-Musiker aufgestellt werden sollten. Die von Rockproduzenten verwendeten übertriebenen Stereoeffekte dienen nicht dazu, Musiker in den äußeren Raum zu projizieren, sondern die Aufmerksamkeit des Zuhörers auf verschiedene Zonen des inneren Raums zu richten. (Das funktioniert, weil die Rockmusik zugleich sehr sozial und tief solipsistisch ist – ein Zustand der Pubertät – und der Rock-Musiker nicht als Musiker vermittelt wird, sondern als alter ego.)

Aber jede Art des Schallplattenhörens läßt uns mit einem Bedürfnis nach etwas, wenn nicht nach jemandem, zurück, das oder den man sehen und berühren könnte. Die Verehrung der Platte ist eine Reaktion (doch die befriedigt, wie wir gesehen haben, auch andere Bedürfnisse). Da aber Schallplatten gewöhnlich gleich aussehen und man keine Fingerabdrücke auf ihnen haben will, verehrt man in der Praxis die Plattenhülle, und dieser Impuls (im Verein mit der Wissenschaft des Marketing) steht hinter der Bedeutung des Coverdesigns in der Plattenindustrie.

Die Bücher, die der Albumkunst gewidmet sind, reproduzieren hauptsächlich die Albumkunst des Rock. Während klassische Hüllen (wie die von Erwachsenen-Pop und Jazz-Platten) im allgemeinen ein Frontalfoto des Aufführenden zeigen, toben sich Rock-Cover in Phantasien aus, träumerisch oder alptraumhaft oder beides. Es spiegelt sich hier eine Unterscheidung zwischen dem typischen Klassikhörer, der vom Musiker erwartet, daß er zwischen dem privaten und dem öffentlichen Bereich der Musik vermittelt, und einem typischen Rock-Hörer, der mit dem Musiker in einer Welt der privaten Phantasien zusammenlebt. Für den Klassik-Hörer wird die Verehrung der Hülle zu einer Art reiner Idolatrie; für den Rock-Hörer zu einer Wallfahrt hinter den Spiegeln.

Für den Rock-Sammler ist es eine Ehrensache, beide Plattenhüllen von *Blonde on Blonde* zu besitzen; das nackte United Nations Importcover von *Electric Ladyland* wie auch das zahmere einheimische; die ganze Farbbreite für *Some Girls* (die vielleicht ein Kniff war, um den Verkauf bei Kultisten zu verfünffachen). Daß eines der größten Rockalben überhaupt seinen Spitznamen von der schneeweißen Abwesenheit jeder Coverkunst hat, beweist nur die Regel. Das ursprüngliche Design für

The Beatles, das Album, das jeder »das Weiße« nennt, wurde verworfen, und die Beatles akzeptierten kein anderes. Gleichviel, im Inneren sind Porträtfotos und eine große notizbuchartige Collage, die die zwei Hauptrichtungen der Rockschulen repräsentieren: der Ausführende als ein Pin-up (ohne sein Instrument) und der Ausführende als enger Gefährte (der einem Schnappschüsse aus seinem Privatleben schickt). Eine dritte, herausragende Schule wird durch das *Sgt. Pepper*-Cover repräsentiert: der Star als Phantast, gekleidet in Kostüme, die der Teenager zu tragen sich nicht leisten kann (in keinem der beiden Sinne).

Während der Klassik-Sammler schwere Schellackplatten erfreulicher findet als jede Art von Hülle, hat die Faszination durch Plattenhüllen im Pop ihnen unabhängig von ihrem Inhalt den Status von Kunstobjekten gegeben. Der Konzeptkünstler Cosmo verstreut Alben, noch eingeschweißt in intakte Plastifolien, in seinem Appartement als Skulptur. Ein Kollege, bekannt als Collette, macht Montagen aus Albumhüllen und Juwelen in einem Schrein aus Plexiglas (eine zweite Jungfräulichkeit). Und Kinder kauen Kaugummi aus Kaugummischeiben, die mit winzigen Albumhüllen statt mit Baseballkarten zusammengepackt sind. Pauline Kael hat von dem Film *Cat People* geschrieben: »Jede Einstellung sieht aus wie eine Albumhülle für Platten, die man nie abspielen will.« Das ist eine Beleidigung und auch so gemeint, aber nur wegen des »nie«. Denn das höchste Lob der Albumkunst ist, daß sie schließlich die Platte überflüssig macht, als ein perfektes Idol den Gott ersetzt, den es repräsentiert. Von einem musikalischen oder mosaischen Standpunkt aus macht gerade das die beiden so gefährlich. Sie können zu Fetischen werden, die uns der Stimme gegenüber taub machen. (»Sie haben Ohren und hören nicht . . . Die solche machen, sind ihnen gleich«). Es muß jedoch zugegeben werden, daß, wenn Platten zuverlässiger als Musiker sind, dann die Albumhüllen noch zuverlässiger sind, besonders auf einer einsamen Insel. In *Stranded* schreibt Tom Smucker:

Wenn ich auf eine Insel geriete ohne funktionierenden Phonographen oder mit einem, der nur funktioniert bis die Batterien leer sind, dann möchte ich mit meiner geliebten *Pet Sounds* von den Beach Boys gestrandet sein, vorzugsweise in der originalen Monoversion mit den Bildern von ihrer Japantournee auf der Rückseite. Bei ihrem Anblick würde ich mich an jedes Stück erinnern, so oft habe ich sie gehört. Nur sie in der Nähe zu haben, würde mir ein sicheres Gefühl geben.

Der Fetischismus scheint, wie die Pflege von etwas, das an das Geliebte erinnert oder gemahnt, die höchste Treue zu sein. Aber es ist letztlich eine Art Betrug. Im Film *Diva* nimmt der junge Moped-Bote, nachdem er insgeheim eine Aufführung seiner verehrten Sopranistin auf Band aufgenommen hat (sie weigert sich, Aufzeichnungen zu machen, denn »Musik kommt und geht – man sollte nicht versuchen sie zu halten«), aus ihrer Garderobe in einem vorauswissenden Nachgedanken, ihr Silbergewand. Wir sehen diesen Jules später in seinem Garagenloft, hingesunken in eine Ecke; ihre Stimme erleuchtet den riesigen Raum, ihr Gewand ist schalartig um ihn geschlungen. In seinen Augen stehen Tränen der Freude und vielleicht auch der Scham. Später schlingt er sich das Gewand um seinen Nacken wie den Schal eines Fliegers, besteigt sein Moped und fährt über die Avenue Foch, wo er eine Hure findet – schwarz wie seine schöne Sopranistin –, die dann das Gewand im Bett trägt. Bei seiner Rückkehr nach Hause findet er sein Appartment verwüstet, und dies signalisiert den Beginn seiner Mißgeschicke. Es muß wie Vergeltung aussehen. Weil er ihre Stimme zu sehr und nicht genug liebt, war er nicht damit zufrieden, ihre Stimme gelegentlich zu hören, sondern mußte sie besitzen; nicht zufrieden mit ihrem Gewand, mußte er einen Ersatzkörper darin haben. Und so (wie die Beatles-Fans, die die Ersatzbeatles von *Beatlemania* haben mußten) betrog er sie.

Der große Regency-Humorist Sydney Smith behauptete einmal, daß Musik »die einzige billige und straflose Ekstase auf Erden« sei. Gorodish, *Divas* Zen-Superheld, weiß es besser. Als Jules protestiert, seine musikalische Piraterie sei doch unschuldig, nur für das eigene Pläsier gedacht, weist ihn Gorodish zurecht: *Il n'ya pas de plaisirs innocents.*

5
PLATTEN IN GESELLSCHAFT

Leo Tolstois Großvater hatte jeden Tag mit einem von seinen Sklaven gespielten Morgenkonzert begonnen, und an einem Sommerabend im Jahr 1910 konnte Tolstoi diese Gunst erwidern, indem er den Bauern von Jasnaja Polnaja eine Serenade aufführte. Nachdem er sie auf der Dorfwiese versammelt hatte, zeigte ihnen der gealterte Graf einen Kasten mit einem herausragenden Trichter. Er spielte an dem Kasten herum und heraus kam der Klang eines Balalaika-Orchesters. Die Muschiks starrten. Dann, auf die Aufforderung des Grafen hin, begannen sie einen Hopak zu tanzen.

Im Sommer davor hatte ein schwermütiger Jüngling namens Sergej Prokofiew an seine Verlobte Veruschka geschrieben:

> Neuerdings ist die Zivilisation in unsere Wildnis eingedrungen. Einer der Bauern hat ein Grammophon gekauft. Und jetzt wird diese Erfindung des Teufels an jedem Abend vor seiner Hütte aufgestellt und beginnt ihre schrecklichen Lieder herauszuwürgen. Eine Menge von Zuschauern grölt vor Vergnügen und stimmt mit ihrer eigenen falschen Wiedergabe der Lieder ein, Hunde bellen und heulen, die Kühe kehren muhend von den Feldern zurück und rennen in alle Richtungen, und jemand in der Nachbarschaft spielt in einer falschen Tonart die Begleitung auf seinem Akkordeon. Zunächst schloß ich nur mein Fenster und versuchte Klavier zu spielen, aber es half nichts, ich mußte mit dem Fahrrad dieser Gesellschaft entfliehen.

Eine neue Erfindung, auch wenn ihre wahre Tendenz privater Natur ist, beginnt ihr Leben in der Öffentlichkeit. Telephon,

Radio, Fernsehen wurden, lange bevor sie in das Durchschnittsheim einzogen, gemeinschaftlich in Saloons und Empfangszimmern benutzt. Der Phonograph machte keine Ausnahme, auch wenn er in seiner frühesten Form eine ziemlich private Art der öffentlichen Erfahrung darstellte, da seine gespenstischen Emanationen nur durch Gummi-Hörrohre gehört werden konnten. Im letzten Jahrzehnt des neunzehnten Jahrhunderts machte der Edison-Tainter-Bell-Phonograph, der als Geschäftsmaschine ein Versager gewesen war, eine Karriere mit der Wiedergabe von unseriöser Musik und Monologen und wurde von Ausstellern auf Provinzmessen, in Hotels und Musiksälen eingesetzt. »Es war extrem lächerlich«, erinnert sich Gaisberg, »zehn Leute um einen Phonographen versammelt zu sehen, jeder mit einem Hörrohr von seinem Ohr herabhängend, der über das, was er hörte, grinste und lachte. Es war eine gelungene Reklame für die, die darauf warteten, an die Reihe zu kommen.« Bald installierte Gaisberg münzbetriebene Phonographen in Saloons, Restaurants und Biergärten. Etwa um dieselbe Zeit sah Charles Pathè eine vielbenutzte Edisonmaschine auf der Messe von Vincennes, und unverzüglich installierten er und sein Bruder eine solche in der Bar Americaine in der Nähe des Pigalle und begründeten damit beinahe beiläufig, was einer der größten europäischen Phonographen- und Schallplatten-Konzerne werden sollte.

Um die Jahrhundertwende war der Phonograph, nachdem ihm ein Hörrohr gewachsen und sein Preis von 150 Dollar auf 7,50 Dollar gesunken war, in Frankreich und Amerika ein beliebter Unterhalter, in Rußland machte Gaisberg den Haushalt des Zaren mit dem Platten-Grammophon vertraut und bereitete damit jene Dorfunterhaltung vor, die Tolstoi entzückte und Prokoview belästigte. Innerhalb eines Jahrzehnts hatte der phonographische Radscha sogar Indien erobert, auf dessen Bazaars Gaisberg mit Vergnügen »Dutzende Eingeborene auf ihren Fersen um ein Grammophon hocken sah, die sich beim Anhören von Bert Shepherds *Laughing Song* vor Lachen wiegten«. In den zwanziger Jahren konnten sich immer mehr Haushalte ihr eigenes Grammophon leisten, und als der Neuigkeitseffekt schwand,

schwand auch die Menge. Aber der Phonograph blieb festes Zubehör von Parties – in Waughs London, Brechts Berlin, Van Vechtens New York – und von Bars und Bordellen. In Baltimore war ein Kind namens Eleanora Fagan glücklich, Besorgungen für die Madam im Ecksalon und ihre Mädchen machen zu können. »Wenn mein Lohn fällig wurde, sagte ich ihr gewöhnlich, daß sie ihr Geld behalten könne, wenn ich in ihren vorderen Salon kommen und auf ihrer Victrola Louis Armstrong und Bessie Smith hören dürfe. Eine Victrola war in jenen Tagen ein gutes Geschäft.« Eleanora erhielt so ihre Einführung in die Prostitution und in den Jazz, sie machte schließlich Karriere in letzterem, nachdem sie ihren Namen in Billie Holiday umgeändert hatte.

Waren in den zwanziger Jahren Phonographen in den Gettos selten (trotz stürmischen Verkaufs von Schallplatten), dann waren sie in den dreißiger Jahren überall rar. Die Depression stellte überall die Uhren zurück: Während das Radio das Heim eroberte, zog sich der Phonograph auf den sicheren Boden der öffentlichen Orte zurück. Schallplatten hallten in den Kellerclubs wieder, in den neuerdings legalen Saloons zeigten Musikautomaten ihr Art-Deco-Gesicht. Im folgenden stetigen Boom des Schallplattengeschäfts wurden zwar die meisten amerikanischen Häuser mit mindestens einem Phonographen ausgestattet, das öffentliche Plattenhören blieb aber die bestimmende Form. Der Kellerclub wurde zur Discothek, diese zur Disco, die ihrerseits wieder den Keller zu suchen scheint. Die Musikbox wurde stromlininienförmig, blieb aber die Musikbox.

Als man anfing, in Schallplatten Heimunterhaltung zu sehen, sah man sie als Familienunterhaltung. Doch war das Bild der glücklichen Großfamilie, die sich um den Phonographentrichter scharte, in der Werbung sicher sehr viel häufiger als im Leben, und auch aus der Reklame verschwand es bald. Die ersten Walzen und Scheiben mit Sousa-Märschen, künstlerischem Pfeifen und irischen Vaudevilles waren dem Verstand eines Kindes, dem moralischen Standard einer Mutter und dem musikalischen Geschmack eines stocktauben Großvaters gleich bekömmlich. Sehr schnell jedoch behauptete sich die natürliche Fruchtbarkeit der

Scheibe. Jetzt konnte der Onkel seinen Caruso haben, Mom ihren Irving Berlin, und das schwarze Schaf konnte Trompeten-Licks von seinen Race-Records stibitzen. Das Radio übernahm die Rolle des Familienunterhalters und gab dann, als sich die Teilnehmer vervielfachten, einen Teil an das Fernsehen weiter.

Wenn sich eine Anzahl von Leuten (zumindest mehr als zwei) in jemandes Haus zum alleinigen Zweck versammelt, Schallplatten zu hören, handelt es sich sehr viel weniger wahrscheinlich um Familienangehörige als um Freunde, die sich in Wahlverwandtschaft zusammenfinden. Die Oper neigt sich dem auf natürliche Weise entgegen (im College kannte ich zwei Zirkel, die sich regelmäßig versammelten, um Wagner zu hören; eine stand unter der Leitung eines beliebten Griechisch-Professors, die andere unter der eines graduierten Philosophen, der allgemein als unausgeglichen galt), weil es ein Libretto gibt, das die Augen beschäftigt hält. Ansonsten, es sei denn, man dreht das Licht aus oder liest die Partitur, befindet man sich in der peinlichen Situation, Musikern, die nicht da sind, zuzuhören. Die Peinlichkeit dauert an, zumindest latent, wenn man sich allein etwas anhört. Sie ist einer der Gründe, warum sich viele Leute, die keineswegs alle unmusikalisch sein müssen, dabei ertappen, wie sie plötzlich nervös zappeln, Plattentexte lesen oder ein Magazin durchblättern, wo sie doch ursprünglich hatten zuhören wollen. Aber das ist natürlich in Gesellschaft noch schlimmer. Man vergleiche dagegen Filme. Zuerst gab es bewegte Bilder, und niemand erwartete von den Bildern, daß sie sprächen, aber doch löste das Schweigen Verlegenheit aus. Um die Konzentration der Leute an die Leinwand zu fesseln, um sie daran zu hindern, sich ihrer selbst bewußt zu werden und das Interesse an dem zu Sehenden zu verlieren, war Musik nötig. 1929, als die Tonfilme aufkamen, waren in England nach einer Gewerkschaftstatistik die Kinos für mehr als dreiviertel aller bezahlten musikalischen Beschäftigungsverhältnisse verantwortlich. Es gab nichts Vergleichbares, was die Peinlichkeit vor der sprechenden Maschine hätte mindern können. Und es gibt immer noch nichts. Das Ohr ist gefesselt, aber das Auge kann umherschweifen und das Ohr mitnehmen. In einer Gruppe aber ist es für das Auge nur peinlich, wo immer es sich hinwendet – ob zu den Lautsprechern oder zu dem Raum dazwischen oder zu anderen Augen oder zum Inneren des Augenlides (die Leute könnten denken, man sei eingeschlafen).

Die Sache wird noch schlimmer, wenn die Leute versuchen, Konzertdekorum nachzuahmen, und das Reden überhaupt verbieten. Selbst Toscanini war da bei den »Konzerten«, die er seinen Freunden in der Villa am Lago Maggiore in den Tagen nach dem Begräbnis seiner Frau gab, nachsichtiger. Samuel Chotzinoff, der den Maestro für NBC betreute, erinnert sich:

> Am Abend, nach dem Abendessen, gingen wir alle hinauf in sein Zimmer, wo sein Sohn einen leistungsfähigen Phonographen installiert hatte. Ich gab vor, wir gingen alle in ein Konzert und arrangierte für jeden Abend ein anderes Programm von Schallplatten. Das Mädchen brachte auf einem Tablett Flaschen mit rotem Sirup und Gläser. Gestärkt mit Drinks arrangierten wir uns um den Phonographen und hörten eineinhalb Stunden seinen Platten zu, riefen verzückt (und ernsthaft) in bestimmten Momenten »Oh« und »Ah«, sehr zum Vergnügen des alten Mannes. Er selbst saß aufrecht in einem Stuhl und dirigierte die Musik mit derselben Kraft und Leidenschaft wie bei Proben und Aufführungen.

Also gab es auch hier etwas, worauf man blicken konnte. Ich weiß nicht, ob der rote Saft alkoholisch war; aber es ist doch bemerkenswert, daß man, obwohl es in manchen Konzerthäusern in den Pausen Drinks gibt, nur zu Hause klassische Musik durch den erhebenden Nebel von Alkohol, Cannabis, Kokain oder was man sonst so hat, hören kann. Während eine solche Atmosphäre den strikten Konturen von Bach oder Hindemith möglicherweise nicht entspricht, könnte sie zu Berlioz oder Wagner durchaus passen, weil sie an die opiumgetränkte Luft erinnert, die jene selber atmeten.

Die Situation der Jazz-Hörer ist gerade umgekehrt. In Bars und Nachtklubs und Tanzsälen gilt Abstinenz als abweichendes Verhalten, daher ist Live-Jazz gewöhnlich durch einen Filter von Alkohol oder Dope gehört worden. Aber Phonograph und Radio erlaubten uns eine analytische Hörweise des Jazz und überzeugten uns (unter anderem) auch dadurch, daß der Jazz nicht nur Unterhaltung, sondern Musik war. Natürlich hat uns nicht immer Nüchternheit davon überzeugt, daß wir den Jazz *lieben*; der Autor Claude Brown hörte beispielsweise zum ersten Mal eine Charlie Parker Schallplatte, während er bekifft war, und war augenblicklich bekehrt. Bei Rock hörte man ratsamerweise den Schallplatten unter dem angemessenen Einfluß zu: Acid für Acid Rock, Ganja für Reggae, Kokain für Eric Clapton, Heroin oder Morphium für die Stones. Das beseitigt Peinlichkeit einer konventionellen Art und erlaubt es einer Gruppe von Freunden, den Schallplatten zuzuhören, ohne in Konversation zu verfallen. In den sechziger Jahren waren Meetings dieser Art das Bindemittel der Gegenkultur. Waren Rock-Konzerte und -Festivals Erweckungstreffen, dann war Schallplattenhören der reguläre Gottesdienst. (Das war ein Zeichen, daß Rock wie Bebop-Beat zu einer Ideologie und nicht nur zu einer trotzigen oder eskapistischen Stimmung geworden war, die Teenager mit den Platten in ihrem Zimmer beschwören oder in die sie sich beim High-School-Tanz versetzen konnten.)

Normalerweise kommen Leute nicht zusammen, um Platten zu hören. Aber selbst wenn sie nicht zuhören, sondern nur hören, kann die Musikauswahl des Gastgebers die Stimmung des Abends bestimmen. Setzt er die Stimmung zu hoch an, wird entweder der Komponist beleidigt (Brittens Klage) oder, wenn seine Gäste größere Ohren als Münder haben, die Konversation zerstört.

Weil der Gastgeber die Musik kontrolliert, hat er eine gewisse Verantwortung für sie. Auch wenn er nur einfach das Radio anschaltet, wählt er einen Sender und eine bestimmte Art Musik. Er kann die Verantwortung nicht einfach ablehnen, wie es die reichen Italiener des neunzehnten Jahrhunderts taten, wenn sie sich jeden Abend in der Oper trafen. »Die Oper nicht zu besuchen«, schreibt Henry Raynor, »hieß, sich selbst von der Gesellschaft abschneiden.« Er zitiert das Zeugnis des Dr. Burney, der bei einem Besuch in der Scala in den sechziger Jahren des achtzehnten Jahrhunderts hinter jeder Loge einen vollständigen Raum fand, »worin Kamine und gute Anstalten zu Erquickungen und zum Kartenspiele sind«. Nach dem ein Jahrhundert früher in Venedig etablierten Vorbild mietete man Loge und Vorzimmer auf Dauer, und hier, nicht etwa zu Hause, unterhielt man seine Gäste. Der Lärm, von dem Dr. Burney berichtet, war »abscheulich, ausgenommen als ein paar Arien gesungen wurden«, während in Neapel »diejenigen, welche nicht plaudern oder die Karten spielen, gemeiniglich schlafen«. Heute erinnert in den meisten Opernhäusern nur eine Rußspur an die früheren Annehmlichkeiten, und wir tun zumindesten so, als hörten wir den Sängern zu. Aber zu Hause können wir so sorglos sein wie jeder Rokoko-Prominente.

Darauf zu beharren, daß wertvolle Musik an zufälliges Hören nicht vergeudet ist, erscheint vielleicht kleinlich. Ist es falsch, schöne Kunst in das Wohnzimmer zu hängen, wo sie manchmal den Vordergrund, sehr viel öfter aber den Hintergrund abgibt? Etwas ist anders. Ein Gemälde wartet auf unsere Aufmerksamkeit. Mit einem Zucken der Augenmuskeln kann der visuelle Hintergrund zu einem Vordergrund werden. Die Hintergrundmusik ist nicht ein Rückfall, sondern sozusagen ein anderes Schauspiel, das hinter dem, in dem wir sind, gespielt wird. Wenn wir wenige Minuten verpassen, entgeht uns der Sinn des Ganzen. Zumindest stimmt das für einen Großteil der klassischen westlichen Musik, die, mit wenigen absichtsvollen Ausnahmen, dramatisch in dem Sinn ist, daß sie sich in der Zeit entwickelt.

Einige der in hohem Maße absichtsvollen Ausnahmen wurden von Erik Satie komponiert, der auch dieses Problem bedachte. Beeinflußt von der Ästhethik der griechischen Musik, die ihre erhebende Funktion unterschwellig ausüben konnte, schrieb er:

> Dennoch müssen wir versuchen, eine Musik zu erzeugen, die wie die Möblierung ist – das heißt: die einen Teil der Geräusche der Umgebung bildet, sie jedenfalls in Betracht zieht. Ich stelle sie mir melodiös vor, so daß sie die Geräusche der Messer und Gabeln mildert, sie nicht beherrscht, sich nicht aufdrängt. Sie würde die schweren Pausen füllen, die manchmal zwischen Freunde fallen, die zusammen essen. Sie würde

ihnen das Ungemach ersparen, auf ihre eigenen banalen Bemerkungen zu achten. Zugleich würde sie den Straßenlärm neutralisieren, der so indiskret ins Spiel der Konversation tritt. Solche Musik zu machen, würde einem Bedürfnis entsprechen.

Satie entsprach. Und so auch John Cage, der nach dem Zitat dieser Passage in seinem Aufsatz über Satie schrieb: »Warum ist es notwendig, den Geräuschen der Messer und Gabel Beachtung zu schenken? ... Denn sonst müßte sich die Musik Mauern zu ihrer Verteidigung zulegen, die nicht nur ständig reparaturbedürftig wären, sondern durch die man gehen müßte, um auch nur einen Schluck Wasser zu trinken, und die Katastrophe würde schon nahen.« Statt Mauern könnte man auch Rahmen sagen. Man könnte Kunst, die nicht im Wohnzimmer hängen soll, als Kunst definieren, die einen Rahmen hat.

Jemand könnte Satie antworten, daß dem Bedürfnis bereits entsprochen ist. Mozart, Händel, Telemann, Vivaldi und zahllose andere schrieben *Tafelmusik* für reiche Auftraggeber, die wir umsonst haben können. Darauf könnte Satie antworten, daß erstens diese Musik ihrer Struktur nach dramatisch ist und gerahmt – zumindest die guten Sachen – und der frühere Gebrauch als Tafelmusik nur für taube Ohren bei den Tafelnden spricht. Und zweitens, daß die Zeit alles gerahmt hat, das Gute wie das Schlechte, so wie ein antikes Möbelstück gerahmt ist. Wir können uns darauf nicht ausruhen. Und schließlich, wie hätte Telemann die Geräusche unserer Messer und Gabeln, oder die spezifische Banalität unserer modernen Bemerkungen antizipieren können?

All dieses hilft zu erklären, warum Cage schreibt: »Es gibt auch Schallplatten. Aber es wäre ein Akt der Nächsten- und sogar der Selbstliebe, sie zu zerschmeißen, wo immer sie zum Vorschein kommen.« Denn, wie Cage in einer Ausführung des Besteckthemas sagt: »Es geht offenbar darum, die eigenen beabsichtigten Handlungen in Relation zu den nicht beabsichtigten der Umgebung zu bringen.« Platten sind zu beabsichtigt, und ihre Absichten kommen von viel zu lange her; sie können nicht in eine Relation zu den gegenwärtigen Ereignissen kommen. Platten sind gerahmt. (Spricht man von gerahmt, so beachte man, wie Platten es von beiden Seiten abbekommen, von den Verfechtern der westlichen Tradition wie Britten und von Anarchisten wie Cage. Trotzdem hat Britten mehr Plattenaufnahmen von eigenen Werken gemacht als fast jeder andere Komponist, und auch Cage hat seine halbe Spalte im Katalog.)

Und doch gibt es auch in Gesellschaft Momente, wo Schallplatten zu ihrem Recht kommen, exquisite Momente (leicht dekadent, wie jede Vermischung von hohen Vergnügen), wenn wortlose Stimmen die Konversation einkreisen und sie hinunterziehen in die tieferen Regionen. Ives Zweites Quartett (»Streichquartett für vier Personen, die sich unterhalten, diskutieren, streiten [über Politik], kämpfen, Hände schütteln, schweigen, dann einen Hügel hinaufwandern, um das Firmament zu betrachten«), erinnert daran, daß auch Kammermusik das Geben-und-Nehmen eines guten Gesprächs haben kann. Die Musik muß, um das Gespräch anzuregen, nicht dasselbe Thema oder überhaupt ein Thema haben, sondern nur eine verwandte Topologie. Dann wirkt das Gespräch seinerseits auf die Musik ein und verleiht ihr ein Thema. Diese Momente sind voller unerwarteter Entdeckungen, und kein Gastgeber kann sie planen. Das Beste, was er tun kann, ist eine Platte umsichtig mit dem Finger am Puls der Unterhaltung wählen; sie nicht als Hintergrundmusik wählen, nicht als Konzertprogramm, sondern wie einen Gast, der unangekündigt hereinhuscht und bald wegen seiner Eloquenz Beachtung findet.

In seiner flüchtigen Macht über unser Denken, in seiner Beschwörung melodiöser Geister, ist ein solcher Gastgeber Prospero. Prosperos Zauber macht seinen Aufenthalt auf der Insel vergnüglicher, findet aber zu seinem wirklichen Zweck, wenn seine Gäste ankommen. Mit Musik und Worten werden sie mäeutisch zur Wahrheit geführt. Ist das die geheime Phantasie des Plattenhörers auf seiner doppelt abgeschlossenen verlassenen Insel? Daß, wenn die Verstockten diesen Platten nur zuhören würden, sie hören könnten, wie die Welt geordnet sein sollte?

Ich sagte bereits, daß in traditionalen Gesellschaften die Musik ein Teil des Lebens ist, daß sie sich in der westlichen Welt davon gelöst hat, daß sie von dem Phonographen wie durch eine Hintertür wieder zurückgebracht worden ist. Dieses Schema ignoriert eine sogar in traditionalen Kulturen explizite Unterscheidung, die zwischen der heiligen und der profanen Musik. Die sakrale Musik ist nur bei der ihr zukommenden Gelegenheit und genau in der vorgeschriebenen Weise aufgeführt worden. Auch die weltliche Musik hat einen Kontext, aber sie außerhalb ihres Kontextes zu singen ist nur exzentrisch, kein Sakrileg, und dem Sänger steht es frei, sie zu adaptieren und etwas dazuzuerfinden. Mit dem Phonographen wird Musik jeder Deskription – heilige, weltliche, kunstvolle, unterhaltsame, aufgelesen aus gegenwärtigen und vergangenen Kulturen – in das tägliche Leben eingeführt. Als Kontext ist nichts sakral; jede Musik ist weltlich. Aber im Aufführungsmodus ist jede Musik sakral, weil der Phonograph sie immer genau gleich spielt.

So bringen Platten die Musik zurück ins tägliche Leben, wo die weltliche Musik einmal war, aber in einer der sakralen Musik angemessenen Weise. Das Paradox verschärft sich, wenn wir uns daran erinnern, daß in den traditionalen Kulturen die sakrale Musik von Professionellen (Priestern, Schamanen, religiösen und musikalischen Virtuosen) aufgeführt oder geleitet werden soll. Die weltliche Musik mag ihre Minnesänger haben, ist aber im allgemeinen die Provinz der Laien (selbst des »unmusikalischen«, wenn die Kultur diesen Begriff kennt; manche Kulturen, wie die von John Blacking beschriebenen Venda, betrachten alle Menschen als musikalisch). Platten können von jedem gespielt werden, aber die Musik darauf ist von Professionellen in weit entfernten Tempeln gespielt. Das Ergebnis ist, daß die Musik, bei der wir uns entspannen und die einmal frei, lebensnah und partizipatorisch war, jetzt steif, glatt und weihevoll ist – das heißt: gerahmt.

Was für unsere Spielmusik geht, geht auch für unsere Arbeitsmusik, denn sie sind in der Regel identisch. Ich besuchte einmal ein Versandhaus, wo Dutzende von jungen Frauen an Tischen um ein zentrales Radio herum saßen, sie füllten Umschläge, während hingehauchte Stimmen sie drängten, den Körper zu bewegen, das Bein zu schwingen, los, los und so weiter. Muzak, die von Ingenieuren für den menschlichen Faktor programmiert ist, um die größtmögliche Effizienz der Arbeiter zu produzieren, ist auch Tanzmusik, wenn auch gezähmter und auf ein älteres Publikum hin ausgerichtet. In den dreißiger Jahren schrieb Compton Mackenzie: »Es gab eine Zeit, als die BBC Tanzmusik in der Vorstellung spielte, daß dazu getanzt würde. Von dieser Verblendung ist man lange schon geheilt. Tanzmusik ist zu einem Grundlärm geworden, der aus einem Lautsprecher kommt.« Er sah darin einen »Hunger nach rhythmischer Begleitung zum unrhythmischen Lärm des zeitgenössischen Lebens.« Adorno, der erkannt hatte, daß das moderne Leben auf seine Weise rhythmisch ist, war darin etwas genauer: »Es ist wahr, daß manche Körperfunktionen, die das Individuum in der Wirklichkeit verloren hat, ihm in imaginativer Form in der Musik zurückgegeben wurden. Und ... doch sind in der mechanischen Gewalt ihrer Wiederholung die durch den Rhythmus kopierten Funktionen selbst identisch mit denen des Produktionsprozesses, der das Individuum ursprünglich seiner Körperfunktionen beraubt hat.« Natürlich ist die moderne Tanzmusik von ethnischen Rhythmen befruchtet worden, die vom Mechanischen denkbar weit weg sind. So liegt denn der Fehler wahrscheinlich weniger bei der Musik als bei ihrem Medium. Selbst der organischste Rhythmus kann durch endlose exakte Wiederholung getötet werden.

Aber ich spreche hier nicht von Muzak, dessen Arrangeure in der Lage sind, auch die lebendigsten Originale zu mumifizieren. Bing Muscio, der frühere Präsident der Muzak Corp., der vorher für einen Hersteller von Klimaanlagen gearbeitet hatte, sagte, daß sein Produkt Gehör, aber nicht Beachtung finden sollte. Dazu bestimmt, die Effizienzkurven bei der Arbeit zu begradigen, ist Muzak von einem Teleprompter Computer in fünfzehnminütige Segmente programmiert. Ein Segment enthält fünf Selektionen, jede »stimulierender« (in Hinsicht auf Tempo, Rhythmus und Orchestrierung) als die vorhergehende. Es gibt verschiedene Programme für Büros, Leichtindustrie, Schwerindustrie und öffentliche Orte (wo die Betonung eher auf dem »Wohlsein« als auf der Effizienz liegt). Von ihrer Firma in Westbury, Long Island, aus verschickt die Gesellschaft Bänder, die von Finnland bis Argentinien in Fabriken und Ruheräumen vor Hunderten Millionen Zuhörern jeden Tag gespielt werden. Das macht sie zur größten »Sendeanstalt« der Welt. Das ist Architektur der Zeit in titanischem Ausmaß – das Äquivalent der Freien Welt zum totalitaristischen Radio. Generalissimo Franco ließ über Radio Madrid Muzak-Bänder abspielen. Damals war Muzak noch von einem Brigadegeneral konzipiert, der sie in die Gräben des Ersten Weltkrieges pumpen wollte, und sie hatte ihren ersten großen Erfolg in den Munitionsfabriken des Zweiten.

William Schuman wurde von ihr in einem Nahverkehrszug zum Wahnsinn getrieben. »Ich konnte nicht arbeiten. Ich konnte nicht denken ... Mein ganzes Leben ist Musik, und ich möchte sie nicht durch Omnipräsenz zerstört sehen.« Der Pianist Gerald Moore »bat einmal inständig meine hübsche American Air Hostess, sie abzuschalten, und sie tat es sehr verbindlich mit einem ›wohl nicht musikalisch?‹«

Natürlich ist Muzak nicht Arbeitsmusik für Musiker, sondern für Arbeiter. Wenn gute Musik in den Fabriken gespielt würde, würde sie entweder die Arbeiter ablenken, oder sie müßten lernen, sie zu ignorieren. Sicher soll gute Musik nicht für selbstverständlich genommen werden. Soll dann aber schlechte Musik für selbstverständlich genommen werden? Es ist vielleicht ein falsches Dilemma. Wo eine Aufgabe mechanisch ist, wird sie durch gute Musik vielleicht nicht beschleunigt, aber unendlich erträglicher. »Wir möchten den Leuten helfen, durch ihren Arbeitstag zu kommen«, sagt Muzaks Forschungsdirektor. Aber genau das würde gute Musik machen. Muzak dagegen soll den Arbeiter schneller machen und ihn auf einem gleichmäßigen Tempo halten, wie eine Maschine.

In manchen Kulturen ist Arbeitsmusik Musik, die man während der Arbeit singt: Dresch-Gesänge, Ernte-Gesänge, Bau-Gesänge, Seemannslieder, *field holler*. Wenn der Arbeiter überschwenglich ist, dämpft das Lied seine Überschwenglichkeit. Wenn er sich langweilt, unterhält sie ihn. Es verstärkt damit den natürlichen Rhythmus des Arbeitstages. Muzak kommt von außerhalb. Es dämpft die Überschwenglichkeit des Arbeiters, treibt ihn bei Erschöpfung an und nivelliert seinen Arbeitstag.

Intellektuelle Arbeit ist eine andere Sache. Als bekannt wurde, daß Jimmy Carter die Gewohnheit hatte, nebeneinander zwei oder drei Bücher zu lesen, während er klassische Musik hörte, hätte man die Launen seiner Verwaltung vielleicht vorhersagen können. Später beschwerte sich Helmut Schmidt darüber, daß seine besten Ideen in der Hintergrundmusik des Oval Office verlorengingen. Es ist eine sehr subjektive Meinung, aber ich denke, die meisten Leute würden zustimmen, daß analytische Arbeit und Assimilation der Information durch Musik behindert werden, es sei denn, die Musik ist entweder einfach oder vertraut. Kreative Arbeit andererseits kann auf vielerlei Weise von Musik profitieren. Compton Mackenzie, zu seiner Zeit ein gefeierter Romanschriftsteller, stellte fest, daß Platten mit Kammermusik die Regionen seines Denkens besetzten, die mit seinem Schreiben nicht beschäftigt waren, wodurch verhindert wurde, daß ihn seine eigenen Gedanken ablenkten. In Vermont braucht Edward Hoagland keine Elektrizität, aber in New York City legt er »morgens Trompetenmusik auf den Phonographen, Orgelfugen nach dem Supper und den Gesang von Walen oder Wolfsgeheul in der Stille der Nacht«. Ann Beattie sagt, sie lasse beim Schreiben immer Musik laufen, und die Platte, die sie hört, lande oft in der Geschichte, die sie schreibt (manchmal, so denke ich, erwächst die Geschichte auch aus dem Song). Ich spiele manchmal Musik in der Hoffnung, daß sie meine Sätze in bestimmter Weise einfärben würde – daß Bach ihnen Kraft, Mozart Anmut, Elvis Costello Widerspenstigkeit verleihen möge. Und Musik kann nützlich sein, sogar, wenn sie ablenkt. Glenn Gould erzählte, wie er als Neunzehnjähriger Beethovens Sonate Opus 19 übte und immer an einer Stelle im letzten Satz hängenblieb.

»Ein wirklicher Horror.« Drei Tage vor der Aufführung war er hoffnungslos blockiert. »So beschloß ich, die Methode des letzten Versuchs anzuwenden. Das hieß, neben dem Flügel eine Reihe von Radios aufzustellen, oder vielleicht auch ein Radio und einen Fernseher, sie ganz aufzudrehen . . .« Das und Konzentration auf die linke Hand, weil das Problem in der rechten lag, erfüllte seinen Zweck. Es ist ein extremer Fall von etwas, das wir alle schon erlebt haben.

Kreative Arbeit ist die Ausnahme in unserer Welt, und Arbeit, die einmal im eigentlichen Sinne kreativ war – Dinge herzustellen –, ist jetzt eher die »Frage, wie kommt man durch den Werktag«. Aber es könnte überzeugend behauptet werden (wenn auch nicht für den durchschnittlichen Manager), daß in Ermangelung einer Tradition von Arbeitsliedern, gute aufgezeichnete Musik eine Möglichkeit sein könnte, den Arbeiter sich als Menschen fühlen zu lassen. Es könnte sich sogar herausstellen, daß er von Zeit zu Zeit mitsingt (denn mit guter Musik meine ich nicht ausschließlich Fugen). Auf lange Sicht könnte sich sogar herausstellen, daß er produktiver ist als der Arbeiter, der über seine Ohren dazu programmiert wird, wie eine Maschine zu arbeiten.

Muzak ist eine stille Herausforderung an die Klangordnung einer freien Gesellschaft, die eigentlich ein Gleichgewicht von Unterschiedlichkeiten darstellen sollte. Es gibt lautere Herausforderungen. Der zum Wahnsinn treibende Nachbar – jeder Stadtbewohner hat einen –, dessen Lautstärkeregler durch keine Bitte bewegt wird, ist wahrscheinlich nur ein übler Kerl, aber es ist möglich, daß er auf einer bestimmten Ebene ein Rebell ist. Rebellion scheint oft der Sinn der immensen Stereo-Radio-Cassetten-Decks, die von Unterklasse-Jugendlichen in Städten herumgeschleppt werden; und dies ist nicht einfach eine paranoide Projektion von seiten eines Mittelklasse-Beobachters. Man beobachte nur, was in einer Untergrundbahn oder Straße in einem Wohngebiet passiert, wenn jemand auf die Musik mit sichtbarer Verärgerung reagiert oder darum bittet, sie leiser zu stellen. Wenn der Boxenträger es nicht rundheraus ablehnt, wird er zumindest eine gewisse belustigte Verachtung zeigen, den Geist eines *épater le bourgeois*. Nicht, daß er Dada-Manifeste zitieren würde. Sehr viel wahrscheinlicher wird er in total bürgerlichen Begriffen von seinen Rechten sprechen. Und dies erscheint dann völlig absurd, (wie der Satz des Einwanderers, der, nachdem er sich in der Warteschlange am Ausgang des Supermarktes vor meine Mutter gedrängelt hatte, sagte, dies sei ein freies Land, wo jeder tun könne, was er wolle). Tatsächlich aber ist damit einer der in unser System eingebauten Widersprüche getroffen, der in seiner allgemeinen Form die liberalen Gesellschaftstheorien von Locke bis Rawls beschäftigt. Denn sie gründen sich alle auf das individuelle Streben nach Glück, und lassen für ein Glück, das nicht von einem Individuum allein oder en *famille* oder in einer begrenzten freiwilligen Vereinigung mit anderen angestrebt werden kann, keinen Raum. Jeder hat das Recht, sein Leben zu arrangieren, aber niemand hat das Recht, das Leben der Gemeinschaft zu arrangieren. Und niemand hat das Recht, sich selber zum Architekten der öffentlichen Zeit zu machen; nicht einmal die Öffentlichkeit hat das Recht dazu. So hat denn niemand das Recht, in öffentlich architektonischer Zeit zu *leben*, weil es diese eben überhaupt nicht gibt. Für manche Leute wäre Glück aber genau das.

An einem Sommersonntag im Central Park entgeht man manchmal nur schwer dem Gefühl, daß ein allumfassendes P.A.-System aufgebaut worden ist. An jeder Ecke spielt ein anderes Radio, eingestellt auf den gleichen Sender. »Als ob sie von einer universalen, nie versiegenden Quelle mit diesem Jazz versorgt würden wie mit kosmischen Strahlen« – denkt Saul Bellows Sammler. Wenn die Sonne sinkt, gehen die Radios ihre eigenen Wege, aber diese Strahlung vereint sie noch immer.

Sammler hat die essentielle Form der Musik der Schwarzen und der Hispanos erahnt. Es ist Stoff – mystischer, nie versiegender, vereinheitlichender Stoff. Die Varianten dieses Stoffes werden mit Massenbezeichnungen benannt: Jazz, Swing, Soul, Salsa, Funk. Jede einzelne ist irgendwann der Stoff einer Ideologie geworden. Vor nicht allzu langer Zeit war Funk an der Reihe, und in nur wenigen Minuten Radiohören tauchte die Silbe in einem Dutzend Kontexte auf (Defunkt, Confunkshun, Instant Funk, Funk Pump). Der manische, enzyklopädische Ideologe des Funk, der Rabelais des Funk, ist George Clinton von Parliament/ Funkadelic. In seinen Händen ist »funk« Substantiv, Verb, Füllwort, Manifest, Tetragramm, ein Wort der Beschwörung. Hier sind einige Schnipsel aus seiner Lyrik: *Give up the funk, we need the funk ... Pledge a groovallegiance to the funk/ The United Funk of Funkadelica ... One nation under a groove/Gettin' down just for the funk of it ... Do you promise to funk/ The whole funk and nothing but the funk ...* Eine repräsentative Platte ist *Mothership Connection*, die mit Clintons gesprochener Einleitung beginnt: *Good evening. Do not attempt to adjust your Radio; there is nothing wrong. We have taken control so as to bring you this special show ... Welcome to station WEFUNK ... coming to you directly from the Mothership.* Der Gebrauch des Radioformats ist nicht nur ein Kniff, um Sendungen zu bekommen; hier liegt ein echter Radiomystizismus vor, der, vermischt mit sci-fi Motiven, fast eine messianische Gestalt annimmt. *If you got faults, defects or shortcomings, you know, like arthritis, rheumatism or migraines, whatever part of your body it is, I want you to lay it on your radio, let the vibes flow through. Funk not only moves, it can remove, dig?* Der Refrain eines Songs geht *You've got all that's really needed/To save a dying world from its funklessness.* Die Rückseite der Hülle zeigt das leuchtende Mutterschiff, das auf einer mit Müll übersäten Gettostraße landen will. All dies ist so affektiert und jugendlich wie nur möglich, aber auf seine Weise so ernsthaft wie Beethovens Lob des *Götterfunken*. Der göttliche Funke des Mutterschiffs ist eben zufällig elektrisch.

Mit verführerischer Dialektik suggeriert Funk das folgende: Musik, die als ein Ritual begonnen hat, ist zu einem Ding geworden und wird jetzt ein *thang*. Der Unterschied ist riesig. Ein Ding ist, was du besitzt, ein *thang* ist, was dich besitzt. Ein Ding nimmt Raum ein, ein *thang* nimmt Zeit ein und besetzt die Leute. Ein Ding vor allem ist etwas privates, ein *thang* kann geteilt werden. Als *thang* hat die Musik wieder Gemeinschafts-

und Festcharakter. Mal ist es Geist, dann wieder Ritual (Clinton hat Kostüme und einen verspielten Kult). Aber es ist eine Synthese, nicht ein Rückschritt, denn anstelle der tribalen Gleichförmigkeit oder der erzwungenen Einförmigkeit des Totalitarismus wird ein Fest der Unterschiedlichkeit gefeiert. Hundert Blumen blühen, aber nicht in abgezäunten Gärten. *I got a thang, you got a thang, everybody got a thang./Whyn't we together, doin' our thang, in order to help each other?* Musikalisch: *Who says a jazz band/Can't play dance music? Who says a rock band/Can't play funky? Who says a funk band/Can't play rock?*

Das ist natürlich etwas überspannt. Wie sollen Unterschiedlichkeit und Solidarität im musikalischen Bereich oder in irgendeinem anderen miteinander versöhnt werden? Dies ist im Kern das Problem der Gemeinschaft, und niemand hat es bislang gelöst. Clinton sucht eine Lösung im Verstehen und nicht im Feilschen, im Spiel und nicht im Geschäft. Es ist keine narrensichere Philosophie (Milan Kunderas *Buch vom Lachen und vom Vergessen* überzeugte mich, daß auch der Totalitarismus mit angelischem Gelächter beginnen kann). Es ist überhaupt keine Philosophie, sondern bloß ein Gefühl. Aber es hat seinen Reiz.

Ein Erlebnis im Third Avenue-Bus, spät an einem Samstagabend. Zwei schwarze Jugendliche steigen mit ihren Boxen ein, lassen sie ganz aufgedreht. Einige Mittelklasse-Weiße mittleren Alters blicken verärgert, wagen aber nicht, etwas zu sagen. Spannung herrscht im Wagen; an jedem Ampelstop scheinen die atemlose Stimme und der dröhnende Baß provozierend den Mittelgang auf- und abzutoben. Plötzlich beginnt eine Gruppe von Brooklyner dreißigjährigen Weißen, die ganz hinten sitzen, zu klatschen und mitzusingen. Eine Sekunde lang verdichtet sich die Spannung (ist dies ein Anfang oder eine Auflösung?) und schwindet dann plötzlich (es macht ja nichts!), und die schwarzen Jugendlichen lächeln, die Weißen mittleren Alters lächeln, und der Bus scheint ein Stammesdorf auf Rädern geworden zu sein.

Selbst wenn Szenen wie diese überall im Land stattfänden, was ich bezweifle, könnten sie zu Fehlschlüssen verleiten. Zunächst einmal ist das, was aus den meisten Boxen kommt, entweder Disco oder Rap. Im allgemeinen hat keines von beiden den Elan von Funk; Disco ist zu flach, Rap zu schrill. Aber das wirkliche Problem könnte das Medium sein.

Man denke nur an die Fernsehwerbung für eine Reihe von tragbaren Radios. Ein schwarzes Paar sitzt auf einer stilisierten Harlem Hausschwelle und wünscht sich, es hätte etwas Musik. Wie als Antwort kommt vom Himmel herab ein riesiges tragbares Radiogerät. Aus dem Radio dringt zuerst die Musik von Earth, Wind & Fire, und dann Earth, Wind & Fire selbst, die Mitglieder der Band, tanzend und spielend. Die Idee scheint harmlos, bis man bemerkt, was diese Musiker spielen: nicht Instrumente, sondern tragbare Radios. Werbung, selbst wenn sie den wildesten Flug von Eschers Phantasie erreicht, ist berechnet. In diesem Reklamespot werden zwei profunde Fakten angesprochen: die mechanische Qualität der Musik (sie scheint nicht von Menschen gemacht – obgleich man diese Band wohl zu Unrecht beschuldigt) und der Solipsismus der Zuhörer.

Vor einigen Jahren geriet ich an einem feuchten Sommernachmittag in ein Jazzkonzert am Musikpavillon im Central Park, wo einige populäre Hardbop-Musiker auftraten. Das Konzert wurde live über WRVR übertragen, und um die Orchestermuschel herum hatten sich ziemlich viele Zuhörer versammelt, die zum größten Teil jung, aus der Mittelklasse und schwarz waren. Einige der jüngeren und weniger der Mittelklasse zuzuordnenden Zuhörer trugen Radios und einige Radios waren eingeschaltet und auf die WRVR-Übertragung des Konzertes eingestellt. Dies war seltsam, denn obwohl die Sicht auf die Bühne gestört war, so war doch der Klang laut und klar – es sei denn, man stand in der Nähe eines dieser Radios.

6
DIE CYRANO-MASCHINE

Ein Trobriander erzählte Malinowski: »Der Hals ist ein langer Durchgang wie die *wila* (cunnus), und die beiden ziehen einander an. Ein Mann, der eine schöne Stimme hat, wird die Frauen sehr mögen, und sie werden ihn mögen.« Der Ethnologe, der schon viele Geschichten über Verführung durch ein Lied gehört hatte, beobachtete, daß »auf den Trobriandinseln wie bei uns ein Tenor oder Bariton seines Erfolgs bei Frauen sicher sein kann«. Nicht jeder ist so glücklich; nicht jeder Mann hat eine samtene Stimme, oder das Geschick, sein Herz in Versen zu entblättern. Wenn ihm dies nicht gelingt, muß er entweder einen Cyrano finden, der im Schatten unter dem Balkon steht, oder einen Phonographen.

Daß Edmond Rostand Cyrano die Rolle des stellvertretenden Troubadours gab, ist angemessen, denn anscheinend hat der historische Savinien de Cyrano de Bergerac als erster den Phonographen konzipiert. In einem 1657 veröffentlichten Science-fiction-Roman, *Histoire comique contenant les éstats et empires de la lune*, beschrieb er die Bewohner des Mondes, ihre besondere Sprechweise – eine wortlose, aber ausdrucksvolle Musik – und ihre Bücher.

Beim Öffnen des Kastens fand ich etwas Metallenes, ziemlich ähnlich unseren Uhren, voller kleiner Federn und unverständlicher Mechanismen. Es ist eigentlich ein Buch, aber ein wundersames Buch, ohne Seiten oder Buchstaben; um genau zu sein, es ist ein Buch, zu dessen Lektüre Augen nutzlos sind, nur Ohren werden gebraucht. Wenn jemand lesen will, zieht er den Mechanismus mit vielen Schlüsseln in allen Arten auf; dann dreht er den Zeiger auf das Kapitel, das er hören möchte, und sofort, wie aus dem Mund eines Menschen oder von einem Musikinstrument, gibt diese Maschine die verschiedenen, besonderen Töne von sich, die als Ausdruck des Sprechens unter den edlen Mondbewohnern dient.

Cyrano scheint eine elaborierte Version der damaligen Spieluhr im Sinn zu haben, doch einige Elemente weisen voraus auf den frühen Phonographen. Seine Box ist ein Aufziehmechanismus mit einem Zeiger wie der Tonarm oder die Nadel. Sie ist ausgestattet mit »Ohrhängern«. Vor allem aber ist sie eine sprechende Maschine – ein sprechendes Buch, wie Stevie Wonder eine seiner eigenen Platten nannte.

Rostand hat wahrscheinlich einiges über Cyrano gelesen, sein Schauspiel *Cyrano de Bergerac* wurde 1897 veröffentlicht, gerade als die Bemühungen der Brüder Pathé Erfolg hatten. Doch die Vermutung wäre zu weit hergeholt, daß er einen Zusammenhang geahnt hätte. Zeitgenössische Porträts bestätigen die große Nase und Cyrano hat ihretwegen tatsächlich Duelle ausgefochten. Sicher war das Pathos da, das Pathos einer poetischen Stimme, die besser ohne Körper auskommt. Cyrano war eine Naturbegabung für die Aufzeichnung von Platten (wie sein fiktiver Freund Christian mit dem guten Aussehen und keinem Talent eine Naturbegabung für ihr Abspielen gewesen wäre). Er hatte anscheinend den Wunsch, Männer und Frauen der Zukunft sollten ihn kennen, nicht seinem Aussehen oder seinen gedruckten Worten, sondern seiner Stimme nach. Denn in seinem lunaren Utopia mit den sprechenden Büchern »hat man ständig alle Großen, die Lebenden wie die Toten, um sich, und man hört sie *viva voce*«.

Als Junge in Neapel wurde Enrico Caruso oft gerufen, um einer jungen Dame im Auftrag ihres unmusikalischen Verlobten ein Ständchen zu bringen (so berichtet Howard Greenfeld). Nach 1902 konnte er das mit Hilfe der Maschine, die Cyrano konzipiert hatte, effizienter ausführen, und viele Jahre lang war seine Stimme die Stimme der sprechenden Maschine. Aber vor allem in der populären Musik verbreiteten sich Cyranos. *Ich danke dem, der das Lied schrieb, dessetwegen sich mein Baby in mich verliebt hat.* Von diesem Gedicht ist gesagt worden, es fasse die subjektive Ökonomie der Popmusik zusammen. Wir müssen nur noch hinzufügen, daß auch der Aufführende seinen Anteil am Dank bekommt. »Der Pop-Song liefert wie ein unsichtbarer Cyrano Liebesphrasen für den sprachlosen Christian, die Öffentlichkeit. Und der Neger, ein schwarzer Cyrano, bringt zur Passion noch Lust.« So schreibt Dr. Isaac Goldberg in der Stimmung der Harlem-Renaissance der zwanziger Jahre. Daß in der Popmusik »so unterdrückte Nationalitäten« wie Schwarze und Juden so bedeutend sind, liegt für ihn an ihren vermeintlichen »Leidenschaften, die weniger gezügelt als die der ... Angelsachsen sind«. Aber dabei wird die Rolle des Phonographen vernachlässigt. Erst der Phonograph erlaubte es dem Juden mit seiner karikierten Cyrano-Nase, sich das Herz aus dem Leib zu singen, ohne das Auge des Nichtjuden zu beleidigen. Das gilt doppelt für den schwarzen Cyrano, dessen literarisches Vorbild Othello ist. Wie bewerkstelligt der Mohr, daß Desdemona »in Liebe dem verfällt, des Anblick nur sie schreckt«, wenn nicht durch den Gesang des Blues?

Meine Geschichte war zu Ende,
Sie gab mir für meine Schmerzen eine Welt von Seufzern;
... und bat mich, wenn ich einen Freund hätte, der sie liebte,
Ich sollte ihm bloß lehren, meine Geschichte zu erzählen,
und das würde sie dann rühren. Auf diesen Hinweis sprach ich

und schlug ihr die Heirat vor. Damit erfüllte er Desdemonas Hinweis, mißachtete aber den ihrer Gesellschaft – daß nämlich in der natürlichen Ordnung der Dinge der Mohr sich damit zufrieden geben solle, für einen weißen Freier den Cyrano zu spielen. Seit Othellos Zeit haben sich die Dinge etwas, wenn auch nicht sehr, verändert. Rassenvermischung wird immer noch scheel angesehen, und der schwarze Musiker soll immer noch am besten unsichtbar sein. (Die meisten Rock-Video-Sender zeigen fast ausschließlich weiße Bands, wogegen es im Rock-and-Roll-Radio fast von Anfang an relative Rassenintegration gab.) Aber was in diesem Jahrhundert an Fortschritt erreicht worden ist, kann zum Teil den Schallplatten zugerechnet werden. Auf Schallplatten war der schwarze Musiker kein fahrender Spielmann mit leuchtenden Augäpfeln mehr, sondern einfach ein Musiker. Eine Schallplatte von Ma Rainey sah genauso aus wie eine Patti-Platte. Wenn Unsichtbarkeit das gefallene Reich des schwarzen Mannes ergriff, so war sie doch auch seine Hauptchance zur Eroberung. Und eben deshalb hat die schwarze Sensibilität – bis zu einem gewissen Grad – Amerika erobert.

Wenn man verführen will, sollte Cyrano nicht nur unsichtbar sein, sondern ganz verschwinden. Eine Maschine vollführt diesen Trick. Außerdem verleiht die Maschine, bei jedem Zusammentreffen von Mann, Frau und Maschine, ihrem Operator ein Quantum an sexuellen Pferdestärken. Doch diese besondere Maschine hat eine kaum zu verfehlende eigene sexuelle Vorstellungswelt. Spindel, Tonarm und Nadel sind offen phallisch (»die Furche pflügen« ist eine sexuelle Metapher, die auf Sophokles zurückgeht), während die mondgleiche Scheibe feminin ist. Mit ihren konzentrischen Kreisen ist sie die Frontansicht einer gezeichneten Brust (Connaisseurs von Westminster Gold Album Hüllen erinnern sich vielleicht an die Photographie einer Frau, die ihre Nacktheit hinter Zwillingsdiscs verbirgt). Gleichzeitig mit dem Aufstieg von Rock and Roll gab es zwischen 1957 und 1961 in jedem Jahr zumindest ein *Playboy* Poster mit Schallplatten als Requisit. Wie grob diese Analogien auch sind, sie sollten nicht ignoriert werden. Curt Sachs zitiert Richard Thurnwalds Bericht, daß »in Neuguinea heilige Bambusflöten, die bis zu sechs Meter lang sind, wirklich als Penis für rituelle Kohabitationen mit der Frau des Häuptlings benutzt werden; sie werden im Wald gespielt, während eine Witwe zwangsweise [*sic*] mit einem Verwandten schläft . . ., und Mädchen werden vor ihnen im Zeremonialhaus des Dorfes defloriert.« Es ist zweifelhaft, ob der Tonarm je als Phallus fungiert hat, aber die Metapher reicht tief.

Wenn Schallplatte und Plattenspieler definite Sexualrollen übernehmen, so ist der Rest eines Stereosystems androgyn, wie ein Auto. Seine Kraft und Größe suggeriert Virilität, aber es wird doch freundlich und von Männern behandelt und als eine sie angesprochen. Diese Ambivalenz geht auf den alten phonographischen Trichter zurück: die Trompete, sagt Sachs, ist primär maskulin (in manchen Kulturen »werden Frauen, die zufällig eine Trompete sehen, getötet«), ist das Horn aber gewölbter oder blumiger, so nimmt es feminine Bedeutung an. Und dann gibt es noch das Gefühl, daß die mechanischen und sexuellen Geschicklichkeiten eines Mannes miteinander in Beziehung stehen, die ja beide etwas damit zu tun haben, etwas in Schwung zu bringen. Robert Johnson, der Delta Bluesman, den viele Rockmusiker als ihren ersten Vorfahren ehren, zeichnete 1936 einen Song mit dem Titel »Phonograph Blues« auf:

Yeah but she got a phonograph, but it won't say a lonesome word.
(Wdh.)
What evil have I done, what evil has the poor girl heard?
Yes but I love my phonograph, but I broke my winding chain
(Wdh.)
And you've taken my loving and given it to your other man.

We played it on the sofa
We played it 'side the wall
But my needles have got rusty, an it will not play no more.

Es ist nicht immer klar, welcher Teil worauf zielt, aber man versteht die Grundidee. Man könnte dies als weiteres Beispiel der endlosen originellen Anspielungen übergehen, die sich durch den Blues ziehen, etwa in Songs wie »Feed Your Friend With A Long-Handled Spoon« und »It's Tight Like That« zieht. Aber das Genre ist, selbst wenn es von Impotenz oder Untreue spricht, im wesentlichen komisch, während der »Phonograph Blues« bedrängt klingt. Johnson erweckt nie den Eindruck, als wähle er seine Metaphern zufällig, und er nahm ganz offensichtlich den Sex sehr ernst (wie auch seine Freundinnen, von denen ihn eine vergiftet haben soll, als er einundzwanzig Jahre alt war). Aber die Metapher könnte ohnehin kaum zufällig sein, da der Phonograph bereits die getreue Dienerin der Liebe, bei Amateur und Profi, geworden war. David Niven hat die Liebe in den Armen einer

Westenddirne entdeckt, während »Yes, We Have No Bananas« – »Ausgerechnet Bananen« – in seinen Ohren dröhnte; Billie Holiday hat den Jazz in einem Bordell entdeckt; die Pianistin Olga Samaroff hat von einem türkischen Offizier erfahren, daß ihre Platten oft im Harem seines Vaters gespielt werden; Garcia Marquez *Hundert Jahre Einsamkeit* wurden von fremden Huren mit ihrer »magischen Mühle« unterbrochen; und Isherwood hatte in seinem Berliner Tagebuch von einem gewissen Fräulein Kost geschrieben, die auf die Frage, wie sie ihre Zeit mit einem japanischen Kunden, der kaum Deutsch konnte, verbringen würde, antwortete: »Ach, wir spielen Grammophon und essen Schokolade, und dann lachen wir sehr viel. Er lacht so schrecklich gern ...«

Warum war der Phonograph in Harems und Bordellen so nützlich? In Harems vielleicht deshalb, weil musikalische Eunuchen nicht mehr leicht zu finden waren. In Bordellen, weil die Musik die Verlegenheit mindert, aber Musiker, zumindest männliche, sie vergrößern könnten. Jelly Roll Morton erinnerte sich, wie er in New Orleans »in allen Häusern arbeitete, selbst in Emma Johnsons Zirkushaus, wo die Gäste alles von Suppe zu Nüssen bekamen ... Durch eine Leinwand war ich abgeschirmt, damit mir die Tricks, die sie mit den Gästen machten, verborgen blieben, aber ich schnitt einen Schlitz in die Leinwand, da ich mittlerweile selbst auf den Geschmack gekommen war und sehen wollte, was jeder andere sehen konnte.« Es muß toll gewesen sein, Jerry Roll selbst sein »Animule Dance« oder Tony Jackson sein »Naked Dance« spielen zu hören, aber offensichtlich hätten sich die Freier mit Schallplatten wohler gefühlt, wenn es damals Jazz-Platten gegeben hätte.

Fräulein Kost liefert ein feines Gegenstück zu Johnson. Sie beide denken an Sex und Plattenspielen als eine Sonderart des Sprechens, aber Fräulein Kost beschreibt die Komödie der gebrochenen Kommunikation, Johnson die Tragödie *(it won't say a lonesome word)*. Fräulein Kost suggeriert das Pathos des stellvertretenden Sexobjekts, Johnson das Pathos des stellvertretenden Verführers *(You have taken my loving and given it to your other man)*.

Die Risiken sind ziemlich gleich verteilt verteilt. Wer zur Verführung Schallplatten benutzt, riskiert zum bloßen Körper zu werden, wenn der/die Geliebte weiter von Caruso oder Eddie Fisher oder Madonna träumt. Doch die Leute, die Schallplatten machen, verbringen bei dem Versuch, die Welt zu verführen, so viel Zeit im Studio und »on the road«, daß sie riskieren, die Geliebte an einfachere Liebhaber zu verlieren (wie Caruso seine Giachetta an seinen Chauffeur verlor). Solche Risiken verleihen Arien wie »Vesti la giubba« – »Zieh dein Kostüm an« – Glaubwürdigkeit und liefern dem Blues endlose Themen.

Man denke an Don Giovanni. Ein typisches Nachtgeschäft bringt den Don und Leporello auf die Straße vor Donna Elvira. Der Herr möchte dem Mädchen der Dame nachgehen, deshalb tauscht er Mantel und Hut mit seinem Diener. Leporello wird Donna Elvira ablenken, aber erst nachdem der Don, der hinter ihr im Schatten steht, ihr ein Ständchen gebracht hat. Welch feine Rokokovariation über ein Thema, das Rostand vereinfachen wird – Cyrano bauchredend für einen Statisten, der vorgibt, Cyrano zu sein! Aber heute ist das gang und gäbe. Ein Mann wird sich kleiden und sprechen wie Popstars, ihre Schallplatten für Frauen spielen und die Scharade genießen (La burla mi da gusto!), selbst wenn er sich im Innern benutzt fühlt, ein bloßer Hofnarr. Er wird gern den Platz mit seinem Herrn tauschen (sogar die Stimme seines Herrn nachahmen) – bis zu einem gewissen Punkt. Dann hat er die Genugtuung, den Don von eifersüchtigen Frauen, rachelüsternen Männern und seinen eigenen Dämonen heruntergerissen zu sehen und mit den Klatschkolumnisten einzustimmen: »Questo è il fin/ Di chi fa mal« – »Also stirbt, wer Böses tut«.

Als der zwölfjährige Mendelssohn Bartholdy anbot, Goethe die schönste Musik der Welt vorzuspielen, sich hinsetzte und das Menuett aus Don Giovanni spielte, hätte der alte weise Mann schockiert sein müssen, da das die Hintergrundmusik für einen Verführungsversuch oder eher Vergewaltigungsversuch war. Aber sehr viel schöne Musik wird so verwendet. Die Moral hier lautet, daß es ohne Phonograph schwerer ist, sie in diesem Sinn zu verwenden. Der Don ist ein begabter Amateur, aber wenn er die Hände voll hat, braucht er die Hilfe von professionellen Musikern. Eine schöne Hilfe sind sie – ein oder mehrere Schreie, und sie hören auf zu spielen. Platten sind daher nützlich, auch für die, die ihre eigenen Ständchen bringen könnten. Auch Stokowski, zu dessen Ehren Philadelphias Musikhochschule das Coitus Institut genannt wurde, war ein begeisterter Anhänger von Bela Babais Platten, »des erotischsten Geigers von Zigeunermusik«.

Verführung kann romantisch sein – was ist romantischer als ein Ständchen? –, aber läßt an Berechnung denken. Selbst ein ehrlich Verliebter muß sich ein bißchen unaufrichtig fühlen, wenn er oder sie am ersten Abend den Moment zum Abdrehen der Lichter und Auflegen sanfter Musik wählt. Man schwankt immer am Rand des Abgrunds und stürzt auch manchmal ab (etwa wenn Woody Allen in *Mach's* noch einmal, Sam mit einem Album gestikuliert, und die Platte quer durch den Raum segelt, oder wenn Dudley Moore in *Bedazzled* vom Teppich aufstehen muß, um seine zerkratzte Brahmsplatte weiterzuschieben). In der wahrhaft romantischen Situation nährt oder entfacht die Musik spontan eine beiderseitige Leidenschaft. Es ist dann gerne Live-Musik, oder vielleicht auch das Radio oder ein Musikautomat; der private Phonograph ist zu menschlich, um spontan zu sein. Wahrscheinlich wird dann ein kleines Musikstück »unser Lied« wie die Vinteuil-Sonate bei Proust. Dann wird der Phonograph zu einer Maschine des Gefühls, der hinter der Bühne von Leidenschaft, Erinnerung oder Versöhnung das Leitmotiv anschlägt. Aber es gibt auch Hindernisse. Anders als der Soundtrack eines Films ergibt sich die im Leben aufgezeichnete Musik nicht aus dem Nichts. Während das Radio überraschende Entdeckungen bietet (»Sie spielen unser Lied«), ist das Auflegen einer Schallplatte eine bewußte, der Gefühlsduselei und Ironie ausgesetzte Geste. Wenn ein Blasebalg dieser Größe auf eine Flamme gerichtet wird, wird sie wahrscheinlich verlöschen.

Anders als Singen oder Klimpern verwandelt das Abspielen einer Platte »unser Lied« in eine rigide semantische Einheit, deren Aussage sich nicht so modifizieren läßt, daß sie neuen Gefühlskomplexen entspricht. Auf der Platte ist unser Lied gerahmt, und das heißt, wir sind gerahmt – gerahmt wie auf einer alten Photographie, die festhält wie wir waren oder angeblich gewesen sind. Und gerahmt wie von falschen Beweisen in Form einer Aufzeichnung, die vorgibt, genau das zu sagen, was wir meinen.

Stanley Cavell hat einmal geschrieben, daß wir nicht in die Filme integriert werden, »wir integrieren die Filme in uns. Sie werden weitere Fragmente dessen, was mir passiert, weitere Karten in dem Stapel meines Gedächtnisses, ohne Mitteilung, welchen Platz sie in der Zukunft haben.« Dies trifft auch für Schallplatten zu, mit dem Unterschied, daß Platten nicht nur in der Erinnerung aufgestapelt werden, sondern auch in der aktuellen Gegenwart, und sie werden nach Belieben gemischt. Es ist leicht zu betrügen, leicht, Asse zu spielen, die auf lange Sicht ihren Wert verlieren müssen. So gibt es also zwei Gründe, die eigenen Platten mit Ritualen und Tabus zu schützen: ihr inhärenter Wert und der Wert, den sie von signifikanten Fingerabdrücken gewinnen. Ich kannte ein Paar, dessen Melodie das Hohelied in einem Satz aus dem siebzehnten Jahrhundert war. In der Synagoge wird diese Rolle einmal im Jahr gesungen; für dieses Paar war Helmuth Rillings Platte des keuschen, ekstatischen Satzes von Heinrich Schütz so heilig, daß sie ihn etwa ebenso oft spielten. Und dies war ihre Lieblingsplatte.

Schallplatten können vor, während, zwischen und nach dem Sexualakt vorkommen. Die letzte Funktion ist von Eliot unsterblich beschrieben:

> Wenn die Schöne sich der Narrheit ergibt und
> in ihrem Zimmer hin und her geht, allein,
> glättet sie ihr Haar mit automatischer Hand,
> und legt eine Platte aufs Grammophon.

Zwei Gesten der Ordnung und der Vergewisserung: wie die Hand das Haar glättet, so glättet der Tonarm die Rillen. Wie die Musik die Wogen glättet – denn die nächste Zeile, »die Musik kroch zu mir von über den Wassern«, ist aus Ferdinands verwunderter Rede, wenn er Ariels Musik hört (»Vereinend ihren Zorn und meine Leidenschaft«, so fährt er fort, »mit ihrem süßen Klang«). Der Phonograph vergewissert, aber unecht. Er wartet nicht »einem Gott der Insel auf«. Er ist nur eine automatische Hand.

Vielleicht hilft der Phonograph, den Sex selbst mechanisch zu machen. Wenn er diese Rolle spielt, dann sollte sie am sichtbarsten auf der Tanzfläche sein, der Hauptbühne für unser Paarungsritual. Deshalb sei ein Blick auf die vorphonographische Situation geworfen. In traditionellen Kulturen ist Werben eine Familienangelegenheit, und das Tanzen der jungen Frauen und Männer (oft ohne Kontakt zwischen ihnen) wird von der Gesellschaft geleitet. In der Zeit von Jane Austen hatte sich dies nicht sehr verändert, außer daß eine überwältigende Beschäftigung mit Geld und Klasse den Tanzsaalboden zu einem riesigen Monopolybrett gemacht hatte. Niemand widmet den Musikern Aufmerksamkeit.

Man denke dagegen an die Zeit der Big Bands in den Staaten. Whitney Balliett schreibt: »Es gab damals eine Menge von rührigen, schwarzen aufstrebenden Bands (Sibbey Lewis, Erskine Hawkins, die Mills Blue Rhythm Band), aber keine ihrer Platten gibt wieder, wie sie vor den Tänzern geklungen haben. Sie waren dynamisch und frei und triumphal. Sie produzierten sich für die Tänzer, und die Tänzer ihrerseits produzierten sich für sie. Es war eine glühende, ritualistische Beziehung, die die Musik dem Visuellen so nahebrachte, wie dies für Musik möglich ist.«

Was hier vor sich geht, wird klarer werden, wenn wir uns an fast jede Tanzbodenszene der Hollywood-Komödien aus den zwanziger, dreißiger oder vierziger Jahren erinnern. Männer und Frauen sind gerade das – Erwachsene –, und ihre Romanze ist weder unabhängig von der Familie und Gesellschaft noch in Opposition zu ihnen. Aber eine Art idealer Gesellschaft ist impliziert, wie in der klassischen Komödie (Cavell hat die Parallele zu Shakespeare gezogen). Es ist eine Gesellschaft autonomer Individuen mit ihren ausgesuchten Harmonien; repräsentiert wird sie durch die Band, die gegenüber der Tanzfläche um einiges erhöht steht.

Eine schwarze Band suggeriert kraftvoller den Drang des unverhüllten Sex, aber auch eine glattere weiße Band hat noch etwas davon. Von allen Musikern wird angenommen, sie seien freie Geister, unerschrocken allein aufzutreten, aber glücklich harmonisieren zu können. Wenn sie sich für die Tanzenden produzieren, dann zelebrieren die Musiker diese ideale Gesellschaft. Wenn die Tanzenden sich vor ihnen produzieren, dann beweisen sie, wie geeignet sie dafür sind. Sie zeigen ihre Virtuosität als Paare in einem Universum von Paaren (das Universum von Scott und Zelda, Nick und Nora, Hepburn und Tracy, Bogart und Bacall). Kein Wunder, daß die Beziehung »glühend, ritualistisch« ist.

Wir sind jetzt in den fünfziger Jahren. Die inzwischen weit verbreitete Musikbox definiert jetzt praktisch eine bestimmte Art der Tanzmusik. Der Rock and Roll ist jedoch nicht die Musik der Erwachsenen, sondern der Jugendlichen. Wenn sie zu aufgezeichneter Musik tanzen, dann phantasieren sie nicht über Nachtclubs, und sie können sich nicht einmal ansatzweise eine ideale Gesellschaft vorstellen. Ihre Musik feiert den Zustand des Übergangs, der Weiterführung ohne bestimmten Zielort. Sie handelt von Rädern, Rollenden Steinen, Uhren und Scheiben.

> Up to the Corner and round the bend
> Right to the juke joint you go in . . .
> Feeling the music from head to toe
> Round and round and round you go.
>
> Hail, hail rock and roll!
> Deliver us from the days of old!

So Chuck Berry in »School Days«. Es gab auch Songs über Live-Bands, diese aber repräsentierten nicht so sehr eine ideale Gesellschaft als eine ideale Peergroup. Die Beziehung einer Band zu den Tanzenden konnte glühend, ja ritualistisch sein, aber ohne das Versprechen einer größeren Gesellschaft gab es keine Resonanz. Es gab Unsicherheit, Spannungen (warum sonst roll over Beethoven?), eine Angst, nicht pop zu sein. Die Gegenwart der Live-Musiker ließ auch die Tanzenden sich ein wenig unwohl fühlen, denn sie warf quälende Fragen auf: Wie alt sind sie? Halten sie uns für Knülche? Denken sie, ich sähe aus wie ein Krampf, wenn ich tanze?

Der zu Kopf steigende neue Wein der Sechziger-Jahre-Musik brauchte Flaschen – Platten –, um sein Bouquet zu bewahren. Von der an die sorgsam zerzausten Produktionen von Phil Spector, Berry Gordy oder George Martin gewöhnten Zuhörerschaft konnte nicht erwartet werden, daß sie lokale Bands tanzbar fand. Aber populäre Schallplattenstars waren so populär, daß sie immer in großen Hallen auftraten, nicht in Tanzclubs. Die Leute tanzten nach Schallplatten in Discotheken und bei Parties. In den späten sechziger Jahren gab es die Vision einer idealen Gesellschaft, aber sie war vage, und ihre Vagheit drückte sich im Tanzen aus; kein Mensch kümmerte sich um genaue Tanzschritte. Es würde sich wohl niemand der Revolution anschließen, wenn Tanzen verboten wäre, doch schien das Tanzen angesichts der Revolution etwas weniger wichtig. Weniger Songs wurden über das Tanzen geschrieben. Es gab schnellere Wege zum Sex.

Die Disco brachte das Tanzen zurück, aber nur, indem sie die Musiker abschaffte. Es sickerte oft durch, daß eine populäre Discogruppe überhaupt nicht live auftreten konnte – weil sie gar nicht existierte; sie bestand aus Studiomusikern, die für verschiedene Produktionen zur Verfügung standen, einer Menge Technik und einem Produzenten. Gelegentlich wurde die Fiktion fallengelassen, und der Produzent (Cerrone zum Beispiel) veröffentlichte unter seinem eigenen Namen ein Album. Aber die Anonymität wurde vorgezogen. Die Musik war ein Sanitärprodukt, unberührt von Menschenhand.

In einer Disco produzierten sich die Tanzenden aber nur für einander. Es gab keine ideale Gesellschaft, nicht einmal eine ideale Peergroup, es gab nur das Idealisieren der bestehenden Gesellschaft, der Peergroup und des Selbst. Alle menschlichen Prädikate, außer Körpertonus und Dicke des Portemonnaies, waren weggetropft. Die sexuelle Konkurrenz war so scharf wie immer, aber die Klasseninsignien von Jane Austens Ballsaal und das witzige Semaphor von Leo McCarey machten den Designerlabels Platz. (Es gab wirklich einen Discosong, »The Greatest Dancer«, zum Lob eines Mannes, der von Kopf bis Fuß die feinsten Designerkleider trug, Fiorucci, etwas Gucci . . .)

Es ist eine merkwürdige Entwicklung. Rock and Roll hatte die Faszination eines Knaben an mechanischen und rotierenden Bewegungen – rollen, drehen, twisten, schrauben –, das machte das Tanzen zu Platten doppelt befriedigend. Der Rock bewegte sich nach außen, um alles Leben zu umfassen und es in Vinyl zu konservieren. Disco war eine unechte Synthese der beiden Trends, eine elektronische Simulation des Organischen. Die Synthie-Drum narrte das menschliche Herz, das »Herzchen« narrte die Saiten, und der Deejay, ausgerüstet mit Beat-per-minute-Zahlen, berechnete die Stimulus-Progression so sorgfältig wie ein Muzak-Computer – sorgfältiger noch, weil er die Reaktion der Tanzenden steuern konnte. Ist dies die Art des Nehmens und Gebens, die Balliet in einem Swing-Tanzsaal sah, außer daß die Musiker einem einzigen Metamusiker Platz gemacht hatten? Ja, wenn man es für irrelevant hält, daß der Metamusiker in einer Kontrollkanzel sitzt.

Als in die Discos New Wave einzog, boten viele auch Live-Musik an. Rock-and-Roll-Fans unterstützten den Trend und verbrachten viel Zeit, nach echten »Tanzkapellen« zu suchen. In der Praxis aber versammelten sich, selbst bei obskuren Bands, die Leute auf der Tanzfläche vor der Bühne, hopsten auf und ab, tanzten aber selten. Die meisten tanzten nur in den Pausen, wenn Platten gespielt wurden.

Die Leute scheinen es angenehmer zu finden, zu mechanischer Musik zu tanzen und sich den Hof zu machen. Eine freundliche Interpretation dieses Faktums ist, daß sie dann allein miteinander sind. Die andere Interpretation heißt, daß sie dann allein sind.

7
GLENN GOULD

Meiner Generation ist es nachzusehen, wenn sie einen Groll gegen Glenn Gould hegt, denn er verließ das Konzertpodium, bevor wir eine Chance hatten, ihn dort zu hören. Und wir waren so mit seinen Platten beschäftigt, daß wir nichts dagegen hatten. Seine Platten bewiesen uns, daß klassische Musik nicht nur Sentiment und Dekorum, Konzertkleidung und Lehrerbeifall war; daß sie scharfkantig und einsam sein konnte und etwa die gleiche Ekstase vermittelte wie ein Chemiebaukasten, eine Schachpartie oder der durch einen Fensterspalt ins Auto stürzende Regen. Und seine Schriften hätten uns, wenn wir sie zur Kenntnis genommen hätten, mit einigen Hinweisen zum Verständnis noch mehr von dieser Ekstase geben können.

Vor Goulds Tod hatte ich einige seiner Plattentexte und in *High Fidelity* einen bezaubernden Artikel über seine Lieblingsschallplatten gelesen. Ich wußte, daß er mit Konzertauftritten aufgehört hatte, aber ich hatte keine Ahnung, wie klug und tiefsinnig seine Begründung dafür war. Erst ein Nachruf von Edward Rothstein hat mich dafür aufnahmefähig gemacht und für Geoffrey Payzants hervorragendes Buch *Glenn Gould: Music and Mind*, mit dessen Bibliographie ich die Aufsätze, die ich lesen wollte, aufspüren konnte. Da ich damals schon an diesem Buch arbeitete, war ich ein wenig enttäuscht darüber, wie viele meiner Lieblingsideen Gould schon früher und mit mehr Autorität ausgesprochen hatte. Seit damals hat Tim Page, ein Musikkritiker und Freund von Gould, dankenswerterweise fast alle veröffentlichten Gould-Schriften gesammelt – Aufsätze, Kritiken,

Skizzen, Satiren, Plattentexte und Skurrilitäten – wie auch Interviews mit Gould von Gould, Page und anderen und Schnipsel von Goulds enormer Produktion für Radio und Fernsehen.

Gould hatte einen Horror vor der Kunst, wie sie jetzt praktiziert wird, Kunst durch und durch mit Blut gefärbt. Seine faszinierendsten Essays umreißen eine alternative Welt in der, dank der Elektronik, »das Publikum Künstler, und das Leben Kunst wäre«. So exzentrisch dies klingt, sein Denken stammt doch aus einer bodenständigen Tradition – von Marshall McLuhan und dem Theologen Jean Le Moyne, von den harten Kirchenbänken des protestantischen Toronto, von dem ganzen unzivilisierten, verschneiten Norden. Verstreut in einem riesigen kalten Land sind die Kanadier für Technologie ebenso dankbar, wie es die Amerikaner ein Jahrhundert vorher waren, und wahrscheinlich ebenso mißtrauisch der Kunst gegenüber.

Goulds Kunstverständnis geht auf einen Mann zurück, den er nie erwähnt: Platon. »Der Zweck der Kunst ist nicht die momentane Freisetzung von Adrenalin, sondern vielmehr die allmähliche, lebenslange Konstruktion eines Zustands heiterer Verwunderung.« Bis auf die Chemikalie könnte dieser Satz ebenso von Platon sein. Gould erschien die von Aristoteles verordnete Katharsis viel zu gefährlich. Aber dieser gar nicht so unähnlich ist die Lebensform der Konzertsäle, wo das Publikum Mob, der Künstler Demagoge, Märtyrer oder Clown wird. Besser ist die physisch entfernte, intellektuell direkte Beziehung von Künstler und Zuhörer, die durch Aufzeichnungen ermöglicht wird. Am besten aber ist die Situation, in der der Künstler verschwindet und der Zuhörer, der die Musik entsprechend seiner Umgebung und seinem momentanen Vorhaben gestaltet, Künstler wird. Wenn Musik umfassender »ein Teil unseres Lebens« sein wird, wird sie dieses »sehr viel grundlegender verändern«.

Während Platon in den *Gesetzen* seine Bürger in Chöre organisiert, die ständig das Lied der Tugend singen, möchte Gould, daß sie zu Hause bleiben und kreativ mit ihren Phonographen spielen. Die Absicht ist dieselbe, aber charakteristischerweise erwartet Platon alles von der Regierung, Gould von der Technik. Im

Gefolge von Le Moyne argumentiert Gould, daß die »Gnade der Maschine«, indem sie uns von einander und von den natürlichen Bedingungen, die uns in Konkurrenz zwingen, »entfernt«, uns dem Göttlichen näherbringt. »Ein Krieg zum Beispiel, der mit computer-gesteuerten Raketen geführt wird, ist geringfügig besser, geringfügig weniger verachtenswert als ein Krieg, der mit Keulen oder Speeren ausgetragen wird.«

Das ist eine Geschmacksfrage. Mehr Zustimmung erhielte Gould wahrscheinlich für seine Bevorzugung von Schallplatten vor der blutrünstigen Arena-Atmosphäre der Konzertsäle. Andererseits finden manche Musiker, daß Konzerte ihren Geist wundervoll konzentrieren. Und Blutdurst ist nur eines der Bedürfnisse, die von Konzerten befriedigt werden; es gibt auch das Bedürfnis nach öffentlichem Ritual und öffentlicher Architektur der Zeit.

Für dieses »hohe Schauspiel der menschlichen Kommunikation« bringt Gould keine Geduld auf. »Kunst in ihrer erhabensten Mission«, sagt er, »ist eigentlich nicht mehr menschlich.« Ich mag das; ich spüre darin nicht nur Platon, sondern auch den kalt berauschenden Geruch von Schopenhauer, einem anderen Vorläufer, den Gould nicht erwähnt. Aber daraus folgt wohl kaum, daß die »Dienstleistungen des Radios und des Phonographen ... einem jeden helfen werden, kontemplativ seine eigene Göttlichkeit zu schaffen«. Theoretisch bietet die Tastatur eines computerisierten Tonbandgerätes der Kreativität vielleicht mehr Möglichkeiten als die Tastatur eines Renaissance-Virginals. Man könnte, wie Gould vorschlägt, aus verschiedenen Aufzeichnungen eines Werkes oder aus einem »Baukasten« von alternativen Aufnahmen eines Künstlers seine eigene ideale Aufführung konstruieren. In der Praxis jedoch möchten die meisten sich einfach nur zurücklehnen und zuhören oder im besten Fall mit der Kunstfertigkeit von Würstchenverpackern Ausschnitte aus ihren Lieblingsplatten zusammenstellen. Für jede Wendy Carlos gibt es tausend Walter Mittys. Ich meine, dadurch, daß die Technik hohe Gefilde leicht zugänglich macht, bringt sie uns keineswegs immer dazu, höher zu steigen. Daher ist verständlich, daß Cage, der von einem dem Gouldschen ähnlichen Thoreauschen Mystizismus ausgegangen ist, zu einer ganz anderen Schlußfolgerung gelangt: »Entfernt die Schallplatten aus Texas,/ und irgendeiner / wird singen lernen.«

Gould argumentiert, daß zuletzt, wenn jeder ein Künstler geworden ist, der Künstler ein Niemand sein wird, eine spezialisierte Zelle in dem großen elektronischen System. Dieses Ideal der mittelalterlichen Künstleranonymität ist phantastisch; es wäre auch im Mittelalter phantastisch gewesen. Selbst damals tat der Künstler alles, was er konnte, um trotz der Indifferenz von Kirche und Hof seinen Namen lebendig zu erhalten. Kirche und Hof wollten Diener, die Öffentlichkeit des elektronischen Zeitalters will Stars. Dafür die Schuld, wie Gould es tut, den Werbefachleuten und Journalisten zu geben, ist unfair. Gerade die Unpersönlichkeit der elektronischen Medien läßt ja die Öffentlichkeit »Personalities« krallen: gerade das »Entfernen« macht Nähe, wie scheinhaft sie auch sein mag, zu einem dringenden Bedürfnis. Goulds praktisches Verständnis dieses Sachverhalts ermöglichte seine eigene wunderliche Karriere.

Vielleicht folgen einige klassische Musiker erfolgreich seinem Beispiel und vermarkten sich selbst als Persönlichkeiten, ohne in Person aufzutreten. Aber die Ökonomie der Plattenproduktion geht mit ernsthaften Musikern nicht wohltätig um, deshalb werden die meisten wohl weiter Konzerte geben müssen. Und Gould hat im Innersten seines Herzens vielleicht nicht wirklich erwartet, daß ihm alle jungen Musiker ins Studio folgen, so wenig Thoreau erwartet hat, daß ihm Amerika in die Wälder folgen würde. Seine Konzerte waren beispielhaft für jüngere Pianisten, aber die Reinigung des Auftretens, die er begonnen hatte, konnte nur durch einen Akt der Negation vollendet werden. Man könnte sogar ohne Ironie sagen, daß Gould dem Konzertpodium am besten diente, indem er es verließ; wie er von Schönberg schreibt: »Wenn man aufrichtig eine Tradition herausfordert, ist man ihr in Wirklichkeit um so mehr verpflichtet«.

Aber man weiß nie, oder man weiß erst später. Die Geschichte wird vielleicht feststellen, daß Gould der eine vernünftige Musiker des Jahrhunderts war; und seine Kollegen, die die Kontinente wie reisende Handelsleute bearbeiten, ihre Herzen entblättern von Altoona bis Vancouver, erscheinen vielleicht unseren Enkeln so pathetisch wie uns die buckelnden und dienernden Genies des achtzehnten Jahrhunderts. In diesem Sinn könnte Gould unser Beethoven gewesen sein. Wie dem auch sei, es ist schade, daß Goulds morbides Interesse am Tod der Live-Musik die Aufmerksamkeit von seiner Botschaft abzog, daß eine neue Kunst, die Kunst der aufgezeichneten Musik – die ich Phonographie nenne – geboren war. Gould glaubte zu Recht, daß das Zentrum der musikalischen Schwerkraft jetzt das Mittelloch der Schallplatte war. Und er betonte zu Recht, daß aufgezeichnete Musik nicht als eine Reproduktion des Konzertes, sondern als eine selbständige Kunst anzusehen sei, als etwas, das von Live-Musik so verschieden ist, wie Film vom Theater.

Und doch wurde dieser Kampf – von Gould, John Culshaw und einigen anderen – wahrscheinlich auf dem falschen Feld ausgetragen. Er war im Bereich der Pop-Musik schon gewonnen, wo ein Konzert oft ein Promotion-Auftritt ist, bei dem man die eigenen Platten nachzuahmen versucht. Konzertmusik andererseits gehört per definitionem in den Konzertsaal. Und der größte Teil des Repertoires ist Note für Note geschrieben und läßt dem Phonographen nur wenig Spielraum. Eine Folge des Aufzeichnens ist natürlich, daß alle Wände eingerissen werden – alle Musik wird nivelliert auf das Flache, die flache Scheibe. Doch war Gould ein merkwürdiger Apostel der Phonographie, denn als klassischer Pianist konnte er Platten nicht so ambitiös konstruieren wie es Stokowski, Stockhausen, Phil Spector und Frank Zappa konnten. Seine kontrapunktischen Radiodokumentarsendungen – vor allem die Trilogie *The Idea of North*, in der drei oder vier Menschen, die sich im Leben nie getroffen haben, gleichzeitig zu einem Basso continuo von Brandungsrauschen reden – waren seine einzigen wirklichen Bemühungen, ein Band zu »komponieren«. Aber Gould war gut ausgerüstet für seine Rolle als Phonographiker dank seiner platonischen Überzeugung, daß die Wahrheit in der Kunst vor der Güte oder vor einer formal und moralisch höherstehenden Wahrheit zurücktreten müsse. Diese Montagestelle war Goulds noble Lüge.

Anders als die meisten Pianisten nutzte Gould die Montagestelle nicht in erster Linie, um Fehler zu verbessern. Er nahm sie, um zahllose Takes, alle korrekt, jedes anders, zu einer Struktur zu verbinden, die dem wiederholten Zuhören gewachsen wäre. Er fürchtete sich vor der »non-take-two-ness« der Konzerte nicht mehr als andere Pianisten, aber verabscheute sie als »antimusikalisch«. Auch das ist eine Geschmacksfrage. Manche ausführenden Künstler sind vor Mikrophonen nervöser als vor Gesichtern. Manche brauchen positiv eine Zuhörerschaft (als der russische Pianist Pachmann Aufnahmen machte, dirigierte Gaisberg »einige unserer hübschesten Schreibdamen ins Studio«). Manche spielen in langen Aufnahmen besser als in kurzen (obgleich das alte Vorurteil, daß eine Montagestelle immer zu entdecken ist, durch ein Experiment entkräftet wurde, das Gould veranstaltete und in dem die beteiligten Musiker und Ingenieure bei der Frage, wo seine Aufzeichnungen geklebt waren, weniger als Zufallsgenauigkeit erreichten). Letztlich kann man der Aufführung nicht entrinnen; selbst ein Autor, allein mit seinem Stift, befindet sich in einer Aufführung und könnte bei der Sicherheit, die er empfindet, ebenso gut auf einem Hochseil sein. Wir alle gehen damit um, so gut wir können. Aber Goulds Denken als eine Rationalisierung seiner Neurosen zu übergehen – zu sagen, daß er wie ein Tintenfisch Tinte zur Camouflage verspritzte – ist töricht. Natürlich hat er auf sein Inneres gehört. Das macht jeder Denker, der auch nur einen Pfifferling wert ist. »Spüren Sie nicht«, fragt Gould, »daß ein Gefühl des Unbehagens, des Unwohlseins, der weiseste Ratgeber für Künstler und Publikum sein könnte?«

Gould fühlte sich nicht mit aller und jeder Elektronik wohl. In seinem zentralen Aufsatz »Die Zukunft des Aufzeichnens« zitiert er Vater Zossimas erstaunliche Kritik an der elektronischen Kultur: »Und dann behaupten manche, daß die Welt immer einheitlicher wird, ... da sie die Distanzen überwindet und Gedanken durch die Luft fliegen läßt. Alas, setz deinen Glauben nicht auf ein solches Band der Einheit.« Durch gleichzeitige Übertragung, sagt Gould, werde die Kunst eines oft isolierten Landes wie Rußland – »ein glänzendes Shangri-La für die außerordentlichsten artistischen Experimente« – eher »zu zugänglich«. »Wir lassen unsere touristische Faszination angesichts ferner und exotischer Plätze beiseite und machen unserer Ungeduld über die chronologische Verzögerung, die sich bei den Einheimischen zeigt, Luft.« So findet Gould, der Mussorgski wie Schönberg und Strauss und Bach wegen ihrer ruhigen Mißachtung des Zeitgeistes liebt, McLuhans Konzept des globalen Dorfes »alarmierend«. Aber wie das Glück es will, wird die gleichmachende Gewalt von Radio und Fernsehen durch die Widerstandskraft der Schallplatten ausgeglichen, sagt Gould. Weil sie bestehen, um wieder gespielt zu werden, züchten Platten Toleranz und sogar Exzentrik.

Seltsamerweise erfreut ihn sogar Hintergrundmusik, in der ja wirklich alle »Klischees der Musik seit der Renaissance kompiliert« werden. Weil sie »sich möglichst vielen Umweltsituationen harmonisch anzupassen versucht« und das »Leben aus so vielen verschiedenen Winkeln zu infiltrieren vermag«, macht die Hintergrundmusik sogar moderne Idiome zu einem »intuitiven Teil unseres musikalischen Vokabulars«. So ist die Zwölftonmusik, die in Konzertsälen abgestellt worden war, durch die Hintertür der B-Movies in das öffentliche Bewußtsein eingedrungen, und davon erwartet sich Gould Rechtfertigung für Schönberg.

Es stimmt natürlich, daß die Hintergrundmusik dem Zuhörer »eine direkte assoziative Erfahrung des Vokabulars der Nach-Renaissance« vermittelt und ebenso auch eine oberflächliche Kenntnis der nicht-westlichen Vokabularien. Problematisch ist aber, daß die Assoziationen alle falsch sind. Muzak ist nirgendwo auch nur annähernd so neutral wie sie vorgibt. Arbeitsplatz-Muzak fügt in Intervallen rhythmische und harmonische Würze hinzu, um die Arbeiter anzuregen. Öffentlichkeits-Muzak verbreitet ein Gefühl von Erregung, erwerbbarem Wohlsein. Soundtracks sind sogar noch schlimmer. Wir assoziieren Atonalität mit Horror und Angst; dies könnte einer Partitur wie *Wozzeck* zum

Erfolg verhelfen, verdammt aber einen Großteil von Schönberg und Webern, deren Streben nach Heiterkeit per Assoziation für schuldig befunden wird. Die Sprache von Debussy kann dann nur noch Sensualität ausdrücken, die Sprache von Mozart nur Alte-Welt-Anmut, die Sprache des Jazz nur Sorglosigkeit. Jede Sprache wird auf einige wenige Phrasen reduziert, und mit unserem riesigen Vokabular können wir nichts mehr sagen, sondern nur noch zitieren. Der Einheitsbrei, den die Massenmedien (einschließlich der Platten) aus guter Musik machen, ergießt sich rasch zurück in die Welt der guten Musik. Bald finden unsere besten Komponisten, daß sie nicht sprechen können, bestenfalls ironisch oder pathetisch in Zitaten sprechen können. Ich bin mir nicht sicher, ob dies das unvermeidliche Ergebnis von Platten und Radio und dem riesigen Vokabular ist, das sie uns aufzwingen – obwohl es bei Strawinsky und Weill sofort nach dem Erscheinen dieser Medien aufgetreten zu sein scheint. Sicher aber stellt es sich ein, wenn die Massenkultur diese Medien dominiert. Ich bin daher weniger optimistisch als Gould und sehr viel weniger optimistisch als Varèse oder Stockhausen oder David Amram über die Aussichten einer World Music. »Keine Mauern mehr« ist ein schönes Motto, aber nicht, wenn man ein Haus bauen will.

Gould jedoch war der seltene Vogel, der sein Nest im Chaos der Ätherwellen bauen konnte. Wenn er schrieb oder spielte, stellte er oft Radio und Fernsehen an – beide gleichzeitig. Er hatte die Kunst der Fuge, die Kunst, Freiheit in den Armen der Notwendigkeit zu finden. Und er scheint die streitenden Kanäle der Medien als eine Art große Fuge empfunden zu haben. Was er an der Fuge so liebte, war »ihre ungeheure subjektive Konzentration auf die Belange des Augenblicks« – nicht an dieser Fuge oder jener Fuge, sondern an *der* Fuge, dem endlosen Prozeß, den das Individuum nach Belieben ein- oder ausschaltet. Edward Said hat Goulds »kontrapunktische Vision« mit Thomas Manns Doktor Faustus in Beziehung gesetzt: die Fuge als Wille zur Allmacht, als ein Weg, Gott zu spielen. Natürlich hatte Gould diesen Willen in sich, aber seine ganze Philosophie verwarf ihn.

Und die Fuge war nicht der Weg, diesen Willen zu bestätigen, sondern ihn zu transzendieren. Sein Weg war nicht der Leverkühns, sondern der Bachs – der Weg des Mystikers, das Sprachrohr des Herrn. Gould spielte nicht Gott. Gott spielte Gould.

8
PHONOGRAPHIE

Das Wort »Aufzeichnung« ist irreführend. Nur Live-Aufzeichnungen zeichnen ein Ereignis auf; Studioaufzeichnungen, die in der Überzahl sind, zeichnen nichts auf. Zusammengestückelt aus Schnipseln von tatsächlichen Ereignissen, konstruieren sie ein ideales Ereignis. Sie gleichen der Fotomontage eines Minotaurus. Edison hatte die Bezeichnung aber bewußt gewählt. Er wollte mit seiner Erfindung die Stimmen der Großeltern, geschäftliche Transaktionen und, als letzte Möglichkeit, musikalische Aufführungen aufzeichnen. Was wir jetzt damit machen, wäre ihm wohl betrügerisch vorgekommen, wie eine Verfälschung der Aufzeichnung.

Man könnte ein ganzes Lexikon mit irreführenden Wendungen im Zusammenhang mit dem Phonographen zusammenstellen. Wenn wir eine bekannte Stimme auf einer Aufzeichnung hören und sagen: »Das ist Bing Crosbys Stimme«, meinen wir dann seine wirkliche Stimme oder eine Kopie? Wir sagen »He, ist das eine Lachmöwe? Nein, es ist Mort. Sehr komisch, Mort.« Dann sagt Mort: »Das ist der Klang einer Lachmöwe«, und wir stimmen zu. Wir können sagen, daß Mort und Lachmöwe genau denselben Klang erzeugen; oder daß Mort, wenn er schläft, denselben Ton macht, wie ein Preßluftbohrer. Zwei Klänge, die genau gleich klingen, sind derselbe Klang, auch wenn sie von völlig verschiedenen Quellen herrühren.

Dies gilt genauso für die Synthese von Klängen. Wenn man eine Klarinette vom Synthesizer hört, kann man sagen: »Das ist der Klang einer Klarinette«, aber nicht: »Das ist eine Klarinette.« Und das gilt sicher auch für den Phonographen. Wenn jemand einen Klang hört und sagt: »Ist das eine Klarinette, die ich im Nebenzimmer höre?«, könnte man antworten: »Nein, es ist eine Schallplatte.« Wenn einer sagt: »Das ist der Klang einer Klarinette«, kann ich nur zustimmen. Wie könnte ich es »den Klang einer Schallplatte« nennen? So etwas gibt es nicht.

Oder gibt es das? »Wie würde es Ihnen gefallen, zu Hause Musik so zu hören, wie der Ingenieur sie im Studio hört? Die Magnavox Compact Disc . . ., als ob Sie in einem Aufnahmestudio wären.« Von einem traditionellen Blickwinkel aus ist diese Anzeige erstaunlich. Das Ideal ist nun nicht mehr Live-Musik, sondern eine technologisch platonische Form. Völlig vernünftig ist es aber in den Kategorien der Phonographie, besonders der Pop-Variante. Rockmusik in einem Konzert klingt gewöhnlich wie die grobe Nachahmung einer Aufnahme.

Man beurteilt angeblich ein Stereosystem dadurch, daß man seinen Klang mit dem von Live-Musik vergleicht. Wenn die gehörte Musik rein phonographisch ist – ein reines Studioprodukt – ist das unmöglich. Man muß sich entweder auf Labormessungen stützen oder dem eigenen Geschmack ohne Rücksicht auf Genauigkeit folgen. Das erste Verfahren ist nicht zufriedenstellend, das zweite ist unter Pophörern verbreitet und soll bei den Lautsprecherfirmen eine Mode von »künstlichem« Sound erzeugt haben – exzessiv scharf mit einer Betonung der Extreme Diskant und Baß. Aber wenn sie von Produzenten als Referenz-Lautsprecher im Studio verwendet werden, dann sind sie auch die richtigen Vehikel für ihre klanglichen Intentionen.

Auch in der klassischen Sphäre ist Live-Musik nur ein Prüfstein für den aufgezeichneten Klang. Fidelity selbst ist ein kaum faßlicher Begriff. Ein Produzent könnte versuchen, in Carnegie Hall eine Aufzeichnung zu machen, die, wenn sie in der Carnegie Hall abgespielt würde, ein Publikum mit verbundenen Augen täuschen würde. Wollte er so etwas unternehmen, müßte er zunächst die natürliche Resonanz der Halle weitgehend aus der Aufzeichnung entfernen, damit sie sich nicht verstärkt und die

Musik dumpf klingt. Die so entstehende Aufnahme würde in einem Wohnzimmer enttäuschend klingen. Das Orchester würde nicht klingen wie ein Orchester, weil ihm die assoziierte Umgebung fehlt. Und doch wäre diese Aufnahme in einem Sinn treu gegenüber dem Original. Andererseits würde vielleicht eine Aufnahme, die alle Resonanzen der Carnegie Hall einfangen würde, das durchschnittliche Wohnzimmer überwältigen. Deshalb versuchen die meisten Studioaufnahmen eine Balance zu finden.

In Conan Doyles Geschichte *Kardinal Mazarins Diamant* überläßt Holmes eine Reihe von Verdächtigen in einem Zimmer sich selbst und erzählt ihnen, er ginge in einen anderen Raum, um dort Geige zu spielen. Als die Klänge von Offenbachs »Barcarole« ins Zimmer dringen, diskutieren sie ihren Streich und holen ihre Beute zur Inspektion hervor; worauf Holmes, den Revolver in der Hand, aus seinem Versteck springt. »Aber was ist mit der verflixten Fiedel! Ich höre sie noch«, ruft der Muskelprotz der Operation. »Ts, ts, Sie haben völlig recht«, sagt Holmes. »Sie soll ruhig spielen. Diese modernen Grammophone sind eine erstaunliche Erfindung.«

Das ist nicht der eleganteste Trick von Conan Doyle, und wenn wir an das edwardianische Grammophon denken, scheint er sogar idiotisch. Aber das gewöhnliche Ohr ließ sich damals wirklich von Platten täuschen. Unter den richtigen Umständen mit der richtigen Musik war die Wirkung *trompe l'oreille.* 1913 inszenierte Edison eine Reihe von Ton-Test-Aufführungen, die beweisen sollten, daß die »Neuschaffung der Musik durch die Edison Diamond Disc nicht vom Original zu unterscheiden ist«. Das Publikum hörte zuerst Maggie Teyte selbst »Believe Me If All Those Endearing Young Charms« singen, dann ihre phonographische Replik, und offensichtlich meinten viele, daß »es keinen Unterschied zwischen Miss Teytes Stimme und der neuen Edison NEU-SCHAFFUNG davon gab«. Doch Jahrzehnte später konnte Beecham sagen: »Verbesserungen beim Grammophon sind so minimal, daß es 5000 Jahre dauern wird, bis es etwas taugt.« Der digitale Klang von heute erweckt bei manchen Zuhörern die täuschende Überzeugung, sie seien in einem Konzertsaal, während andere entsetzt sind. Jede Seite kann eine ganze Reihe von Laborversuchen anführen.

War die Treue der aufgezeichneten Musik eine subjektive Frage, so war dies in noch stärkerem Maß ihre Schönheit. Menuhin sagte, die alten Schellackplatten schmeichelten den Violinisten, weil sie die Kratzer und Quieker überdeckten. Zyniker könnten denken, er wolle den Verlust seiner Technik überdecken; aber Fred Gaisberg hat vor langer Zeit bemerkt: »Der samtene Ton von Kreislers Violine kam aus irgendeinem unbekannten Grund am besten auf jenen alten Platten und ist durch den elektrischen Prozeß nie wieder so eingefangen worden.« Und er fügt noch hinzu, daß »in mancher Hinsicht das akustische Aufzeichnen der Stimme schmeichle. Ein Blick auf den reichen Katalog jener Zeit zeigt, daß es die Blütezeit der Sänger war.« Als 1928 ein elektrisch amplifizierter Phonograph auf Compton Mackenzies Insel eingeführt wurde, fand seine Frau »diesen neuen Lärm ganz unerträglich, obgleich es das Neueste war und in seiner Art erstklassig ... Amplifizierung bedeutet buchstäblich Quälerei. ... aber ich gewöhnte mich bald daran und fand es sogar schön, ob das nun etwas gutes ist oder nicht. Der Herausgeber war enthusiastisch ..., aber ich kam manchmal hinein und fand ihn, wie er die alte Balmain spielte.« 1930 schrieb Mackenzie von den neuen mit Mikrophon aufgenommenen Platten: »Ich glaube nicht, daß heute ein Auditorium stillsitzen und stundenlang elektrischen Aufnahmen zuhören kann und dabei gesund bleibt.« Tatsächlich hatte der akustische Phonograph einen ganz und gar eigenen Klang, warm und hölzern. Es war ein selbständiges Instrument. Genau oder nicht, jener Klang war, was die Leute nun von einem Phonographen erwarteten.

Aber die unvollkommenen elektrischen Aufzeichnungen hatten auch ihren Charme, sogar die schlimmsten Beispiele, wie das, was Toscanini im Studio 8-H produzierte. Bis zu den Vierzigern konnte er sich nicht vorstellen, wie der Phonograph irgend jemandem Vergnügen bereiten könne. Sein Sohn Walter erinnert an des Meisters Verdruß: »Das muß eine Flöte sein, denn eine Geige kann so etwas nicht. Aber – es klingt nicht wie eine Flöte!«

Überzeugt, daß Platten ohnehin nie gut klingen würden, war er das Opfer von nichtswürdiger Ingenieurtechnik, die er selber oft noch verschlimmerte (berichtet B. H. Haggin), indem er ein musikalisch perfektes aber farbloses Take einem weniger perfekten aber klaren vorzog. Und doch trug der Klang, der selbst aus 8-H, ganz gewiß aber aus Carnegie Hall und Philadelphia hervorkam, seinen Stempel. Für jene unter uns, die zu jung sind, als daß sie ihn noch live hätten hören können, hat dieser Klang seine eigene strenge Schönheit. Haggin sagt, sein Live-Klang sei »strahlend« gewesen, aber auf der Platte ist er nicht wie die Sonne; es ist ein vollkommenes Spiel von Licht und Schatten, aber ohne Farbe, wie eine sehr helle mondbeschienene Nacht. (Der Klang entspricht jenen Hupka-Photographien auf den ältesten Neuausgaben, das verschwommene weiße Gesicht auf dem dunklen Hintergrund. Das Gesicht und der Klang, die sich so verblüffend entsprechen, machen ihn zu einer der Ikonen der Phonographie.) Inwieweit war dies der Live-Klang des Orchesters und inwieweit das Artefakt von inkompetenten Ingenieuren? Ich kann es nicht wissen, und es kümmert mich eigentlich auch nicht, jedenfalls nicht mehr als die Farben der Hemden und Kittel von Cartier-Bressons Bauern.

Es gibt zwei Möglichkeiten, eine Aufnahme »lebendig« erscheinen zu lassen. Die eine ist eine Live-Aufzeichnung, die manchmal durch die Spontaneität des Musizierens und durch Zufälle aus der Umgebung (so geschmacklos wie Husten, so überraschend wie Kirchenglocken zu Beginn eines Debussy-Konzertes von Richter) ein wirkliches Gefühl der Gelegenheit übermittelt. Aber manchmal klingt eine Live-Aufzeichnung wie einbalsamiert; wie belebt auch immer, das Konzert scheint entflohen. Die andere Möglichkeit, eine Aufnahme lebendig erscheinen zu lassen, ist, den Einsatz von Studiotechniken zu erhöhen. Aggressives Mischen und Overdubbing kann besonders im Rock das Gefühl von bewußter Intelligenz und damit von Leben erzeugen.

Diese entgegengesetzten Zugänge haben ihre Entsprechungen im Film. Live-Aufzeichnungen haben ihre Entsprechung im Abfilmen eines Bühnenstückes. Wirkliche Studioaufnahmen sind wie das Filmemachen, wie wir es üblicherweise verstehen und wie Walter Benjamin es beschrieben hat. »Im Filmatelier ist die Apparatur derart tief in die Wirklichkeit eingedrungen, daß deren reiner, vom Fremdkörper der Apparatur freier Aspekt das Ergebnis einer besonderen Prozedur ... ist. Der apparatfreie Aspekt der Realität ist hier zu ihrem künstlichsten geworden und der Anblick der unmittelbaren Wirklichkeit zur blauen Blume im Land der Technik.«

Selbst »Live«-Aufzeichnungen sind nicht gegen Verfälschungen gefeit. Die Plattentexte zur Neuausgabe von *Ödipus Rex* unter Strawinsky bejubeln die »weise Entscheidung, die Stimme des Autors miteinzubeziehen und aus seiner ersten Aufnahme ein authentisches historisches Dokument zu machen«. In diesem Fall ist die Geschichte verfälscht worden, denn »die vorliegende Aufnahme wurde in ... Köln, im Oktober 1951 aufgenommen. M. Cocteaus Reden wurden aus einer Aufführung in Paris acht Monate später nachsynchronisiert«. Auch Authentizität ist ein heikler Begriff und wurde in dem Moment noch heikler, als Bernstein seinen Live-Beethoven-Zyklus aus Wien – so live, daß er sogar über das Fernsehen lief – in der Art eines Popmusikers nachsynchronisierte.

Ich möchte die Parallele mit dem Film noch etwas weiter verfolgen, denn sie ist der Angelpunkt meines Argumentes, die Phonographie eine Kunst zu nennen. Aber zuerst möchte ich mich noch mit einer schwächeren alternativen Behauptung beschäftigen, nämlich daß die Phonographie ein bloßes Medium sei.

Die Leute nennen Fernsehen ein Medium, den Film eine Kunstform. Ein Grund dafür mag sein, daß es möglich ist, einen Film über Fernsehen auszustrahlen, ohne damit ein künstlerisches Urteil zu sprechen. Man kann nicht ein Schauspiel abfilmen, ohne künstlerische Urteile zu fällen, zumindest in der Frage der Kamerawinkel (und wenn man denselben Winkel beibehält, also Bühnentotale, dann bekommt man eben nicht ein abgefilmtes Stück, sondern ein Sedativum). Ähnlich kann man auch ein

Konzert nicht professionell aufzeichnen, ohne ein künstlerisches Urteil zu fällen. Es gibt die Illusion, man könnte dies, weil Klang weniger direktional ist als eine Ansicht, seine Grenzen weniger rigide. In Wirklichkeit aber kann ein Toningenieur oder Produzent, der die Partitur nicht kennt – nicht weiß, wo die Kesselpauken einsetzen, wo die Trompeten kommen – seinen Job nicht adäquat ausfüllen.

Diese Sachen sind relativ, und auf der eigenen Klassifikation zu beharren ist, wie wenn man eine Sandburg baut und sie dann bewacht. Künstler verwenden das Wort »Medium«, um sehr spezifische Vehikel zu beschreiben, wie Guache oder Streichtrio. Und das Wort Kunst wird am besten im Singular benutzt, wenn überhaupt. Zerbricht man einmal Kunst in Künste, spielt man mit Derivationen, historischem Klatsch, welche Muse mit wem schlief. Dennoch kann es nützlich sein, bestimmte Analogien zu verfolgen. Phonographie verhält sich zu Radio wie Film zu Fernsehen. Man nenne nun das erste in jedem Paar eine Kunst, das zweite ein Medium. Das Medium gründet sich auf die Kunst und auf andere Künste und auch auf andere kulturelle Aktivitäten. Ebenso werden auch das Magazin und die Zeitung zu Recht Medien genannt, da sie sich auf die Künste der Fiktion, der Dichtung und so weiter gründen.

Prokofiew, einer der ersten Komponisten, der die kreativen Möglichkeiten des Mikrophons wahrnahm, wurden die Augen und Ohren dafür von Sergej Eisenstein geöffnet. Als er an der Partitur für *Alexandr Newski* arbeitete, sah er, daß Eisensteins manieristische Kamerawinkel tonale Äquivalente haben könnten. Selbst die Unvollkommenheiten der Aufzeichnungsapparate konnten ihren Nutzen haben: zum Beispiel das durch Übersteuern produzierte Knistern. Der Komponist schrieb:

Da der Klang der teutonischen Trompeten und Hörner zweifellos für das russische Ohr unerfreulich war, habe ich, damit der dramatische Effekt nicht verlorengehe, darauf bestanden, daß diese Fanfaren direkt in das Mikrophon geblasen werden sollten. Auch in unseren Orchestern haben wir sehr machtvolle Instrumente, wie eine Posaune und den vergleichsweise schwächeren Klang eines Fagotts. Wenn wir das Fagott ganz nahe an das Mikrophon stellen und die Posaune etwa zwanzig Meter davon entfernt, bekommen wir ein kraftvolles Fagott und im Hintergrund eine kaum hörbare Posaune. Diese Praxis kann eine vollständige Umkehrung der Orchestrierung liefern, die in Kompositionen für ein symphonisches Orchester unmöglich gewesen wäre.

Drei Mikrophone, eine bis dahin in Rußland nie verwendete Anzahl, wurden für die Aufzeichnung von *Newski* eingesetzt. Prokofiew setzte die Blechbläser und den Chor in getrennte Studios und teilte an einem Punkt das Orchester in vier Gruppen, die verschieden zu den Mikrophonen aufgestellt wurden. Wenn er den Taktstock niederlegte, ging er in die Kontrollkanzel, wo er dem Tonmeister über die Schulter schaute und gelegentlich auch seinen Platz einnahm – Eisenstein pries später Prokofiews »tonale ›Kamera-Winkel‹« und meinte damit seine Orchestrierung – aber der Regisseur muß gewußt haben, daß viel von der wirklichen Orchestrierung nicht auf dem Papier hergestellt wurde, sondern im Studio. Er schrieb: »Die bewegten graphischen Umrißlinien der so entstehenden musikalischen Bilder werden in unser Bewußtsein geworfen, wie durch den blendenden Strahl eines Projektors bewegte Bilder auf die weiße Fläche der Leinwand geworfen werden.«

Wie der Film ist die Phonographie eine kollektive Kunst, selbst wenn Plattenhüllen weniger generös mit den Zuordnungen sind. Manche Beiträge werden absichtlich verhüllt, wie die höchsten Töne von Flagstads *Isolde*, die von Elisabeth Schwarzkopf gesungen wurden, oder die linke Hand von George Fraynes Klaviersolo, die auf einem bestimmten Commander Cody Album von Roger Kellaway gespielt wurde. Aber meistens wird die kleine Armee von Ingenieuren, Studiomusikern und Produktionsassistenten, die an einer normalen Aufnahme beteiligt sind, einfach ignoriert. (Eine Schallplatte hat höchstens 30 cm Durchmesser und soll nicht wie eine große Produktion aussehen. Da sie im Privaten erlebt wird, soll der Anschein von Intimität aufrechterhalten werden.) Über diese kleine Armee herrscht der Produzent, der das Gegenstück zum Filmregisseur ist.

Auf dem klassischen Feld hat es drei verschiedene Generationen von Produzenten gegeben. Der Typ der ersten Generation war Fred Gaisberg, der seine Aufnahmekarriere in Washington im Alter von sechzehn Jahren begann, als er hinter Leuten wie John York Atlee, dem Kunstpfeifer, Klavier spielte. Er wurde Assistent in Berliners Labor und wurde bald danach ausgesandt, die Welt – England, Italien, Rußland, den Fernen Osten, was immer dort draußen war – für The Gramophone Company zu erobern. Klein, mit Schnurrbart und unfehlbar gesellig brachte er mit seinem Charme die größten Künstler der Welt dazu, für seine Maschine, die manchmal in ihre Wohnungen gebracht wurde, zu spielen. Sein Verständnis von seiner Rolle war nicht grandios. Er war Ingenieur und Geschäftsmann, beauftragt damit, die besten Musiker zu Aufzeichnungen zu bringen und darauf zu achten, daß die Scheiben ohne größere Mängel blieben. Aber er war stolz darauf, so viele legendäre Musiker dokumentiert zu haben, stolz darauf, aus manchen (wie Caruso) Legenden gemacht zu haben und auch stolz – obgleich er sich nie angemaßt hätte, sich einen Künstler zu nennen – seinen Künstlern gelegentlich eine gute Idee eingegeben zu haben. Er hatte Schaljapin das Lied der Wolgaschiffer empfohlen, und »zusammen entwickelten wir die Idee, die Nummer sanft anzufangen, sie zu einem *forte* zu steigern, dann zu einem Gewisper abzuschwächen, um die Annäherung und die allmähliche Entfernung der Schlepper auf den Flußufern abzubilden«. Es war ebenfalls Gaisberg, der das fruchtbare Mai-September Treffen von Yehudi Menuhin und Sir Edward Elgar herstellte.

Nach Gaisberg kam Walter Legge, ein Engländer, der so von Perfektion besessen war, daß viele seinen Namen so aussprachen, als ob er ein deutscher wäre – ein verzeihlicher Irrtum, da seine Frau Elisabeth Schwarzkopf und sein »musikalisches alter ego« Herbert von Karajan war. Legge war der Franklin D. Roosevelt der Produzenten, der die Befugnisse dieses Amtes von der passiven Administration zu künstlerischem Aktivismus ausdehnte. »Ich war der erste derer, die ›Produzent‹ von Schallplatten genannt wurden«, schrieb er und erklärte an anderer Stelle:

Mein Vorgänger in der Plattenwelt war Fred Gaisberg. Er glaubte, es wäre sein Job, die besten Künstler in das Studio und von dem, was die Künstler gewohnheitsmäßig in der Öffentlichkeit taten, die besten Klangbilder auf Wachs zu kriegen, und dazwischen immer wieder sein überzeugendes diplomatisches Geschick zur Beruhigung der Gemüter als Kindermädchen einzusetzen. Nachdem ich ihn bei der Arbeit beobachtet hatte, entschied ich, daß Plattenaufnehmen eine Zusammenarbeit zwischen Künstlern und dem, was jetzt »Produzent« genannt wird, sein muß. Ich wollte bessere Ergebnisse als üblicherweise in einer öffentlichen Aufführung möglich sind: Ich war entschlossen, auf die Platte das Beste zu bringen, was die Künstler unter den bestmöglichen Bedingungen tun konnten.

Für Legge gab es drei Gründe, warum eine Aufzeichnung besser als jede Live-Veranstaltung sein konnte. Der erste war, daß Künstler bei etwas bleiben oder bei etwas gehalten werden können, bis sie es richtig machen. Als die junge Schwarzkopf zum ersten Mal für Legge in Wien Hörproben machte, ließ er sie »Takt für Takt, Wort für Wort, Modulation für Modulation an einem sehr schwierigen kleinen Hugo Wolf Lied ›Wer rief dich denn?‹ arbeiten, einem Lied, das eine Veränderung der Emotionen oft auf einer Silbe, einer Note verlangte: es war der Beginn der Art, wie wir in den nächsten neunundzwanzig Jahren zusammenarbeiten sollten ... Nach eineinhalb Stunden sagte Herbert von Karajan, der neben mir saß: ›Ich gehe jetzt. Sie sind ein Sadist.‹« Doch Karajan war ein ebenso eifriger Masochist wie Schwarzkopf, und seine phonographische Ehe mit Legge für manche Ohren ebenso erfolgreich. Legge war nicht sehr angetan von kosmetischem Kleben (»Das Band hat falsche Normen produziert«) und zog es vor, mit seinen Künstlern zu arbeiten, bis eine perfekte Aufnahme einer Sektion entstand.

Der zweite Grund, warum Platten besser sein konnten, waren andere Platten. Als Legge Schwarzkopf nach London brachte, setzte er sie auf eine üppige Diät von historischen Platten, und sie, die nie einen Phonographen gehabt hatte, verschlang nun hungrig »Rose Ponselles dickes Sahne-Timbre und noble Linie; die slawische Brillanz von Nina Koschetz; einige Phrasen aus Farrars Carmen, deren Einflüsterungen in Schwarzkopfs ›Im

Chambre Separée‹, nachklangen; nur ein Wort von Melba, ›Bada‹ in ›Donde lieta‹ ...«

Karajan hatte diese Angewohnheit von Anfang an. »Er ist wie eine Elster«, schrieb Legge, »wenn er zu einem längeren Besuch ins Haus kommt. Er durchsucht die Stapel mit neuen Platten, nimmt sie hinauf in sein Zimmer und spielt einzelne Stückchen durch. ›Hören Sie, was halten Sie davon?‹ ›Haben Sie Münchs Tempo für dieses Stück aus *La Mer* gehört? Ganz außergewöhnlich. Wir müssen das einmal ausprobieren.‹«

Solcher Eklektizismus wäre wohl fatal für einen Interpreten, der seine Arbeit hauptsächlich im Konzertsaal leistet. Aber beim Plattenaufnehmen hat man die Möglichkeit, das eigene Werk mit diesem gleichen Abstand zu betrachten. Ein unverdauter Wirrwarr aus den Interpretationen anderer wäre als solcher von dem ausführenden Künstler selbst zu hören, in einem Konzert vielleicht nicht. Obgleich seine Aufzeichnung einer Symphonie aus Dutzenden von Takes zusammengesetzt ist, kann er sich zurücklehnen und die Gesamtwirkung beurteilen. Andererseits können seine Ohren vielleicht eine Folge von polierten Blöcken als Struktur hören. Gould, der bewundernd von dem terrassierten, barocken Ding schrieb, das ein Phonographiker wie Robert Craft sogar aus romantischer Musik machte, war ein großer Fan von Karajan und Schwarzkopf. Meinen Ohren scheinen Karajans Platten und Live-Aufführungen oft aufgesetzt wie Möbel, die gekonnt zusammengestellt und poliert sind. Aber Künstler der späteren Generation, gewöhnt an den phonographischen Lutscher, sind diesem Beispiel gefolgt. Will man eine endgültige Aufnahme machen, ist das ein möglicher Weg. (Die Praxis ist nicht universal. Jan DeGaetani erzählte einem Interviewer: »Ich höre nie Platten, während ich an einem Stück arbeite – Ehrensache! Ich will nicht Ideen, die ich mag, aufgreifen und übernehmen. Ich möchte die Ideen aus mir selbst entwickeln.«) Die Meinungen sind auch über Schwarzkopf geteilt, obgleich nie jemand behauptet hat, sie produziere einen Klang, den sie nicht ganz beabsichtigt hat. (In einer Meisterklasse, die ich besuchte, sagte Schwarzkopf zu einem Studenten, der sich freute, daß etwas, was er gesungen hatte »diesmal frei klang«: »Sie sind nicht frei, wenn Sie Lieder singen.«)

Und schließlich glaubte Legge, daß Platten besser sein können, weil die Künstler von seinem künstlerischen Urteil profitierten, nicht nur bei der Gestaltung ihrer eigenen Bemühungen, sondern auch bei dem aus diesen Bemühungen gestalteten Endprodukt. Von seiner klassischen *Tosca* mit Callas, Gobbi und de Sabata erzählte er: »Wir verwendeten meilenweise Bänder, und als die Aufnahmen beendet waren, kündigte ich de Sabata an, daß ich ihn noch einige Tage lang bräuchte, um zu entscheiden, was in das fertige Mastertape gehen solle. Er antwortete: ›Meine Arbeit ist getan. Wir sind beide Künstler: Ich gebe Ihnen einen Korb voller ungeschliffener Diamanten und überlasse es vollständig Ihnen, daraus ein Diadem zu machen, das Puccinis und meiner Arbeit würdig ist‹.«

Musiker waren nicht immer so anerkennend. *Immer war Undank Legges Lohn* ist eine Wagner-Paraphrase, die oft in Legges Memoiren und Briefen wiederkehrt. Es mag mehr als Übereinstimmung oder Selbstmitleid sein, das Legge sich mit Loge identifizieren läßt, dem Gott des Feuers, dem lodernden Medium des göttlichen Willens. Feuer hält Brünnhilde in zeitlosem Schlaf – wie der phonographische Funke Ponselle, Lehmann, Callas –, so daß sie Generationen überspringen und die Geliebte von nach ihr geborenen Männern werden kann. Legge hat dies für viele, auch für seine Frau getan. Und während darin durchaus ein Quentchen Perversität liegt, ist es doch das, was jeder Maler, Dichter und Regisseur für sein Modell oder seine Muse zu tun versucht. Doch wie Loge erhält Legge selten die einem Künstler oder auch einem großen Handwerker gebührende Ehre. Der unschätzbare Diener der Götter wird kaum jemals als einer der ihren anerkannt. Aber er hat seine Rache, denn wenn es sein Feuer ist, das die Götter erhält, ist es auch das, was sie ruiniert. Im Zeitalter des Phonographen gibt es keine Legenden, nur hörbare Fakten; und es gibt kein Walhalla, nur ein Regal, das jeden Tag voller wird.

In späteren Jahren, als Budgetkürzungen und der Geist der

Demokratie Legge aus dem Studio getrieben hatten, sorgte er sich, daß er und Jack Culshaw keine Nachfolger hätten. Aber Culshaw, der sehr viel Jüngere, war in einem Sinn Legges Nachfolger und so verschieden von Legge, wie Legge von Gaisberg gewesen war. Obgleich bewundert wegen der Größe seiner Unternehmungen, besonders der *Ring*-Einspielung unter Solti, wurde Culshaw von manchen verdammt wegen einer Produktionstechnik, die eisern (nach den Standards klassischer Musik) alle Mittel des Studioapparats einsetzte. Wo Gaisberg damit zufrieden war, ein solides Photo zu machen, Legge die unmöglich perfekte Aufführung herauszubringen, wollte Culshaw etwas vollständig Neues machen: eine Platte, die zutiefst und unerschrocken eine Platte war.

Seine Aufnahme von *Elektra* mit Nilsson und Solti wurde eine *cause célèbre*, nicht weil sie sehr viel radikaler in ihrer Technik war als seine anderen Aufnahmen, sondern weil sie ihn in eine Kontroverse mit Conrad L. Osborne brachte, dem berühmten Opernkritiker von *High Fidelity*. Für Osbornes Ohren summierten sich die graphische Stereophonie des Albums und die »radiomelodramatischen Klangeffekte« zu einem Manifest. »Was es letztlich sagt, ist, daß diese Aufnahme in Relation zu einer Live-Aufführung steht wie ein Film in Relation zu einem Bühnenoriginal: sie ... muß nach ihren eigenen Bedingungen begriffen werden.« Aber eine wirkliche Übersetzung dieser Art erfordere völliges Neuschreiben, was den Filmemachern erlaubt ist, den Plattenproduzenten aber nicht. Statt mit den Mikrophonen herumzuspielen, was alles ist, was ihm zum Herumspielen geblieben ist, solle der Produzent die hörbare Hälfte der Opernhauserfahrung, so getreu er kann, reproduzieren. Wenn ihn dies nicht zufriedenstelle, solle seine Gesellschaft »einem bedeutenden Komponisten den Auftrag geben, eine Stereo-Oper zu schreiben – eine Oper die ausschließlich für Phonographiehören konzipiert ist«. Aber vorhandene Opern, deren Ratio allein auf den Konventionen der Bühne beruht, sollte man in Ruhe lassen.

Eine Platte – antwortete Culshaw – wird zu Hause gehört. Sie kann und soll die Erfahrung eines Opernhauses nicht duplizieren. Im besten Fall bietet die Opernaufnahme eine völlig andere Erfahrung, eine, die intimer, in ihrem psychischen Zugriff direkter ist. Nicht nur, daß sie Opern auch solchen Leuten, die nie in ein Opernhaus gehen, nahebringen kann; sie kann vielmehr die Partitur in all ihren Komplexitäten, textlich und emotional, vollständiger als es in einem Opernhaus möglich ist, realisieren. Wie die meisten Komponisten seit Wagner wartet auch Strauss »bewußt oder unbewußt auf eine Zukunft, wo die Oper befreit von den Begrenzungen einer ererbten Tradition und Architektur sein wird ... Wir wollten keine hübsche bequeme Aufnahme machen, über die Kanarienliebhaber schwatzen können: wir wollten, daß sie verletzt, in der Weise wie Strauss sie verletzend haben wollte, und den Hörer so einbezieht, wie Strauss ihn einbezogen haben wollte.«

Der Wettstreit ging unentschieden aus, wie es auch sein mußte, da höchst persönliche Gewohnheiten zur Debatte standen. Offensichtlich mag sich Osborne, wenn er einer Opernaufnahme zuhört, in der Met vorstellen; Culshaw mag sich »in der Imagination« vorstellen, einer mythischen Zone, wo die Emotionen so stark sind, daß die Sprache als Lied, Mord als Rhapsodie auftaucht. Wo würde der Komponist seine Zuhörer lieber finden? Die meisten Opernkomponisten hätten die Frage nicht stellen können. Britten, der seine meisten Opern mit Culshaw aufnahm, hätte sich wahrscheinlich auf seine Seite gestellt, wie vermutlich auch der junge Strauss. Jedenfalls scheint mir, daß die aufgezeichnete Oper eine weniger künstliche Kunst ist als die Live-Oper. Nicht jedoch reiner; wir hören nicht Schallplatten in einem imaginativen Vakuum, sondern in den Räumen, in denen wir unser Leben führen. Platten nehmen die Opern aus dem Reich der Scheinkonventionen und setzen sie neben dem Sofa ab, neben der Küche, nicht weit entfernt vom Schlafzimmer, wo ihre grausamen oder geistlosen Erfindungen in seltsamen Weisen wiederklingen.

Gaisberg, Legge und Culshaw waren hauptsächlich in Europa aktiv. Die amerikanische klassische Platten-Gemeinde steht seit geraumer Zeit in Culshaws Lager; die rollenden Würfel in Goddard Liebersons Aufnahme von *Porgy and Bess* aus dem Jahr 1951 gingen ähnlichen Versuchen in den europäischen Studios voraus. Und Lieberson ging noch über Culshaw hinaus, indem er bei Noel Coward eine phonographische Version seiner musikalischen Komödie *Conversation Piece* in Auftrag gab, die Columbia 1951 herausbrachte (»Ich muß auf dieses moderne Medium achten/Langspielplatten können Langeweile machen«). Bei Aufzeichnungen von Orchestermusik haben amerikanische Produzenten wie Columbias Andrew Kazdin ein näheres Mikrophon verwendet als die Europäer und die Instrumente herausgehoben; das Stereobild ist graphischer, und es gibt weniger Raumklang, obgleich Echo manchmal selektiv dazugesetzt wird. Europäischen Kritikern erscheint das Ergebnis entweder klinisch oder hochgezüchtet, auf jeden Fall aber künstlich. Amerikaner antworten darauf, daß die »verstärkten« Balancen durch das Fehlen eines visuellen Elements gerechtfertigt sind: wenn Konzertpublikum in einem Test janusartig hingesetzt wurde, sagten die mit dem Gesicht zur Bühne, die Balance sei fein, während die, die wegguckten sagten, daß sie die zweiten Violinen nicht hörten.

Fragen wie die Auspegelung könnten unter künstlerischem Gesichtspunkt trivial scheinen. Welchen Unterschied können sie machen für die kolossale Gewalt, die eine große Aufführung kennzeichnet und die nur der Künstler selbst liefern kann? Man könnte ebenso gut fragen, welchen Unterschied der Rumpf bei der Bewegung eines Schiffes machen kann. Fragen der Balance waren wichtig für Stokowski und Strawinsky, und beide wußten, daß zumindest die Hälfte der Handlung im Kontrollraum geschah. Balance beeinflußt die Perspektive des Zuhörers, entscheidet darüber, wie und wo die Musik ihn hineinziehen wird. Bei manchen Musikinterpretationen können Ethik und Metaphysik eines Stückes von diesen Balancen abhängen.

Das Konzert liefert dafür ein gutes Beispiel. Diese offen gesellschaftliche musikalische Form scheint etwas mit der Beziehung zwischen dem Individuum und der Gesellschaft zu tun zu haben.

Der Solist ist der Held, ganz offensichtlich. Identifiziert sich das Publikum mit dem Solisten, dem Orchester oder mit beiden?

Ein Konzert, das man in einem Konzertsaal hört, ist wie eine Massenszene im Theater. Wir werden aufgefordert, den Helden durch die Augen der Masse zu sehen. Der Solist ist eine öffentliche Figur; wir hören seine Äußerungen als öffentliche Aussagen, mit einem Showelement. Wir sehen die virtuosen Fingerbewegungen und werden durch deren Risiko stimuliert; darin, sagt Glenn Gould, sind wir so kindlich sadistisch wie die Menge in einem Zirkus. Wenn man sich dann doch zuletzt mit dem Solisten identifiziert, geschieht dies durch Abtrennung der eigenen Person vom Publikum. Eine Art Analogie wird ausgearbeitet: Er ist allein in einer Masse, ich bin allein in einer Masse, wir haben etwas gemeinsam. Oder: Er ist in Gefahr, ich war in Gefahr, ich fühle mit ihm.

Auf der Platte ist das Konzert eine ganz andere Angelegenheit. Es gleicht einer Massenszene im Film: Wir sehen die Masse durch die Augen des Helden. Unmittelbar sind wir frei, uns mit den Meditationen des Solisten zu identifizieren – und sie scheinen Meditationen, nicht Ankündigungen. Aber dies ist weniger wahr, wenn die Aufnahme-Balance zwischen dem Solisten und dem Orchester den Konzertsaal nachahmt, wo der Solist ziemlich weit nach hinten gerückt ist, so daß er beinahe einer aus dem Orchester ist. Wenn ein Kritiker auf diesem Punkt besteht, ist es, als ob ein Filmkritiker darauf bestünde, daß alle Massenszenen aus mittlerer Entfernung aufgenommen werden müßten. Das Ergebnis ist weder die leichte Identifikation mit dem Solisten, die die wahre Phonographie zuläßt, noch die schmerzlichere, wahrscheinlich authentischere Sympathie des Konzertbesuchers für den Solisten, den er sehen kann.

Auf dem Gebiet der Klassik ist die Autorität des Produzenten nicht nur durch den Interpreten begrenzt, der der endgültigen Mischung zustimmen muß, sondern auch durch den Komponisten, der Noten auf Papier geschrieben hat. Zwar ist die Wahrscheinlichkeit, daß der populäre Komponist noch lebt, höher als beim klassischen Komponisten, doch die Wahrscheinlichkeit, daß das, was er geschrieben hat – wenn er es überhaupt niedergeschrieben hat – auch respektiert wird, ist geringer. Auf dem populären Gebiet kommt der Produzent also zu seinem Recht. Gleicht der klassische Produzent dem Filmregisseur, der Bühnenstücke getreulich auf die Leinwand übersetzt, so ähnelt der populäre Produzent eher dem Typus des Filmregisseurs, der nach einem skizzenartigen Drehbuch arbeitet, das er während der Dreharbeiten verändert. Auf dem populären Gebiet sind Noten und Akkorde etwa so wichtig wie geschriebene Rezepte in Bubbes Küche. Das wirkliche Kochen geschieht im Studio.

Die Genealogie des populären Produzenten läßt sich nicht so leicht aufdröseln. Zunächst einmal ist es schwierig, einen einzelnen, besonderen Begründer zu finden – wenn es nicht Edison sein soll, der für seine unmusikalischen, aber empfindlichen Ohren und seinen entsetzlich schlechten Geschmack bekannt war (»Wer hat Ihnen erzählt, sie seien ein Klavierspieler?« soll er Rachmaninow gefragt haben). Aber es waren Edison und seine Assistenten, die zuerst erfolgsträchtige Künstler dazu überredeten, vor einen Trichter zu stehen und eine einzige Nummer Hunderte von Male zu wiederholen, während sie an dem Apparat herumspielten; und dies war die ursprüngliche Rolle des Produzenten. Sie entwickelte sich dann zu einem Job wie dem Gaisbergs als Unternehmer, Techniker und Künstler. Aber erst in den dreißiger Jahren tauchte eine Figur von Gaisbergs Größe auf dem populären Gebiet auf. Das war John Hammond, dessen Expeditionen in Amerika wie die Gaisbergs in Europa Schätze zutage förderten: Bessie Smith, Count Basie, Teddy Wilson, Billie Holiday und später Aretha Franklin und Bob Dylan. Gaisberg jedoch zeichnete hauptsächlich geschriebene Musik auf, die in einem Sinn schon aufgezeichnet war. Hammond dagegen verfolgte die Musik in vollem Fluß – eine mündliche Tradition, deren Essentials nicht niedergeschrieben und deshalb überhaupt nicht aufgezeichnet werden konnten, ausgenommen mit Hilfe des Phonographen.

Pete Seeger (auch bei Hammond unter Vertrag) wiederholte gern einen Ausspruch seines Vaters, des Musikwissenschaftlers Charles Seeger: »Ein Volkslied in einem Buch ist wie das Foto eines Vogels im Flug.« Das galt auch für ein Volkslied, das von einem Melograph aufgezeichnet war, einem Fundamentalfrequenz-Analysegerät, das Charles Seeger erfunden hatte und das ethnische Musik sehr sehr viel genauer beschreiben konnte als die westliche Notenschrift; es galt aber auch für ein von einem Phonographen aufgezeichnetes Volkslied. Ein Musikethnologe befaßt sich mit dem ganzen Flug einer Tradition. Aber Hammond, dessen Job oft der Feldforschung eines Musikethnologen wie Charles Seeger oder Alan Lomax ähnelte, befaßte sich nicht mit dem ganzen Flug, sondern mit Momenten von seltener Schönheit.

Wonach er suchte, war nicht die typische, sondern die außergewöhnliche Jazz- oder Blues-Aufführung. Indem er diese außergewöhnlichen Aufführungen fand und anregte und sie zu dauerhaften Objekten machte, verwandelten er und seine Kollegen die Volksmusik in Kunstmusik. Und seine schlechten Kollegen verwandelten Volksmusik, indem sie das Typische nahmen und es rigide machten, in populäre Musik.

Zuerst waren es nicht die Produzenten, sondern die Komponisten, Arrangeure, Musikverleger, Interpreten und die ganze *brigade de cuisine* des Tin Pan Alley, die dies taten. Erst in den fünfziger und sechziger Jahren nahmen Produzenten die Gestaltung der populären Musik in die Hand. Sam Phillips, ein weißer Ingenieur mittleren Alters, der Aufzeichnungen von B. B. King, Howlin' Wolf und Junior Parker in seinem Memphis Studio machte, wünschte, er »könne einen weißen Künstler finden, der dasselbe Gefühl, denselben Touch und dieselbe Spontaneität in seine Songs legt«. »Er wußte, was er hören wollte«, bestätigte Conway Twitty, »und jeden, der in sein Studio trat – egal, was für eine Musik er sang – drängte er in eine bestimmte Richtung.« Als Elvis Presley kam, drängte er ihn in die Richtung eines im Tempo hochfrisierten Blues, und das Ergebnis war Rock and Roll. Es war wahrscheinlich eine Idee, die längst fällig war und die mit oder ohne Sam Phillips gekommen wäre. Aber der Detroit Sound des nächsten Jahrzehnts war zu einem großen Teil die Schöpfung von Produzenten und hätte anderswo als in den

Studios nicht geschaffen werden können. Berry Gordy, ein Automobilindustriearbeiter und Songschreiber, der Tamla-Motown mit von seiner Schwester geborgten 700 Dollar gründete, übertrug mit großem Erfolg die Methoden der Fließbandproduktion auf die Musik. Gordy und seine angestellten Produzenten (darunter Brian Holland, Lamont Dozier, Smokey Robinson und Harvey Fuqua) nahmen ehrgeizige innerstädtische Talente, fütterten sie mit Songs aus Studio-Arrangements und brachten einen glatten Sound hervor, der sowohl die Schwarzen, die in die Vorstädte wollten, wie die Weißen, die ihnen entkommen wollten, ansprach. Dieser »Sound des jungen Amerika« war so gepflegt, daß ein gespielter Akzent oder die Andeutung eines Stöhnens erregend sein konnten. In seiner Ausbeutung der Intimität des Mikrophons, dem Glanz seiner hohen Frequenzen und der Traumartigkeit eines undifferenzierten instrumentalen Hintergrunds war Motown ein wirkliches Studioprodukt, obgleich die meisten auftretenden Künstler auch populäre Bühnenkünstler waren. Als solches konnte es Hörer zusammenbringen, die sich nie vor derselben Bühne versammelt hätten.

Obgleich technisch »unabhängig« war die Motown Organisation in mancher Hinsicht einem Hollywood Filmstudio mit einem standardisierten Produktionsstil sehr ähnlich. Der erste *auteur* unter den Produzenten war Phil Spector, ein Sänger und Songschreiber, der mitten in seiner Karriere (im Alter von zwanzig) in die Produktion überwechselte. Die Plattenfirma, die er in Los Angeles gründete, bestand aus einem einzigen Arrangeur, einem einzigen Chefingenieur, einem kleinen Team von Session Men, und einem einzigen Produzenten, dessen Name auf dem Plattenlabel erschien und in den Namen des Labels eingebettet war. In Phils »kleinen Symphonien für die Kinder« wurden Gruppen wie die Crystals, die Ronettes und die Righteous Brothers auf ein Meer von Kitsch gesetzt – Violinen und Saxophone, Donner und Regen. In seinem drangvollen Solipsismus, seinem Perfektionismus, seiner verrückten Bastelei war Spectors Werk wahrscheinlich die erste völlig selbständige Phonographie auf dem populären Gebiet. Wie Glenn Gould war Spector ein Einsiedler und

Exzentriker; wie Walter Legge heiratete er sein eigenes Geschöpf, Veronica von den Ronettes; und wenn diese Vergleiche auch blasphemisch sein mögen, so weisen sie doch auf bestimmte phonographische Grundzüge.
Der größte Teil von Spectors Produktion war perfekter Schund, aber sein Einfluß auf seine musikalisch besseren Kollegen war immens. Frank Zappa (der auch Varèse gehört hatte) und die Beatles (die ihn wahrscheinlich nicht gehört hatten) machten bei der Herstellung von Schallplatten dort weiter, wo Spector angekommen war, erweiterten sie von Singles in Alben und erhoben Kitsch zu Dada. Spector arbeitete später mit den Beatles, gemeinsam und einzeln, mit gemischtem Erfolg. Zu ihrer besten Zeit hatten die Beatles eigene Ideen und brauchten einen Produzenten, der sie ausführte. (George Martin, der die meisten der großen Beatles-Alben produzierte, war ein überragender Ingenieur und praktischer Musiker, und seine Erfahrung aus der Herstellung von Comedy-Alben für die Goons war sicher hilfreich, LPs wie *Sgt. Pepper* dramatische Kontinuität zu geben.) Zappa war fast von Anfang an sein eigener Produzent.

Der selbstproduzierte Künstler, der dritte Typ des Produzenten auf dem populären Gebiet, ist jetzt der herausragende Typ. Etliche gingen aus der Motown Factory hervor, bekannt sind Smokey Robinson, Marvin Gaye und Stevie Wonder, während die benachbarten Welten von Soul und Funk Curtis Mayfield und George Clinton hervorbrachten. Weiße Musiker lernten die Studiokniffe langsamer. Zappa war der Pionier, der sich die Produktion aller seiner Platten bis auf die erste anrechnen konnte; auf *Hot Rats* liest sich das so: »Dieser Film für Eure Ohren wurde produziert und dirigiert von Frank Zappa.« Wie Chaplin, Orson Welles oder Woody Allen sind alle diese Künstler gleichzeitig Autor, Schauspieler und auteur. Manche sind in dieser Richtung weitergegangen als wichtige Filmemacher und spielten gleichzeitig alle Rollen auf einer Platte. War dies für Paul McCartney oder Tom Fogerty noch ein Trick, so ist es für Mike Oldfield und Stevie Wonder ein natürliches Mittel zum Selbst-Ausdruck. Die meisten der Genannten produzieren auch Platten anderer Künstler. Ihnen gelingt es oft, einem Künstler zu seiner eigenen Stimme zu verhelfen, entweder weil sie mit Künstlern arbeiten, für die sie stilistische Sympathie empfinden, oder weil sie wissen, wann ein Künstler sich selbst überlassen bleiben muß. Zappa gab als Produzent seinem Freund Don Van Vliet die Freiheit, die er brauchte, um sein erstes wirkliches Captain Beefhart Album, *Trout Mask Replica,* zu machen. Und Brian Eno ist vielleicht bekannter für die von ihm produzierten Bands, wie Talking Heads, als für seine eigenen Platten.

Es gibt noch andere Arten von Produzenten. Da gibt es den Freiberufler, der für einen bestimmten vermarktbaren Sound bekannt ist, den er gegen Bezahlung wie eine Sauce dem Werk einer willigen Band verpaßt. Dann gibt es den Techniker, der die Anordnungen der technisch unbedarften Kunden ordentlich ausführt. Dann gibt es den festangestellten Produzenten in der Motown-Tradition, der das Rohtalent so schleift, daß es auf den Company-Leisten paßt. Dann gibt es im Disco-Produzenten den Überlebenden vom Spector-Typ, dessen Gruppen nur dem Namen nach existieren und deren Identität sich in einen Pool von Studiomusikern auflöst. Und dann hat Sam Phillips Typ in Männern wie Jerry Wexler von Atlantic überlebt, der Aretha Franklin der glücklosen Columbia abwarb, sie bei Muscle Shoals in ein Studio setzte und sie in »I Never Loved a Man« (The Way I Love You) warf, wie man ein brennendes Streichholz in Petroleum wirft.

Aber letztlich ist es der künstlerische Produzent, der musikalische Schöpfer, dessen Impuls es ist, Platten zu machen, der die zentrale Rolle in der Entwicklung der Phonographie als einer Kunst spielt. Dies stimmt sogar, wenn der Künstler nicht technisch der Produzent ist, und es stimmt auf jedem Gebiet der Musik.

Woher stammt dieser Impuls, Platten zu schaffen? Wir betrachten den schwierigsten Fall zuerst. Das Werk eines klassischen Komponisten steht üblicherweise vollständig auf Papier. Geld und Ruhm gewinnt er (wenn überhaupt) durch die Wirksamkeit seiner Feder und wenn berühmte Interpreten sein Werk spielen und aufzeichnen. Was sollte ihn veranlassen, sie selbst aufzuzeichnen?

Zeichen auf Papier können mißinterpretiert werden. Ein Komponist mit unorthodoxen Ideen über Rhythmus und Klang, dessen Werk nicht bequem in der deutschen Tradition der idealen Musik ruht, sondern ein starkes sinnliches Element hat, wird seinen Interpreten die Zügel nicht zu locker lassen wollen. Daher überrascht nicht, daß gerade Komponisten der russischen und französischen empirischen Tradition lebhaftes Interesse am Phonographen gezeigt haben. Ich erwähnte schon Prokofiew. Rachmaninow zeichnete viel von seinem Werk auf, Ravel einiges. Strauss und Elgar, die viel von ihrem Werk auf Schallplatte aufnahmen, waren zwar nicht französisch oder russisch, aber sie *waren* interessiert an Orchesterfarben. Strawinsky, der erste Komponist, der es unternahm, alle seine Werke aufzunehmen, schrieb, daß seine Schallplatten für Columbia »die Bedeutung von Dokumenten hätten, die allen Interpreten meiner Musik als Anleitung dienen können«.

Wenn der Komponist der Interpret ist, dann zeichnet die Platte immerhin die Intention des Komponisten auf (vorausgesetzt er ist ein guter Interpret). Er wird zu einem Phonographiker; wenn er auch nicht im Aufnahmestudio komponiert, so könnte er es doch tun. Er kann seine eigenen Markierungen mißachten, aber er muß sie spezifizieren - Phrasierungen, Dynamik und dergleichen eher durch Demonstration als durch Beschreibung anzeigen.

Aber auch dann schreibt und veröffentlicht ein Komponist noch immer seine Musik, was er nicht täte, wenn er dächte, daß niemand sie lesen oder reproduzieren würde. Sein Wunsch, zukünftige Interpreten seiner Musik anzuleiten, deutet einen Glauben an, daß es solche Interpreten geben wird und den Wunsch, daß es von Sao Paolo bis Tokio Klaviere und Orchester geben soll, die mehr oder weniger austauschbar sind. Sie können alle Beethoven spielen, und mit ein paar Extra-Instrumenten können sie alle Strawinsky spielen. Die gemeinsame Sprache wird gezwängt und gedehnt, aber sie hält. Und die gemeinsame Sprache ist etwas Wunderbares. Sie läßt uns mit Bach sprechen, gerade wie die Sprache der Mathematik uns mit Leibniz sprechen läßt. Und daß wir Bach auf einem modernen Klavier oder Cello spielen, ist unter diesem Blickwinkel unerheblich, gerade wie die Tatsache, daß wir mit einem Computer rechnen.

Aber angenommen, das Interesse an Musik wäre weniger abstrakt, eher sinnlich; oder im Gegenteil so abstrakt, daß man sich an Viertelnoten, Halbtönen und den historischen Akzidenzien, etwa den Instrumenten des Orchesters, wundscheuert. Angenommen, man wollte Musik so direkt machen wie ein Maler malt. Ein Maler wäre empört, würde man ihn darum bitten, ein Werk zu schaffen, indem er die Koordinaten von Pünktchen und die Zahlen der Standardfarben aufschriebe, die wir dadurch interpretieren könnten, daß wir die Punkte verbinden und die Farben entsprechend den Nummern einsetzen. Aber das gerade wird von einem Komponisten verlangt.

Möglicherweise wäre Strawinsky, wäre er auf dem von Le Sacre angedeuteten Weg geblieben, der erste gewesen, der diese malerische Freiheit verlangt und sie in irgendeiner neuen Form der Phonographie erreicht hätte. Er war, wie ich schon sagte, damit beschäftigt, seine Intentionen auf Platte aufzuzeichnen, und 1925 schrieb er ein Klavierstück, die Serenade in A-Dur, ausdrücklich für die Aufzeichnung (Leoncavallo hatte 1904 das Lied »Mattinata« für Schallplatte geschrieben). Außerdem hat er Musik für eine Klavierwalze geschrieben, in der bis zu dreißig Töne auf einmal angeschlagen wurden. Und Mechanik (Puppen, Uhrwerk, Singvögel) sind in seinem Werk ein explizites Thema.

Als Neoklassiker jedoch interessierte sich Strawinsky mehr dafür, das Klangspektrum zu verengen und zu verfeinern als es auszudehnen. So fiel die Aufgabe, eine malerische, ja bildhauerische Freiheit für die Musik zu finden, an einen Mann, der mit Modigliani in der Closerie des Lilas getrunken, der Cocteau mit Picasso bekanntgemacht hatte, und sein ganzes Leben lang, wie er sagte, »eher enger mit Malern, Dichtern, Architekten und Wissenschaftlern verbunden war als mit Musikern«. In Edgar Varèse flossen eine Reihe von mächtigen Einflüssen zusammen, darunter die romanischen Kathedralen Burgunds, wo er aufgewachsen war, das spröde Organum Pérotins, dem er wahrscheinlich zum ersten Mal in der Schola Cantorum in Paris begegnete, die akustischen Experimente von Helmholtz, zwei kleine Sirenen vom Flohmarkt, mit denen er Experimente veranstaltete, die frühen Werke von Strawinsky, die Definitionen von Musik des polnischen Philsophen Hoene-Wroński als »die Verkörperung der Intelligenz, die im Klang liegt« – eine Definition, sagte Varèse, »die mich dazu brachte, die Musik als organisierten Klang und nicht mehr als geheiligte und streng gesetzte Noten zu begreifen«.

Unter den älteren Musikern, die von diesem hübschen Rebellen beeindruckt waren, war Debussy, dessen offenes Ohr (»Ich beschwöre jede Musik herauf, die es gibt«, soll er gesagt haben, »und dann lasse ich aus, was mir nicht gefallen will«) ihn, neben Berlioz, zum wichtigsten französischen Einfluß auf Varèse machte. Debussy hatte etwas gegen mechanische Musik, aber zeichnete seine eigene Musik bereitwillig auf Klavierwalzen auf, und ein Brief an Varèse kann erklären, warum: »Sie haben ganz recht, sich dem Klavier zuzuwenden ... man wird so oft von sogenannten Pianisten betrogen ... Sie können sich nicht vorstellen, wie meine Klaviermusik verstümmelt worden ist, so weit sogar, daß ich sie kaum erkenne.« 1907 brachten der Sog von Strauss und Busoni Varèse nach Berlin, wo er sich mit beiden anfreundete. Zu Busoni fühlte sich Varèse weniger durch den legendären pianistischen Stil oder die Realität seiner Musik hingezogen als durch die Vision dessen, was Musik sein wird. In Paris hatte Varèse Busonis *Entwurf einer neuen Ästhetik der Tonkunst* gelesen: »als ich an die Stelle kam ›Frei ist die Tonkunst geboren und frei zu werden ihre Bestimmung‹ war es, als hörte ich das Echo meines eigenen Denkens«, erinnert er sich.

In diesem Buch klagt Busoni über die Zwangsjacke, die die Notation, das tonale System und sein Tasteninstrument der »unendlichen Abstufung« des Klangs auferlegt hatten. »Denn unser ganzes Ton-, Tonart- und Tonartensystem ist in seiner Gesamtheit selbst nur der Teil eines Bruchteils eines zerlegten

Strahls jener Sonne ›Musik‹ am Himmel der ›ewigen Harmonie‹.« »Jede Notation ist schon Transkription eines abstrakten Einfalls. Mit dem Augenblick, da die Feder sich seiner bemächtigt, verliert der Gedanke seine Originalgestalt.« Als einen ersten Schritt auf die Unendlichkeit hin schlägt Busoni ein System von in Sechstel unterteilten Ganztönen vor und deutet an, daß das neu erfundene Dynamophon des Dr. Thaddeus Cahill, über das er in einem amerikanischen Magazin gelesen hatte – ein primitiver elektrischer Synthesizer, auf dem »die unendliche Abstufung der Oktave einfach das Werk eines Hebels« ist – als ein erstes Instrument der neuen Musik dienen könne.

In Berlin besuchte Varèse Busoni sehr oft, um über die Zukunft der Musik zu spekulieren, seine eigene Musik kritisieren zu lassen, und der Pianist – der vielleicht Romain Rollands Beschreibung von Varèse als »einer Art junger Beethoven, gemalt von Giorgione« entsprochen hätte, bis auf die milderen Augenbrauen und den besorgteren, weniger durchbohrenden Blick – war für mich so »befruchtend wie Sonne und Regen und Dünger für den Boden«. Doch Varèse stellte überrascht fest, daß Busonis »musikalischer Geschmack und seine eigene Musik so orthodox« waren. Es war, als fühlte Busoni die Sonne der »absoluten Musik«, könnte aber, anders als Varèse mit seinen Adleraugen, nicht ertragen hinzusehen. Busoni praktizierte manches von den radikalen Dingen, die er predigte, aber nicht die, die Varèse interessierten; und da Busonis Ideal Mozart war, klang seine Musik oft zahmer als sie wirklich war. Seine anti-realistische Theorie der Oper wurde von Kurt Weill, einem Schüler in seiner privaten Kompositionsklasse, besser realisiert als von ihm selbst; seine Theorie der absoluten Musik eher von seinem Schüler Otto Luening und von Varèse.

1915 kam Varèse auf der Suche nach Millionären und Wissenschaftlern, die ihm das neue Instrument, das er brauchte, bauen würden, nach Amerika. »Wonach ich suche«, erzählte er dem *New York Telegraph*, »sind neue mechanische Medien, die sich selber jedem Ausdruck des Denkens entgegenneigen und mit dem Denken Schritt halten.« In der Zwischenzeit produzierte er eine Reihe von Werken für existierende Instrumente – Instrumente der Standardorchester und andere, von denen man nie gehört hatte, in Kombinationen und Intensitäten, die zu hören wenige Zuhörer aushalten konnten, die aber dennoch dank der Bemühungen von Stokowski und des Internationalen Komponistenverbandes, den Varèse gründete, zu hören waren. *Amériques* führt eine Sirene ein, eine Peitsche und »Löwengebrüll«, *Intégrales* chinesische Klötze, Schlittenglocken, Ketten, einen Gong, ein Tam-tam und eine Pritsche. *Arcana* erweitert ein wagnerisches Orchester um vierzig Perkussionsinstrumente. *Ionisation* verzichtet auf das Orchester und erreicht Sublimität mit siebenunddreißig Perkussionsinstrumenten und nichts anderem. Nachdem er Dr. Cahills Dynamophone in New York gehört hatte und enttäuscht war, wartete Varèse bis 1933, ehe er elektronischen Klang in einer Partitur verwendete. Diese Partitur war *Ecuatorial*, in der eine großartige Gesamtwirkung dadurch erreicht wurde, daß der Klang von zwei Instrumenten, die ihm der Erfinder Leon Theremin (ersetzt in einer späteren Version durch Ondes Martenot) gebaut hatte, einem von Baß-Stimmen gesungenen Maya-Text gegenübergestellt wurde. Aber dies war immer noch sehr weit von dem entfernt, was er im Sinn hatte.

»Ich bin in jedem Augenblick behindert durch die Armut der Ausdrucksmittel, die mir zur Verfügung stehen«, erzählte er einem Interviewer. »Ich bräuchte, um meine persönlichen Konzeptionen auszudrücken, ein völlig neues Ausdrucksmittel«, erzählte er einem anderen. »Eine Klangmaschine - und nicht eine Maschine für die Reproduktion von Klang. Was ich komponiere, wie immer meine Botschaft lautete, würde dann, ohne durch Interpretation verändert zu werden, direkt an meine Hörer übermittelt ... Das Prinzip ist dasselbe, wie wenn man ein Buch öffnet, um es zu lesen.« Er schlug ein Musiklabor vor, in dem Musiker und Wissenschaftler die Gesetze des Klanges und die Möglichkeiten der Klanglichkeit erkunden würden, unterstützt durch »eine Sammlung von Phonographenplatten so vollständig wie möglich, die die Musik aller Rassen, aller Kulturen, aller Zeiten und aller Tendenzen umfassen würde«. Der Plan wurde erst mit Boulez IRCAM 1977 ganz realisiert; die Welt der dreißiger und vierziger Jahre hatte andere Prioritäten.

1937 hörte Varèse auf zu komponieren. 1939 experimentierte er mit Hilfe eines Ingenieurs mit elektronischer Musik, indem er die Geschwindigkeit eines phonographischen Plattentellers veränderte. Im selben Jahr machte John Cage dasselbe in der ersten seiner *Imaginary* Landscapes. Cage komponierte, Varèse nicht. »Ich schreibe nicht experimentelle Musik«, sagte Varèse einmal. »Meine Experimente liegen vor meinem Musikmachen. Danach ist es der Hörer, der experimentieren muß.« Cage schrieb später, in mancher Hinsicht sei »Varèse ein Künstler der Vergangenheit. Statt mit den Klängen als Klängen umzugehen, geht er mit ihnen als Varèse um.«

Die Chance, mit elektronischen Klängen so umzugehen wie Varèse wollte, ergab sich in den fünfziger Jahren mit dem Tonbandgerät. Als Varèses Anträge an die Guggenheim Foundation, die Bell Laboratories und verschiedene High Fidelity Konzerne abgelehnt worden waren, hatte ihm ein unbekannter Wohltäter eine große Ampex-Maschine gegeben. Sofort machte er sich daran, die elektronischen Interpolationen für *Déserts* zusammenzukleben, sein work-in-progress für Blasinstrument, Klavier, Percussion und Band. Auf Einladung von Pierre Schaeffer, einem Verfechter der *musique concrète,* (dem Collagieren von auf Band genommenen natürlichen Tönen, die Varèse als zu einfach gedacht verwarf, wie er auch den Futurismus verworfen hatte), vervollständigte Varèse die Bandabschnitte in den Labors des Französischen Rundfunks. Die erste Aufführung mit Musikern des ORTF flankiert von Lautsprechern, wurde 1954 im Théâtre des Champs-Elysées gegeben und live in Stereo übertragen.

Zu dieser Zeit hatten Otto Luening und Vladimir Ussachevsky in New York und Karlheinz Stockhausen in Köln verschiedene Experimente mit elektronischer Musik produziert; aber es waren Experimente. Varèse dagegen hatte ein halbes Jahrhundert lang elektronische Musik im Sinn gehabt; in dem Moment, als ihm die Geräte in die Hand gedrückt wurden, wußte er, was er mit ihnen tun sollte. *Déserts* drückte all die Leere jener fünfzig Jahre in einer Sprache aus, die vor Fülle explodierte. Und etwas wie ein Paradox ist hörbar in der seither produzierten großen elektronischen Musik und vor allem in der großen Phonographie. Stockhausens *Gesang der Jünglinge* von 1956 war wahrscheinlich der erste würdige Nachfolger von *Déserts*, und Morton Subotnicks *The Wild Bull* von 1971, von Nonesuch Records in Auftrag gegeben, wahrscheinlich der populärste – beide inspiriert, wie *Ecuatorial*, von antiken Texten. Wie Varèses *Poème électronique* von 1956 waren diese Werke nur für Tonband. Obgleich gelegentlich Zuhörer während der Aufführung dieser Werke in einem Konzertsaal sitzen und auf Lautsprecher starren mußten, sind die meisten Werke für Tonbandgerät dazu gedacht, daß sie auf Platte oder am Radio gehört werden. Stockhausen hat geschrieben:

> ... Ich kann solche Musik am besten hören und meine Phantasie ist am freiesten, wenn ich allein bin, nur einfach höre, vorzugsweise mit geschlossenen Augen, um damit auch die Dinge um mich herum auszuschließen. Dann öffnet sich das innere Auge den Visionen in Zeit und Raum, die über das hinausgehen, was die Gesetze der physischen Welt um uns erlauben... Die elektronische Musik hat die innere Welt befreit, denn man weiß, daß es außerhalb einem selbst nichts zu sehen gibt und daß kein Sinn darin liegen kann, danach zu fragen, womit und mit welchen Mitteln die Klänge und die akustischen Formen produziert werden.

Man sollte beachten, daß das *Poème électronique* mit offenen Augen und mit dem Blick auf Bilder gehört werden sollte, die auf die vielkuppelige Decke des Philips-Pavillon auf der Brüsseler Weltausstellung von 1958 projektiert wurden. Varèses Musik wanderte durch vierhundert Lautsprecher und bewegte sich durch den Raum, wie er es fünfzig Jahre früher gewollt hatte. Der Pavillon, an dem neben Varèse Le Corbusier und Iannis Xenakis mitgearbeitet hatten, wurde nach der Weltausstellung abgerissen. Varèse rekonstruierte im Columbia-Princeton-Labor eine Zwei-Kanal-Version des *Poème*, und diese wurde auf Schallplatte veröffentlicht. Jedenfalls waren Schallplatten in Varèses Laufbahn außerordentlich wichtig, besonders die LP mit *Integrales*,

Density 21.5, Ionisation und *Octandre*, aufgenommen von Frederic Waldman unter der Gesamtleitung des Komponisten. Sie fand sogar ihren Weg nach La Mesa, Kalifornien, wo ein Dreizehnjähriger namens Frank Zappa darüber stolperte, während er Joe Houston-Platten suchte.

Varèses gezackte Traditionslinie ist nicht der Hauptstrom der elektronischen Musik. Die fließt aus den gefälligeren Kompositionen von Luening und seinen Kollegen, und sie fließt in den riesigen Pool von Muzak. Wie RCAs Demonstrationsplatte von 1955 nicht umhin konnte zu demonstrieren, ist die natürliche Stimme eines Synthesizer – die reine Sinuswelle – sanft und einfach, und die natürliche Tendenz eines Audio-Ingenieurs ist es, sie zu komplizieren und zugleich ihre Sanftheit beizubehalten. Neben einer Version von Bachs *Fuge in c-Moll*, »auf einem Synthesizer im Stil eines Clavichord« gespielt, die Wendy Carlos Version antizipiert, gibt es ein monströses Arrangement von »Blue Skies«, das Dutzende von überflüssigen Teilen übereinanderschichtet, wobei sich jedes den Zunahme-, Abnahme- und Obertoncharakteristiken von konventionellen Instrumenten so sanft nähert wie ein Mannikin einen Mann imitiert. Ein typisches Beispiel für diese Tradition in »seriöser« Musik ist Subotnicks Auftragsarbeit für Nonesuch von 1969, *Silver Apples of the Moon*.

Sanftheit des Tons kann eine Tugend sein, wenn das Interesse des Komponisten so mathematisch ist wie Charles Wuorinens in *Time's Encomium*, einem Nonesuch Auftrag, der 1970 den Pulitzer-Preis für Musik gewann. Man könnte behaupten, daß Wuorinen, Babbitt und andere aus der Columbia-Princeton-Achse die legitimen Erben von Varèses wissenschaftlichen Anliegen seien. Wenn aber diese Anliegen einmal der Dringlichkeit des Mythos beraubt sind, kann man komponieren, bis man blau wird, ohne den Durchschnittshörer davon zu überzeugen, sie zu teilen.

Den Durchschnittshörer zu überzeugen ist nicht eine von Babbitts Prioritäten, wie sein Artikel von 1958 »Who Cares If You

Listen?« klar macht (auch wenn der Titel von *High Fidelity* und nicht von Babbitt stammt). Nicht zufällig führt der Artikel noch einige weitere Gründe auf, warum die zeitgenössische Musik die Phonographie, besonders die elektronische, den Konzerten vorzieht. Zunächst einmal fordert die erhöhte »Effizienz« der modernen musikalischen Sprache, wo jedes »›atomische‹ Ereignis in einem fünfdimensionalen musikalischen Raum, determiniert durch Tonhöhenklasse, Register, Dynamik, Dauer und Timbre« lokalisiert ist, »auch vom Transmitter (Ausführenden) größere Genauigkeit« und »erzeugt so das Bedürfnis nach rein elektronischen Medien der ›Aufführung‹«. Das Hauptproblem bei den Konzerten sind dennoch nicht die Ausführenden. Es ist das Publikum. Avancierte Musik, wie avancierte Arbeit in Mathematik, Philosophie und Physik ist jenseits des Begriffsvermögens des »normalen, wohlgebildeten« Laien. »Die Annehmlichkeiten des Konzertgehens schützen sein sicher geäußertes ›Ich mochte es nicht‹ vor jeder näheren Überprüfung.« Derselbe Laie, »der zufällig in einen Vortrag über ›Punktuellen periodischen Homöomorphismus‹« geriete, würde kaum mit einer solchen Äußerung davonkommen. Babbitt kommt zu dem Schluß, »der Komponist würde sich und seiner Musik einen sofort wirksamen und endgültigen Gefallen tun, wenn er sich total, resolut und freiwillig von dieser öffentlichen Welt in eine Welt der privaten Aufführung und der elektronischen Medien zurückzöge, mit ihren sehr realen Möglichkeiten der vollständigen Elimination der öffentlichen und sozialen Aspekte der musikalischen Komposition.« (Wenn dies ein bißchen wie Gould klingt, so ist in einer Hinsicht Babbitt realistischer: er erwartet, daß der Komponist sich selbst ernähren kann, nicht mit Tantiemen, sondern mit einem Posten an der Universität.)

Obgleich Babbitt den Eindruck erweckt, als brauche er Schallplatten, um dem Publikum zu entgehen, verwendet er sie in Wirklichkeit, um eines zu erreichen – sein Publikum. Qualifizierte Zuhörer gibt es wenige, und sie sind weit gestreut; durch Auswahl ihrer Platten wählen sie sich selbst aus. Der Plattenhörer kann wiederholt hören. Er muß nicht nach dem ersten Hören durch Applaudieren oder Unterlassen des Applauses oder Zischen sein Verdikt fällen. Er kommuniziert mit dem Komponisten gleichberechtigt, in intimer Distanz; ob dies nun, wie Gould sagt, der beste Weg der Kommunikation mit allen Musikern ist oder nicht, es ist jedenfalls ein guter Weg, mit Musikern wie Babbitt zu kommunizieren. Und moderne Komponisten, die auf ein größeres Publikum hoffen als das Babbitts, wissen, daß Platten ihre beste Hoffnung sind.

Noch etwas kann der Plattenhörer tun, nämlich Plattentexte sorgfältig lesen, und zwar in Verbindung mit wiederholtem Hören. Die »effiziente« Sprache der modernen Musik bedarf oft der Kommentare, die die modernen Komponisten häufig nur allzugern liefern. Plattentexte enthüllen Prozesse, die das nackte Ohr vielleicht nicht entdecken würde; je abhängiger ein Stück von dem Prozeß oder Konzept ist, desto wichtiger werden die Plattentexte. Manchmal sind die Texte die Musik, wie in Alvin Luciers *I am Sitting in a Room*: der Komponist liest einen Text, in dem der Prozeß erklärt wird, der darin besteht, diese Erklärung zurückzuspielen und wiederaufzunehmen, bis die Resonanz des Raumes sie unkenntlich macht. Wenn die Musik, wie Cages *4'33"*, reines Konzept ist, sind die Plattentexte nötig, die Platte aber nicht.

Im allgemeinen glauben moderne Komponisten, die Meisterwerke – Stücke in dieser Absicht – machen wollen, an Schallplatten; Strawinsky, Schönberg, Varèse, Babbitt und Boulez sind gute Beispiele. Aber moderne Komponisten, die an ihr Werk nicht als an ein Ding, sondern als einen Prozeß glauben, wozu zufällige Operationen gehören oder Improvisationen durch die Ausführenden oder Ritual oder ein »Happening«, finden sich weniger gut mit Platten ab. Cage verdammt sie. Stockhausen ist ambivalent, wie in so vielem. Er behauptet, er sei nicht wie Boulez, der, »erpicht darauf, in seinem Werk weiterzuleben, ... nach Autonomie strebt ... und ... dauernd versucht, aus seinem Erfahrungs- und Wissensschatz ›große Werke‹ zu bauen«. Stockhausens bescheidener Wunsch ist es, eine neue mündliche Tradition zu begründen. Obgleich seine Partituren oft »offen« sind,

sind die Aufnahmen, die er mit seinem Ensemble macht, dazu bestimmt, den Spielraum zukünftiger Interpretationen zu verengen. Cage und Stockhausen waren Pioniere der elektronischen Musik, und beide haben Verfahren der Variation und Improvisation bei der Verwendung der elektronischen Ausrüstung und präparierter Tapes erfunden – zum Beispiel die Verwendung des Mikrophons und des elektroakustischen Filters »als eines Musikinstruments« durch Live-Interpreten in Stockhausens *Mikrophonie II* oder Cages Handhabung der elektronischen Regler in den Begleitungen zu Merce Cunninghams Tänzen. Stockhausen war der erste Komponist, der »Partituren« seiner rein elektronischen Werke herstellte, was hieß, sie konnten unabhängig und vielleicht auch ein bißchen anders in einem anderen Labor realisiert werden.

Die Beziehung des Komponisten zum Aufnehmen wird weiter kompliziert, wenn er an seine Musik in den Kategorien des Rituals denkt, wie von Harry Partch, Orff, Britten und manchmal Stockhausen praktiziert. Sie alle haben Plattenaufnahmen ihrer Werke gemacht oder überwacht. Britten hat darüber Klage geführt, daß Schallplatten das traditionelle Musikritual in Kirche und Konzertsaal kurzschließen, aber sein Mitarbeiter Culshaw behauptet, daß Brittens Kirchenopern (»in ihrer ursprünglichen Umgebung kann das Publikum die Ausführenden fast berühren«) wie Stockhausens *Gruppen* und Culshaws eigene Aufnahmen der *Elektra*, Teil einer Rebellion gegen die Proszeniumsloge sind. Mit anderen Worten, die trockene Hülse des Konzert- und Opernrituals wird durch neue (oder wiedererstehende) Formen ersetzt, und eine davon ist das private Ritual der Platten.

Partchs Fall ist noch komplizierter. Seine Kompositionsarbeit bestand zur Hälfte im Bau von neuen Instrumenten – freidrehenden, plastischen Variationen über die Marimba und das Gamelan, die merkwürdige Mikrotöne und Stöße produzierten. Viele dieser Instrumente sind Unikate. Da Partchs exorzistische und oft parodistische Rituale ohne sie nicht aufgeführt werden können, sind sie gewissermaßen rituelle Objekte. Die Reproduktion ihres Klangs, ob dadurch nun ihre rituelle Aura vertrieben wird oder nicht, ist die einzige Möglichkeit, mit der Partchs Musik weithin gehört werden kann. Und dies ist, wie ich sagte, eine wichtige Funktion der Phonographie: Transmission von Musik, die außerhalb der gewöhnlichen Orchestersprache liegt.

Conlon Nancarrows *Studies for Player Piano* sind ein weiteres gutes Beispiel. Es handelt sich um ein Medium jener Art, mit dem Mozart und Strawinsky spielten, aber Nancarrow ist der erste gute Komponist, der ihm sein Leben widmet. Mozarts drei Stücke für Orgelwalze »können ohne Tricks nicht auf dem Klavier gespielt werden«, wie Geoffrey Payzant zeigt. Manches von Strawinsky kann nicht einmal mit Tricks gespielt werden. Aber schon der Gedanke, Nancarrow zu spielen, erschüttert das Hirn. Zur Komposition jeder einzelnen *Studie* verbrachte er Monate damit, sorgfältig kalibrierte Löcher in Papierrollen zu stanzen. Viele Jahre lang konnte man sein Werk nur hören, wenn man zu seinem Haus in Mexiko City wallfahrte, wo seine zwei hochfrisierten Ampico Player Piano wohnen, oder vielleicht auf Band bei einem der seltenen Konzerte mit moderner Musik. (Das Unterfangen, die Rillen für ein Playback auf anderen automatischen Klavieren zu adaptieren oder zu reproduzieren, wäre, obgleich logisch, nicht praktikabel.) Jetzt aber können diese gallertartigen Wunder, deren Entfaltung dem schnellen und schmutzigen Leben von Zellen gleicht, auf Platte gehört werden.

Wie Partchs Chromelodeon oder Nancarrows Ampico fallen auch das Clavichord von Bach und die Viola von Purcell aus der gewöhnlichen Sprache des Klaviers oder des Orchesters. Wir können Bach und Purcell auf modernen Instrumenten spielen, und es ist gut, daß wir das können; aber je tiefer wir in die Vergangenheit der Musik eindringen, desto schrecklicher fühlt sich diese Verzerrung an. Je weniger vertraut uns die harmonische Sprache ist, desto geneigter sind wir, uns die Musik als Klang vorzustellen, und desto besorgter, den Klang der Originalinstrumente zu hören. Wenn wir davon abhängig wären, daß Violen und Clavichords, Schalmeien und Posaunen auch in den kleinen Städten der Welt verbreitet wären, würden wenige von uns je Alte Musik so hören, wie sie zu hören gemeint war. Aber wir haben Platten. Die Originalinstrumente-Bewegung ist so phonographisch wie die Neu-und-Originalinstrumente-Bewegung. Es ist die andere Seite der Medaille. Daher ist man nicht überrascht, in einem Essay Varèses von 1955 seinen Wunsch zu finden, jene Instrumente wiedererweckt zu sehen, »für die Monteverdi, Lully und ihre Vorläufer schrieben«. Was sind denn schließlich diese Aufnahmen mit Originalinstrumenten wenn nicht Wunscherfüllungsträume, geträumt vom Phonographen? Die ideale Aufnahme einer Bach-Kantate auf Originalinstrumenten wäre die, die Bach in der Thomaskirche gemacht hätte.

Auf seiner Wanderung durch Amerika in den Jahren um 1910 machte Jerry Roll Morton Station in Houston. Es tat ihm nicht leid, wieder gehen zu müssen, erzählte er später Alan Lomax, insofern es »dort keinerlei anständige Musik gab ... nur Maultrommeln, Harmonikas, Mandolinen, Gitarren und Leute, die spasmodischen Blues sangen – solange sangen und solange zupften bis ihnen ein anderes Wort einfiel«. Anständig oder nicht, auf diese Art wurde der Country Blues bis in die zwanziger Jahre, als man begann ihn aufzuzeichnen, allgemein gesungen. Blues war eine mündliche Überlieferung, wie Volksballaden und antike Epen. Wobei Form, Auflösung und Umfang vorgegeben waren, weil Blues im wesentlichen lyrisch war. Erzählte ein Blues eine Geschichte, dann nicht eine Legende, sondern etwas, das vor kurzem passiert und für die Stimmung des Songs verantwortlich war. Die Metaphern, die Schmähung, das insistente Gitarrenspiel konnten so lange weitergehen, wie die Erfindungsgabe des Sängers andauerte.

Wenn Morton einen Blues spielte und sang, wurden die Harmonien sorgfältig für eine determinierte Anzahl von Strophen über eine bestimmte Taktzahl verteilt. Als unverbesserlicher Klassizist kannte er den Blues als einen Aspekt des New Orleans Jazz, in dem die Traditionen von Kreolen und Schwarzen sich zur Produktion einer Musik verbanden, die zugleich explosiv und gezügelt war. Als Morton um 1908 begann, »seine besondere

Form der Mathematik und Harmonik, die aller Welt fremd war, niederzuschreiben«, verfestigten sich die Formen des Jazz weiter. Aber niemand – nicht Morton und gewiß nicht W. C. Handy – schrieben den ländlichen Blues nieder. Seine Formen verfestigten sich im Prozeß des Aufzeichnens.

Der »Race Record« Markt wurde 1920 entdeckt, als Mamie Smith bei einer Okeh-Session für Sophie Tucker einsprang, einen unerwarteten Erfolg hatte und dann wieder geholt wurde, um »Crazy Blues« aufzunehmen. Mamie Smith, Ida Cox, Alberta Hunter, Ma Rainey und Bessie Smith waren Vaudeville-Sängerinnen, die zwölftaktigen, etwas verstädterten Country Blues mit Begleitung eines Jazz-Pianisten oder einer kleinen Band machten, und die auf der Bühne eine Nummer dann beendeten, wenn sie alle relevanten Verse, die sie erinnern oder erfinden konnten, gesungen hatten. (Louis Armstrong, der mit Bessie Smith Platten machte, sagte: »Sie hatte immer nur ihren Blues im Kopf, manchmal erfand sie ihn direkt im Studio.«) Auf die Zeitlimits beim Aufnehmen reagierten viele Blues-Sänger, schreibt Martin Williams, »indem sie einfach vier Strophen über (mehr oder weniger) dasselbe Thema zusammenbanden; andere ... versuchten eine Art narrativer Kontinuität«. Aber einige wenige Sänger »machen mehr; sie geben jedem Blues eine spezifisch poetische Entwicklung, die die Begrenzung auf vier Strophen subtil nutzt und eine Art klassische innere Form schafft.« Und so ließ die 24 cm, 78 UpM Platte den klassischen Blues entstehen. Ungefähr dasselbe geschah mit dem ländlichen Blues nach 1925, als Paramount zuerst einen Wandermusikanten aus Texas mit Namen Blind Lemon Jefferson aufzeichnete. Der »spasmodische Blues« hatte sich bald selbst im Griff, und in wenig mehr als einem Jahrzehnt hatte die vier-Strophen-Form die poetische Dichte von Robert Johnsons »Hellhound on My Trail« erreicht.

Blues blieb eine mündliche Überlieferung, aber die Tradition dehnte sich immens aus. Wo Bessie Smith noch mit Ma Rainey touren mußte, um von ihr zu lernen, konnten Victoria Spivey und Billie Holiday und Mahalia Jackson von Bessie Smith lernen, während sie in Texas oder Maryland oder Louisiana blieben und ihre Platten spielten. Auf dieselbe Weise konnte Johnny Winter von Robert Johnson Gitarre lernen, als Johnson zwanzig Jahre tot war. Und die Tradition war kein unablässiger Strom mehr: man konnte zweimal, ein Dutzend Mal in »Backwater Blues« steigen und Größe in dem nachtmährischen Gleichgewicht von Smiths ruhiger Stimme und Fletcher Hendersons seekrankem Klavier finden (die beide auf Papier nicht erhalten wären). Diese Dauerhaftigkeit bedeutete, daß der Blues als eine Kunst betrachtet werden konnte und während der Harlem Renaissance auch wurde. Es bedeutet weiterhin, daß spätere Blues-Musiker weniger frei waren, formelhafte Phrasen als Elemente eines gängigen Vokabulars zu verwenden, weil viele Formeln jetzt mit klassischen Platten gleichgesetzt wurden. Statt einfach ein formelhaft wiederholtes Gitarrenmotiv oder eine Metapher zu verwenden, mußte man entweder seine kanonische Form zitieren oder sie bewußt variieren. Je nach dem, wer dies tat, drängte diese bewußte Variation den Blues ständig in zwei entgegengesetzte Richtungen, auf die Hohe Kunst und auf den Kitsch hin. Man könnte sagen »in Richtung Jazz« und »in Richtung Pop«, aber das wäre nicht fair; die Spannung besteht *innerhalb* des Jazz und *innerhalb* von Pop.

Obgleich der Blues fast von Anfang des Jahrhunderts an Material für Tin Pan Alley lieferte (und dafür einige wertvolle Dinge erhielt), wurde der Blues erst in den fünfziger Jahren zur Basis der populären Musik. Der Country Blues, der in die Stadt gezogen war und die Elektrizität entdeckt hatte, war eine klare und zwingende Form. Er war reif, von Musikern wie Presley und Chuck Berry, die ihn auf den Kitsch hin trieben, und von Musikern wie den Beatles, Dylan und Zappa, die ihn schwerfällig und mit vielen Rückschlägen zu einer sich ihrer selbst bewußten Kunst trieben, aufgenommen zu werden. Im Rock and Roll verschwinden die letzten Spuren einer wirklichen oralen Tradition; das Spiel der kanonischen Veränderungen – Veränderungen über den Kanon der »klassischen« Platten – ist voll in Bewegung. (Die logische Ausweitung ist Dub-Musik, in der man Multitrack-

Variationen über eine einzige Aufnahme erfindet.) Zweck des Spiels ist die Herstellung von Platten – für manche eine Frage der Massenproduktion, für andere geduldiges, ja sogar obsessives Konstruieren. Zu sagen, daß Rock versteinerter Blues sei, ist ein schlechtes Wortspiel, aber nicht ohne Pointe.

Die Wirkung von Platten auf den Jazz war etwas anders. Jazz war nie Volksmusik. Von Anfang an war er sehr raffiniert, eine sehr städtische Art der Unterhaltung. Von Anfang an war sein Publikum weiß wie schwarz. Und ebenso fast von Anfang an argwöhnte sein Publikum, schwarz wie weiß, daß er etwas Außergewöhnliches war, mit einer Beimischung des Dämonischen oder Engelhaften, das ihn von aller bis dahin bekannten Unterhaltung unterschied. Da er jedoch teilweise improvisiert war und in seiner Essenz nicht niedergeschrieben werden konnte und da man ihn üblicherweise hörte, während man unter dem Einfluß von Alkohol, Lust oder Spielleidenschaft stand, konnte man am nächsten Morgen nie ganz sicher sein. Die Musiker wußten natürlich genau, was sie taten. Sie waren stolz – so eifersüchtig wie griechische Heroen und ebenso gewinnsüchtig. Aber vor den zwanziger Jahren wäre nicht vielen von ihnen eingefallen, daß das, was sie taten, mehr als Unterhaltung sein könnte.

Angesichts der Möglichkeit, eine Platte zu machen, konnte sich ein Jazz-Musiker geschmeichelt fühlen. Er würde wohl das Geld schätzen (ohne zu wissen, einen wie kleinen Teil des wahrscheinlichen Profits es darstellt). Er würde die Chance ergreifen, über den Rahmen seiner eigenen Reisen hinaus, sogar über den Rahmen der Legende hinaus, berühmt zu werden. Wenn er, wie die meisten Jazz-Musiker, in einer Art musikalischem Wilden Westen lebte, wo er immer der Herausforderung durch einen neuen Revolverhelden in der Stadt ausgesetzt war, könnte er die Chance begrüßen, seine Leistung ein und für allemal festzulegen.

1917 erschienen die ersten Jazz-Platten. Sie wurden mit einer weißen Gruppe produziert, der Original Dixieland Jazz Band. (Nach Johnny St. Cyr hatte Freddie Keppard zuerst die Chance, aber er lehnte ab und sagte, »er werde nicht die anderen Kerle seine Platten spielen und sein Zeug stehlen lassen«. Die Geschichte klingt wahr: Armstrong erinnert sich, daß in New Orleans Keppard »gewöhnlich ein Taschentuch über seine Tasten hielt, so daß niemand sehen konnte, was er machte«.) 1923 begannen Jelly Roll Morton und King Oliver mit Plattenaufnahmen, und zwei Jahre später begann Louis Armstrong, der die zweite Trompete in Olivers Creole Jazz Band gespielt hatte, mit seiner Serie von Hot Five Platten für Okeh.

Platten und Radio waren die unmittelbare Ursache für die Jazz-Ära. Ihretwegen war das weiße Publikum nicht länger auf Spieler, Gangster und verlorene junge Musiker angewiesen. (Ich meine außerhalb von New Orleans; in New Orleans war Jazz lange schon bei vornehmen Fraternitätsbällen gespielt worden.) Intellektuelle und Gesellschaftsdamen, die die Musik ungern vor Ort aufsuchten, spielten die Platten. Bekannte Komponisten in Europa hörten die Platten und nahmen wahr, daß die populären Transkriptionen von »Jazz« und »Blues« und »Ragtime«, die sie gesehen hatten, blasse Faksimiles waren. Auf den Seiten von *The Nation* und *The New Republic* wurden die neuesten Armstrongplatten von Kritikern der klassischen Musik wie B. H. Haggin analysiert. Es war nicht so, daß auf-der-Platte-sein Ansehen vermittelte; seit Edisons Tagen war eine Menge Schund produziert worden, und der Schundcharakter war durch wiederholtes Hören nur bestätigt worden. Aber es stellte sich heraus, daß der beste Jazz alles andere als Schund war. Wie Haggin später schrieb: Plattenaufnahmen »machen es möglich«, improvisierte Jazz-Veranstaltungen »zu hören und zu besprechen wie ein Stück von Haydn oder Berlioz«. Und die durch Platten erreichte Respektabilität ging auf die Live-Musik über, so daß am Ende der zwanziger Jahre Jazz-Bands in den bürgerlichsten Hotel-Ballsälen gehört werden konnten.

All das ist wohlbekannt. Aber ich will behaupten, daß Platten den Jazz nicht nur verbreiteten sondern auch befruchteten - daß in mancher Hinsicht sie das geschaffen haben, was wir jetzt Jazz nennen. Es ist wichtig, sich zuerst vor allem daran zu erinnern, daß Nummern oft erst kurz vor einem Aufnahmetermin »komponiert« wurden. Da Plattengesellschaften nicht gern Tantiemen zahlen, wenn sie nicht unbedingt müssen, wurden bereits veröffentlichte Melodien vermieden. Kam aber einer der Musiker mit einer Melodie, so fiel sie unter sein Pauschalhonorar. Deshalb ließen bei Plattenaufnahmen auch regelmäßig auftretende Bands ihre eingespielten, ausgefeilten Repertoirenummern beiseite und stellten neue zusammen. Eine skelettierte Melodie, reduziert auf Rippen und Riffs, ließ viel Raum für starke neue Muskeln. Armstrong sagte von Oliver: »Als er anfing, Platten zu machen, wurde er zum Autor. Ha ha ha!« Dasselbe galt auch für Armstrong und einige seiner Hot-Five-Spieler. Klassiker wie Olivers »Snake Rag« und Armstrongs »Cornet Chop Suey« waren in dieser Weise zusammengebraut.

Die Platten von Olivers Creole Jazz Band sind dicht und etwas rigide kontrapunktisch im New Orleans Stil, mit seltenen Breaks und weniger Improvisation als wir denken möchten. Die Platten von Armstrongs Hot Five bewegen sich mit erstaunlicher Schnelligkeit von diesem Stil zu dem, was wir uns heute unter Jazz vorstellen – Musik mit einem Vierviertel-Swing und langen improvisierten Solos, die hinter dem Takt herhinken oder ihm vorauseilen wie Straßenjungen einer Parade. Die meisten dieser Solos sind von Armstrong; die übrigen der Hot Five, obgleich höchstklassige New Orleans-Männer (außer Lil Hardin Armstrong, die nichts dergleichen war) halten kaum mit.

Die Hot Five waren fast ausschließlich eine Studio-Band. Armstrong spielte mit und leitete in jenen Jahren verschiedene Chicagoer Tanzgruppen, aber erst im Studio konnte er frei mit der leichtgewebten, kühn improvisierten Musik, die er im Kopf hatte, experimentieren. Schon die erste Aufnahme »Gut Bucket Blues« zeigt Armstrongs scharfen Sinn für das Medium. Jeden einzelnen Spieler stellt er mit Namen vor, drängt jeden »das Ding zu schlagen« (»whip that thing«) oder »das Ding zu blasen« (»blow that thing«) – und beschwört damit sowohl eine Präsenz wie einen Ort, New Orleans. Die Rückseite »Yes, I'm In The Barrel« beginnt mit einem festen Dreiton-Riff und antizipiert den sogenannten »Hook«, die eingängige Phrase, die im Ohr haften bleibt und später zur Standardausrüstung einer Pop Single werden wird. Sollte uns dies nicht gepackt haben, spielt Armstrong eine großtuerische Moll-Blues-Figur darüber, mit der er uns herausfordert, doch zu versuchen, ihn abzustellen. Wir können es nicht, und ohnehin wäre es zu spät. In einem Nu ist die Tonart zu Dur geworden, und die ganze Band ist im Takt, spielt mit einer Unbekümmertheit, die alles vorher wegträgt, wobei Kid Orys gleitende Posaune die »Verschlepper« antreibt. Das dunkle Drama des Vorspiels ist innerhalb von zwei Takten zurück und kehrt immer wieder, wie in einem Marsch unter schweren Wolken; und wenn Johnny Dodds Klarinettensolo es etwas verdünnt, verdichtet Armstrongs Führung es wieder. Der Stil wäre beinahe reines New Orleans, gäbe es nicht Armstrong. Seine Dominanz ist noch weit größer auf Platten, die ein paar Monate später gemacht wurden, wie »Heebie Jeebies«, das den ersten aufgezeichneten Scat-Gesang enthält und Armstrongs erster Hit war, und »Cornet Chop Suey«, auf der Armstrong das klischeehaft asiatische Solo seiner Frau mit exotischen Breaks umgibt.

Armstrong war ein schüchterner Mann. Teil der Attraktion seines ersten Jobs in Chicago war, so vermutet James Lincoln Collier, daß er »sich hinter die große, mächtige Figur von Joe Oliver niederbücken konnte«. Obgleich er 1925 schon daran gewöhnt war, sich auf dem Podium zu behaupten, machte er dies mehr durch Singen und Clownerien als dadurch, daß er ernsthaft seine Trompete spielte. Im Plattenstudio verfiel Armstrong weder der Gefahr des Scheiterns noch der Verlockung durch leichten Beifall. Die Atmosphäre war zwanglos; die Produzenten nahmen an, wie Collier es formuliert, daß schwarze Musik »grobes Zeug« sei und »wenig Aufmerksamkeit von der Direktion erfordere«. So war hier, wie Ellison sagen könnte, Armstrong wirklich unsichtbar und »machte aus diesem Unsichtbarsein Dichtung« – »nie ganz im Takt«. Und hier war es leicht für ihn, das ganze Gewicht seiner Trompete auszuspielen.

Und er könnte auch gespürt haben, daß es nicht nur leicht, sondern sogar notwendig war. Die Ensemble-Musik von New Orleans war »gut«, solange die Leute die Band sehen konnten;

sehen konnten, wer, was und wann spielte, den Tumult der stationären Parade beobachten konnten. Platten waren anders. Von den Platten, die Armstrong bis dahin eingespielt hatte, waren die, auf denen er Bessie Smith begleitet hatte, überzeugender (und hatten sich besser verkauft) als die Ensemble-Platten von Oliver und Fletcher Henderson. Wahrscheinlich hatte Armstrong erfahren, daß eine starke Persönlichkeit eine Platte zusammenhalten und eine Folge von hübschen Klängen zu einem zwingenden Ganzen machen konnte.

Das hier wirkende Prinzip ist nicht auf den Jazz beschränkt; in gewissem Sinn ist es dasselbe Prinzip, das auch für den Solisten in einer Konzertaufnahme einen höheren Pegel geraten sein läßt. In einem weiteren Sinn ist es dasselbe Prinzip, das Figuren wie Armstrong und Caruso nötig machte, damit die Phonographie vom Boden wegkam – Figuren, die ich Ikonen der Phonographie nenne.

Jede neue Kunst, besonders aber eine, die zugleich auch ein neues Medium ist und sich auf eine Technologie zur Verkürzung von Distanzen in Raum und Zeit gründet, braucht Ikonen. Denn wenn dem Publikum etwas gegeben wird, so wird es doch einer anderen Sache beraubt: der menschlichen Gegenwart. Mit Ikone meine ich jemanden mit einer so starken Persönlichkeit, daß er auch dann anwesend scheint, wenn er es nicht ist; jemand, der seine Kunst so beherrscht, daß er deren Nachteile in Vorteile verwandelt; vorzugsweise jemand, dessen Person das Aussehen einer Karikatur hat – eine maskengleiche, symbolische Qualität. Die große Ikone des Films war Chaplin. Mit ihm hörte der Film auf, eine Neuigkeit oder eine dumpfe Nachahmung des Dramas zu sein. Die zwei großen Nachteile, das Fehlen von Ton und das Fehlen von gegenwärtigen Schauspielern, wurden zu Vorteilen. Ein Kind konnte den Tramp aus dem Gedächtnis zeichnen; ein Intellektueller konnte in dem Tramp die Seele des Kinos sehen, die die Seele des Menschen im Maschinenzeitalter war.

Ähnlich hörte mit Caruso der Phonograph auf, ein Spielzeug zu sein, obgleich er eine blinde und kurzdauernde Nachahmung der Oper blieb. Aber sogar diese Blindheit konnte ein Vorteil sein –

sicher war das leichte Zerrbild (manchmal selbstgezeichnet) von Caruso, das die Plattenhörer kannten, gefälliger als sein kurzes, fettes Selbst in irgendeinem lächerlichen Kostüm. Und die begrenzte Zeit, die ein Plattenspieler funktionierte, bedeutete, daß man nur die saftigen Arien hörte und nicht die trockenen Rezitative. Caruso hatte, in Gaisbergs Worten, »die eine perfekte Stimme fürs Aufnehmen«, und seine leichten Übertreibungen halfen, das Fehlen einer sichtbaren Geste auszugleichen. 1924 schrieb Compton Mackenzie:

Jahrelang hatten fast alle Leute Schallplatten im Kopf, und zwar Caruso-Platten. Durch das Medium seiner aufgezeichneten Stimme zwang er seine Persönlichkeit Königen und Bauern auf ... Die Leute kauften Grammophone eigentlich erst, als das Auftauchen von Caruso-Platten sie auf den Geschmack der Möglichkeiten des Grammophons brachte ... Es gibt drei Dinge im Leben, die die Wärme des Spätsommers zu enthalten scheinen – Potpourri und Wein und die Platten eines großen Sängers.

Mit Armstrong übernahm der Phonograph eine Aufgabe, die bemerkenswerter war als Aufbewahrung. Er hörte auf, eine Nachahmung zu sein; ab jetzt würden Live-Musik und komponierte Papiermusik die Platten nachahmen, besonders die Armstrongs. Jeder konnte seine aufgeblasenen Backen und tiefe, rauchige Stimme nachahmen, und jeder Kritiker konnte in ihm die Stimme des Phonographen erkennen, die Stimme des unsichtbaren Mannes. Deshalb ist es kein Zufall, daß man, wenn man an einen Stapel von alten 78ern denkt, je nach seinen eigenen Vorlieben zuerst an Armstrong oder an Caruso denkt.

Aber die stärksten kreativen Einflüsse auf die neue Kunst gehen nicht immer von den in diesem Sinn stärksten Persönlichkeiten aus. Im Film erreichte Eisenstein diese Wirkung nicht durch Selbstprojektion, sondern durch die sorgfältige und gewagte Konstruktion des Filmthemas. In der Phonographie spielte Jelly Roll Morton eine ähnliche Rolle. Seine pianistische Kunst auf den klassischen Red Hot Peppers Platten aus den Zwanzigern zeigt eine Diskretion, die bemerkenswert ist für einen Mann, der einen Diamant im Zahn trug und behauptete, den Jazz erfunden zu haben. Bemerkenswerter jedoch ist seine Konstruktion von verblüffenden phonographischen Montagen in ganzen Takes, ohne die Hilfe des Bandes – als ob Eisenstein die Treppenszene in Panzerkreuzer *Potemkin* ohne Klebestelle gemacht hätte. Daß diese Meisterstücke, außer ihrem Gerüst, wirklich im Studio entstanden, wird durch die Erinnerungen der Red Hot Peppers selbst klar (die nicht eine ständig auftretende Band waren, sondern einfach die besten für die jeweilige Session verfügbaren New Orleans Musiker). Mortons Platten ruhen weniger auf der Macht seiner Persönlichkeit als auf der Macht seiner Konstruktion: Die verblüffende Folge von Riffs, Breaks und bittersüßen Harmonien ist es, die die Zuhörer weiter trägt. Zukünftige Phonographiker in der populären und klassischen Musik wie auch im Jazz, würden eine der beiden Fähigkeiten brauchen, um Erfolg zu haben.

Morton verkörperte den phonographischen Impuls in einer seiner reineren Formen. »Es gibt nichts Dauerhaftes im Unterhaltungsgeschäft«, erzählte er Alan Lomax. Morton erschienen noch nicht einmal Platten als etwas Dauerhaftes. Aber zumindest waren sie ein greifbarer Beweis für seine Größe. Sie konnten perfekt sein, wie es eine Bühnenshow selten sein konnte; und Jelly Roll war ein Perfektionist, ein Dandy in seiner Kunst und in seiner Kleidung. Obgleich er auf Papier komponierte und glaubte, daß seine »kleinen schwarzen Punkte« das Geheimnis des Jazz enthielten, wußte er, daß er, um seine Musik lebendig werden zu lassen, Musiker brauchte, New Orleans Improvisateure, die wußten, was sie zwischen die Noten bringen mußten. Sein Genie als Phonographiker lag darin, daß er die Musiker dazu bringen konnte, ihre musikalische Imagination in den Dienst seiner eigenen zu stellen – indem er sie dazu brachte, seine Berechnungen spontan, wie Reagenzien in einer Flasche, zu beweisen. Die Red Hot Peppers Platten sind der Prototyp einer Schule der Phonographie, zu der Ellington, Monk, Mingus, Zappa, Miles Davis und die Beatles gehören – Meisterbildner, die für uns weit weniger bedeuteten, hätten sie ihr Werk nur auf Papier vollbracht.

Als Zusammenschneiden zu einer Möglichkeit wurde, widerstanden Jazz-Musiker ihr; als Improvisateure glaubten sie noch leidenschaftlicher als die altmodischen klassischen Musiker an die Spontaneität eines durchgehenden Takes. Bands wie die von Basie und Ellington erreichten im Konzert einen makellosen, geschliffenen Spielfluß, den sie im Studio reproduzierten. Was Kritiker das großartigste Jazz-Album nannten, *Kind of Blue*, besteht nach Bill Evans Plattentext aus First-Take Improvisationen über Skizzen, die Miles Davis seinen Spielern nur wenige Augenblicke zuvor vorgelegt hatte; Evans vergleicht diese »reine Spontaneität« mit der von japanischen Tusche-Zeichnungen. Ornette Colemans *Free Jazz* war ein noch kühneres Experiment, kollektive freie Improvisation, die in einem 36minütigen Take aufgenommen wurde (hier bestätigt eine Platte »experimentelle« Musik, indem sie die Ergebnisse aufzeichnet). Andererseits wären manche von Monks pseudo-gotischen Konstruktionen auch seinen überragenden Spielern nicht ohne Schneiden gelungen. Und inzwischen setzt auch Davis, wie manche jüngeren Jazz-Musiker, die Multitrack-Technik des Pop ohne Skrupel ein.

Jazz-Leute lieben und hassen die Platten. Wie Angler sprechen sie über die spurlos Verschwundenen – die legendären Musiker wie Buddy Bolden, die großen Tage (»Joe Olivers beste Zeiten sind nicht auf Platte«, sagte Armstrong), die spontanen Solos voll göttlicher Inspiration, die nicht eingefangen wurden. Sie klagen manchmal darüber, daß auf Platte ihre Improvisationen versteinert und leblos klingen. »Es ist mir immer schwergefallen«, sagte Stan Getz, »meinen früheren Aufnahmen zuzuhören. Ich spüre sie zu nahe, zu schmerzlich und zu frustrierend unwiderruflich.« Aber Earl Hines erinnert sich, daß, als »Weather Bird« erstmals herauskam, »Louis und ich die Platte buchstäblich eineinhalb oder zwei Stunden ununterbrochen anhörten und dabei einander auf die Schulter klopften, denn wir hatten keine Vorstellung, daß es wirklich so gut werden würde.« Im allgemeinen hat Liebe die Oberhand, teils weil Platten der einzige solide Beweis von der Größe eines Jazzmusikers sind – oder eben dadurch, von der Größe des Jazz. Sie machen den Jazz »legitim«, auch weil sie den Gelehrten und Kritikern an Stelle der wechselnden Nachtclubgeschichten etwas zu zitieren geben. In André Hodeirs *Jazz, Its Evolution and Essence* werden »die Worte *Werk* und *Platte* austauschbar verwendet«, und das ist die gängige Praxis. Im Jazz ist die Platte das Werk. Selbst im Bebop, der einen Kult aus der Spontaneität macht, werden Platten als dauerhafte Kunstwerke respektiert; Charlie Parkers alternative Takes für Savoy werden wegen ihrer endlosen Invention ebenso geachtet wie Picassos Studien und Serien. In jeder Hinsicht sind Platten das Konservatorium des Jazz: seine Schule, sein Schatzhaus und Thesaurus, sein Weg, mit den Ressourcen hauszuhalten.

Die erste große Ikone der Phonographie klassischer Musik war ein ausführender Künstler: Caruso. Der erste Meisterbildner war auch ein ausführender, Stokowski, dessen zugleich sinnliches und wissenschaftliches Interesse am Klang ihn von den anderen großen Dirigenten seiner Zeit unterschied. Dieses Interesse fand schon früh seinen Ausdruck, erzählt sein Biograph Oliver Daniels, in Experimenten mit der traditionellen Sitzordnung des Orchesters (manche, wie die Versetzung der zweiten Violinen von der Bühnenrechten zur Bühnenlinken, so daß ihre Schallöcher dem Publikum gegenüber sind, sind jetzt gängige Praxis). Natürlicherweise schreckte ihn der Klang der ersten Phonographen ab, und er weigerte sich zunächst, Aufnahmen zu machen. ». . . und dann wachte ich eines Nachts auf und dachte: wie dumm von dir! Du solltest mit diesem Verfahren, auch wenn es schlecht ist, Aufnahmen machen, und du solltest versuchen, bessere Aufzeichnungsmethoden zu entwickeln.«

1917 nahm er neunzig seiner Philadelphianer zum Hauptquartier von Victor nach Camden, New Jersey, um zwei *Ungarische Tänze* von Brahms aufzunehmen. Angeregt durch die »schrecklichen« Ergebnisse begann Stokowski zu experimentieren; er verdoppelte die Streicher durch Flöten und Blechbläser, stellte Schallwände um, er drehte die Waldhörner so, daß die Stürze auf den Aufnahmetrichter zeigten. Der Klang verbesserte sich, wenn auch nur allmählich. Von den 450 Aufnahmen, die er in diesem akustischen Verfahren machte, billigte Stokowski nur 36. 1925 wurde er der erste Dirigent, der elektrisch aufnahm. 1929 begann er mit Radiosendungen und war bei der ersten Probe schokkiert, als er den Tonmeister entdeckte und von dessen Funktion erfuhr: »Dann bezahlen Sie den falschen Mann. Er ist der Dirigent, nicht ich. Ich möchte nicht etwas unter meinem Namen gesendet haben, wenn ich nicht das *pianissimo*, das *mezzo forte* und das *fortissimo* bestimmen kann.« Nach etlichen Versuchen, die Regler während des Dirigierens selbst zu bedienen, gab er sich damit zufrieden, den Ingenieur zu einem Mitglied des Orchesters zu machen, der seine Einsätze von ihm bekam, wie er dem ersten Fagott seinen Einsatz geben würde.

Die Neuorchestrierung war in der Frühzeit der Phonographie gängige Praxis, denn ohne sie wäre die Hälfte nicht hörbar gewesen. Gaisberg gestand, daß man bei Opernauswahlen »nicht die Partitur des Komponisten zu benutzen vorgab; wir mußten für die Bläser vollkommen neu arrangieren«. Das einzige Streichinstrument, das in einem Ensemble hörbar war, war eine speziell entwickelte Violine mit eingebautem Trichter. Aber Stokowski machte diese Dinge besser als jeder andere und machte sie auch dann weiter, als die elektrischen Aufnahmen sie unnötig erscheinen ließen. Wenn das Medium Krücken nicht mehr brauchte, gab er ihm eben Flügel.

So weit es Stokowski anging, waren »schwarze Zeichen auf weißem Papier« bloße Leitlinien für die interpretative Imagination. »Methoden, Klang auf Papier zu schreiben, sind ungeheuer unvollkommen«, sagte er 1931. »Ich glaube, daß der Komponist der Zukunft seine Harmonien mit Hilfe der elektrisch-musikalischen Instrumente, die seine Idee exakt aufzeichnen werden, direkt in Ton schaffen wird. Über die Tonfilme der Zukunft werden wir, so glaube ich, Emotionen höher als jemals das Denken übermitteln können – so subtile und unfaßbare Dinge – beinahe psychisch in ihrem Sein.« 1952 sagte er: »Der Komponist muß gewöhnlich darauf warten, daß ein anderer seine Musik spielt. Eines Tages kann er, wie der Maler, direkt mit dem

Material des Klangs, auf dem Recorder zum Beispiel, arbeiten.« Es kann sein, daß er diese Ideen von Varèse übernahm, dessen Musik er durchgesetzt hatte; jedenfalls aber, trotz manchen Geredes über die Schaffung eines voll-elektrischen Orchesters, hatte Stokowski nie viel mit elektronischen Instrumenten zu tun. (Er machte eine Radiosendung mit *Incantation for Tapesichord* von Luening und Ussachevsky bei der Premiere seiner *Twentieth-Century Concert Hall* 1953 – ein Konzertsaal, so sagte er, der »in Ihrem Wohnzimmer oder Ihrem Automobil – vielleicht auch ein abgeschiedener Fleck irgendwo in den Wäldern ist«.) Aber seine Experimente mit Aufnahmen von konventionellen Instrumenten waren historisch: zum Beispiel die stereophonischen Aufnahmen, die er ein Viertel Jahrhundert vor dem Stereo machte. Sie waren die ersten Früchte der Zusammenarbeit mit den Ingenieuren der Bell Laboratories, die 1930 begann und 1940 noch andauerte, als Bell Ingenieur Harvey Fletcher eine Stokowski-Aufführung in Philadelphia auf einem Drei-Kanal-Film aufzeichnete, ihn einem ausgewählten Publikum in Carnegie Hall vorspielte – wobei Stokowski Lautstärke, Ton- und Balance-Kontrolle bediente –, und dann eine neue stereophonische Aufnahme dieses »verstärkten« Ergebnisses machte. Auf diese Weise konnte Stokowski dieselbe Aufführung dirigieren und mixen, was er während seiner Radiosendungen schon versucht hatte; als dies ein Jahrzehnt später dank des Magnetbandes leicht geworden war, bestand er darauf, es zu machen – selbst wenn er es unter Einhaltung der Gewerkschaftsregeln tun mußte, indem er seine Hand über die des Ingenieurs legte.

Einer der Gäste in Carnegie Hall war Rachmaninow, der nörgelte, es habe »zu viel ›Verstärkung‹, zu viel Stokowski« gegeben. Das war keine ungewöhnliche Reaktion auf seine Aufnahmen. Aber Glenn Gould stellte fest: »Niemand leugnete, daß seine zahllosen Aufnahmen aus irgendeinem geheimnisvollen Grund gewöhnlich besser *klangen* als die Aufnahmen seiner meisten Kollegen.« Und dies, obwohl (oder vielleicht: weil) sein Aufnahmeorchester, nachdem er Philadelphia verlassen hatte, oft nur dreißig Musiker umfaßte.

1959 produzierte Gunther Schuller eine Stokowski-Aufnahme von Chatschaturjans Zweiter Symphonie. Schuller erinnert sich, daß sich Stokowski im Tonstudio »vor das Board mit all seinen Knöpfen und Reglern setzte und die *unglaublichsten* Dinge mit der Balance anstellte. Praktisch komponierte er Chatschaturjans Stück neu. Das Orchester hatte es noch gespielt, wie es geschrieben war, mit der korrekten Dynamik« – wie sie es wahrscheinlich auch im Konzert ein paar Tage vorher gespielt hatten. »Aber als wir in das Tonstudio kamen – mein Gott – dann wurden die Flöten zweimal so laut wie die Bässe; er brachte die inneren Stimmen der Viola *über* die Melodie in den Violinen und andere seltsame Verzerrungen. Und doch gab er in diesem Stück, wenn man es wohlwollend betrachtet, dem Endprodukt ein Art roher, animalischer Erregung. Er machte die Musik grandioser als Lebensgröße.«

Schuller hätte sich vielleicht heftiger widersetzt, wäre der Komponist, der da neukomponiert wurde, Bach gewesen. Jedenfalls war, was Stokowski machte, wahre Phonographie. Sanfte Instrumente lauter zu machen, war zum Beispiel gerade die Art Effekt, die, im Konzert unmöglich, Prokofiew so begeistert hatte. Natürlich war Prokofiew Prokofiew und konnte tun, was er wollte; Stokowski war aber nicht Chatschaturjan. Das ist das Problem mit der Phonographie von »Konzert«-Musik. Ein Minimum an moralischen Skrupeln sollte den Phonographierer hindern, der behauptet, er führe das Werk eines anderen auf – ein größeres Minimum als zum Beispiel bei Stokowski. Es mag sein, daß sich die moralische Frage erledigt hätte, wenn öfter einmal offene Worte über den Rang von »Transkription« oder »symphonischer Synthese«, die Stokowski manchmal benutzte, gesprochen worden wären. Gewiß waren viele Komponisten glücklich, von Stokowski »neu komponiert« zu werden, entweder weil sie seine Klänge mochten oder weil sich seine Platten verkauften. Die Platten von Beecham und Toscanini waren ebenso wichtig bei der Durchsetzung des neuen Mediums, aber die von Stokowski bahnten der Kunst einen Weg.

Stokowski war beides, Ikone und Meisterbildner. Er war aber auch, was Mischa Elman 1911 und danach jedermann über ihn sagte, ein Zauberer. Nicht ein Achten-Sie-nicht-auf-den-Mann-hinter-dem-Vorhang-Zauberer (der in der Phonographie üblicherweise der Produzent ist), sondern die Art, die Aufmerksamkeit auf seinen Stab lenkt. (Ich spreche bildlich – Stokowski hat nie einen Taktstock benutzt.) Das Gute an dem Wort »Zauberer« ist, daß es einem verstehen hilft, warum Phonographie die Extrovertierten wie die Introvertierten unter den Musikern anzieht.

Wir glauben gern, daß in der Gegenwart von Virtuosen des großen romantischen Typs eine Magie liegt, die Platten nie ganz einfangen können. Obgleich es nicht die Art Empfindung ist, die sie auf Plattenhüllen ausdrücken wollen, glauben es die Virtuosen doch selbst auch gern. So spricht Arthur Rubinstein in einem Interview mit Glenn Gould von der »Emanation«, die ein Publikum »zuhören läßt, als seien sie in deiner Hand«, und die »von der Schallplatte überhaupt nicht geleistet werden kann«. Er und Gould seien »absolute Gegensätze« sagt er, denn Gould behauptet, daß er seine Hörer auf eine gesündere Weise durch die ferne, überlegte Intimität der Platten beeinflussen könne. Und es ist leicht, von hier auf einen allgemeinen Gegensatz zu kommen: der romantische Extrovertierte als auftretender Künstler, der zerebral Introvertierte als Phonograph. Man findet charmante Bestätigung in Goulds Einsiedlergewohnheiten, in Rubinsteins Alte-Welt-Furcht vor Maschinen (»Noch heute kriege ich manchmal einen Schock, wenn ich nach Hause komme, und ich höre plötzlich eine Männerstimme aus dem Zimmer meiner Frau, und ich denke, sie hat einen Geliebten ... Aber es ist das Radio, es ist nur das Radio, und ich bin noch nicht daran gewöhnt.«) In Goulds gutmütiger Parodie von Rubinsteins Memoiren (»Ich hatte gerade die erste Abendshow meiner Galasaison beim Maude Harbour Festival begonnen, als ich nach meiner Gewohnheit zu den Boxen blickte. Und dort saß auf einer mit »Lebende Köder – Nicht kühlen« beschrifteten Box eine Vision von solcher Schönheit ... »). In Wirklichkeit ist der Gegensatz nicht so absolut. Auch Gould war ein Showkünstler, und seine Vorliebe, seine

Show auf Platten, im Radio, im Fernsehen und im Film zu machen, disqualifiziert ihn nicht mehr als es Stokowski oder Cecile B. De Mille disqualifiziert. Und Rubinstein machte viele Platten, darunter das f-Moll-Quintett von Brahms (mit dem Guarneri-Quartett), von denen Gould eingestandenermaßen »trunken« wurde.

Doch hat die Extrovertiert-Introvertiert-Unterscheidung auch ihren Nutzen. Ebenso wie die parallele Unterscheidung zwischen Künstlern, die projektieren, und Künstlern, die dies nicht tun. In der Frühzeit der Phonographie war Projektieren eine Notwendigkeit. Man mußte den Klang physisch in einen Aufnahmetrichter projektieren, was nicht leicht war. Und man mußte Emotion in den hintersten Balkon, das Wohnzimmer, projektieren. Caruso wie Armstrong machten beides brillant in den Aufnahmen, die sie vor 1925 produzierten. Natürlich spielten beide auch Instrumente – Stimme und Trompete –, die traditionell projektiv waren.

1925 führte das elektronische Aufnehmen eine zweite Möglichkeit ein. Ein Musiker konnte sich selbst zum Objekt des Mikrophons machen, wie große Filmschauspieler sich selber zum Objekt der Kamera machen; und diese Innigkeit konnte faszinieren. Statt auf den Zuhörer zuzuspringen, schien der Künstler ihn zu ignorieren und dabei in ihn einzudringen. *Innigkeit* ist eine von Plattenkritikern viel gepriesene Qualität. Konzertkritiker wissen im allgemeinen, daß diese nicht zu verlangen ist: Das Prinzip, daß einer flüstert, der gehört werden will, ist in einer 50-Meter-Halle nicht sinnvoll. (Es sei denn, man meint ein Bühnengeflüster, denn es gibt nichts bühnenmäßigeres.) Aber im Aufnahmestudio ist sie ein sehr sinnvolles Prinzip. Glenn Gould konnte sie exzellent einsetzen, und der Eindruck, den er vermittelt, daß er nur für sich und den alten Bach spiele, wird noch durch sein unabsichtliches Summen verstärkt (das mir früher komisch vorkam, jetzt aber wie das Kauderwelsch eines Geistes klingt). Projektieren, sagte er, war die schlechte Angewohnheit, rhetorisches Schmettern dazu zu benutzen, den Mann auf dem hintersten Balkon einzubeziehen.

Goulds Instrument ist eines, das mit aufgeklapptem Deckel sehr projektiv sein kann, es ist aber auch eines, das die Leute oft für sich spielen. Daher entsteht Innigkeit vielleicht natürlicher bei einem Pianisten. Schnabel, der Pianist, den der junge Gould am meisten bewunderte, brachte es anscheinend fertig, sogar in einem Konzert innig zu klingen. Mein Bild von Innigkeit ist Bill Evans über seine Tasten im Village Vanguard gekrümmt; seine meditativen Platten rufen dieses Bild ins Gedächtnis. Aber sein Kollege Miles Davis, dessen Instrument das projektivste überhaupt ist – ein Instrument das ursprünglich dazu benutzt wurde, Signal, Alarm zu geben –, klingt auch, als ob er für sich selbst spielen würde; ». . . für mich und für Musiker«, erzählte er einem Interviewer. Für uns andere ist es schwer, sich auf seine zentripetalen Solos zu konzentrieren, die die Melodie um ein paar hypersensitive Noten wenden, wie sehr wir auch von den großartigen Mitspielern oder der subtilen Konstruktion seiner guten Platten ergriffen sind. (Wir können geradezu spüren, daß er den Dämpfer benutzt, um seine Seele im Inneren, fern von uns zu halten. Wir können sogar fühlen, daß gelegentlich ein absichtliches Ausschließen seines Publikums sein Spielen anders als innig macht.)

Bei der Stimme finden wir in den zwanziger Jahren eine Tradition der Projektion, die in Opernhäusern und Vaudeville-Palästen entwickelt und durch die akustischen Aufnahmen gefördert wurde; und eine leisere Tradition, die in der Volksmusik überlebt und in der Kammermusik kaum überlebt. Durch die elektrische Aufzeichnung erlebte diese zweite Tradition in der populären Musik und im Jazz eine große, kreative Blüte, als Billie Holiday, Bing Crosby und Fred Astaire den Sängern beibrachten, sich selbst zum Objekt des Mikrophons zu machen. Louis Armstrong gelang es, wenn er sang, besonders wenn er Scat sang – jene Antiwörter mit ihrer munteren Mißachtung jeder Kommunikationstheorie. Seine Abstraktion von Melodien und Texten läßt ihn selbst abstrakt erscheinen, als ob er tagträumte. Eingelullt beginnt der Hörer, wie in »Lazy River«, einen »Traum von mir zu träumen, einen Traum von mir zu träumen«. Und ein Geheimnis der

Armstrongschen Formel seit 1929 ist die Art, wie die projektive Trompete sich ausstreckt und die Hörer ergreift; die träumerischen Vokale ziehen ihn hinein, und schließlich stößt ihn die Trompete zurück in seine eigene Welt, verabschiedet ihn mit einem hohen F.

Es ist seltsam für einen Menschen mit einer Gitarre, zu seinem eigenen Vergnügen zu singen und zu spielen, und die ersten Country Bluesmen vermitteln auf der Platte oft diesen Eindruck. Ganz sicher Robert Johnson, der auch die Geschichte bestätigte, er sei, als einige mexikanischen Musiker kamen, um ihn zu hören, erst erstarrt und habe sich dann umgedreht und mit dem Gesicht zur Wand gesungen. Das gleiche machte sein Rock-Nachfahre Van Morrison (John Cale behauptet, daß bei den Aufnahmen zu *Astral Weeks* »Morrison mit niemandem arbeiten konnte, so schlossen sie ihn schließlich allein in einem Studio ein . . ., und später spielten sie die anderen Spuren darüber«).

Es gibt noch ein anderes Verfahren, das heute in der Pop-Musik und im Jazz das wichtigste zu sein scheint und das auch schon einen brauchbaren Namen hat: Cool. Weder sich an den Hörer richtend noch ihn ignorierend, spricht der cool Ausführende von irgendwo im Innern des Kopfes des Hörers. Die Stimme könnte olympisch oder diabolisch sein, aber sie ist immer überlegen und immer ruhig. Sie ist oft ironisch. Sie kennt den Hörer in- und auswendig. Cool fasziniert, aber nicht wie Innigkeit; der Zuhörer ist nicht der Beobachter, sondern der Beobachtete. Ich weiß nicht genau, wer diese Mode erfunden hat, aber ich zweifle, ob sie ohne Mikrophon Erfolg gehabt hätte; Bing Crosby, Fats Waller und Duke Ellington fallen einem ein. Sie ist überaus wirksam von T-Bone Walker, Chuck Berry, Miles Davis, Sonny Rollins, Dexter Gordon, Monk, Sinatra, den Beatles (besonders Lennon), den Rolling Stones, Dylan, Zappa, Elvis Costello, Talking Heads – kurz, von den meisten der großen Phonographen in der Pop-Musik und im Jazz verwendet worden. In der klassischen Musik ist sie sehr viel schwieriger auszumachen. Unter den Komponisten scheinen mir Satie, Weill, Stockhausen, Partch, Berio und Boulez cool zu sein, zumindest manchmal; unter den Interpreten

Pinza, Richard Stoltzman, Weissenberg und Teresa Stratas. Man kann nur schwer wissen, wieviel davon musikalisch ist, wieviel bloßes Image, aber diese Verschmelzung ist ein Beleg für cool.

Alle drei Spielweisen – die projektive, die innige und die coole – können als Antworten auf das Paradox der Aufnahmesituation gesehen werden, daß nämlich das Publikum nicht da ist. Dem entspricht auf der anderen Seite, daß für den Zuhörer der Ausführende nicht da ist, worüber ich in einem früheren Kapitel bereits nachgedacht habe. Im allgemeinen spiegeln sich die Paradoxe des Plattenaufnehmens in den Paradoxen des Plattenhörens, weswegen auch die Antworten der Künstler auf diese Paradoxe von der ästhetischen Perspektive her wichtig sind. Wären die Antworten nur zufällige Reflexe oder Abwehrmechanismen, wären sie vielleicht von einer biologischen Perspektive, nicht aber von der Ästhetik her interessant. Denn was an der Kunst am wichtigsten ist, ist nicht, wie sie gemacht wird, sondern was sie macht. (Das ist einer der Gründe, warum der größte Teil dieses Buches vom Blickpunkt des Hörers und nicht des Phonographikers geschrieben ist, der andere ist der, daß ich ein Hörer bin.)

Das Leben des tourenden Blues-Musikers, so hat Charles Keil beobachtet, liefert all die Einsamkeit und Eifersucht, die er braucht, um den Blues authentisch zu singen. Es ist ein starker Extrakt des modernen Lebens. Die Aufnahmesituation ist ein noch stärkerer und noch repräsentativerer Extrakt. Die Glaswände und -zellen, die den Musiker von seinen Mitmusikern isolieren, das abstrahierte Publikum, das Gefühl, ein Objekt zu produzieren und eine Ware in Massen zu produzieren, die Dekonstruktion der Zeit durch Takes und ihre Rekonstruktion durch Kleben – dies sind starke Metaphern des modernen Lebens. Ihre Spiegelbilder in der Erfahrung des Hörers sind Einsamkeit, das Verschließen des Musikers, der Gebrauch der Musik als eines Objektes und einer Ware, der Zusammenbruch einer öffentlichen Architektur der Zeit und die Schaffung eines privaten Innendesigns der Zeit. Da sie allem widersprechen, was das Musikmachen einmal zu sein schien, sind sie Paradoxe.

In Antwort auf diese Paradoxe sollten mittlerweile formale

und emotionale Strukturen entstanden sein, die für aufgezeichnete Musik im Gegensatz zur Live-Musik charakteristisch wären; sie wären dann die Weisen und Archetypen der Phonographie. Unglücklicherweise ist die Aufgabe, sie festzunageln, zu groß für dieses Buch. Von jetzt an werde ich nur auf eine Weise näher eingehen, von der ich meine, daß ich sie identifizieren kann, die coole. Man kann sich vorstellen, wie sie aus den verschiedenen Paradoxen der Phonographie entsteht. Auf die Abstraktion des Publikums respondiert sie, indem sie wie zu einem einzigen, bestens bekannten Individuum in der Art einer entkörperlichten Stimme spricht. Auf die Verdinglichung der Musik respondiert sie durch die Schaffung eines eigenartigen Objekts. Auf die Verfestigung der musikalischen Sprache respondiert sie durch Nebeneinanderstellung von Phrasen statt durch ihren Gebrauch; an Stelle der Rhetorik gibt es Ironie. (Dieselbe Ironie schützt den Phonographiker vor der Ironie seines unsichtbaren Hörers, gegen die er sonst wehrlos wäre – wie der blinde Musiker der Folklore, dessen Nachfahre er ist.) Auf die Dekonstruktion der Zeit respondiert die coole Weise mit zyklischen, nicht linearen oder dramatischen Formen. Ein Trick, verschiedene dieser Antworten zu vereinen, ist, ein Album mit ähnlichen Titeln zu beginnen und zu enden, ähnlich etwa darin, daß sie eine betont altertümliche oder naive Eigenart haben. Manches oder alles davon finde ich in *Sgt. Pepper* oder dem *Weißen Album* der Beatles, Zappas *Burnt Weenie Sandwich*, Lotte Lenyas deutschen Aufnahmen von Weills *Dreigroschenoper*, Thelonious Monks *Monk's Music* und Glenn Goulds erster Aufnahme von den *Goldberg-Variationen.*

9
NINA

»Warum erzählst du mir nicht einfach, was ich sagen soll«, sagte Nina, »und ich sage es dann, so gut ich kann.« Sie nahm einen langen Zug an ihrer Zigarette, und der Rauch stieg endlos auf. Wir saßen wie Kinder auf dem Teppich in der Zimmermitte mit zwei Wodka-Tonics und einem Bandgerät zwischen uns. Das Arbeitszimmer ist eine sehr nahe Replik von Ninas Kinderzimmer, dessen Hülle etwa siebzig Blocks stadteinwärts geblieben ist. Das große Messingbett und das kleine helle Klavier kommen von dort und möglicherweise auch die beiden Florenz-Poster in ihren hohen Messingrahmen, eine Renaissanceansicht der Ziegeldächer und Masaccios *Vertreibung aus dem Paradies*. Neu erworben, aber passend zu dem hellen Klavier sind der rohe Holztisch, die Stühle und die Bücherregale mit ihren marineblauen Bänden der Oxford-Ausgabe griechischer und lateinischer Texte und den helleren Farben der kritischen Abhandlungen und Taschenbuchromane. Unter dem Plattenspieler ist ein einziges kurzes Regal mit Platten, die in keiner besonderen Ordnung von Gesualdo bis Devo reichen.

Ich füttere Nina (deren Name nicht Nina ist) mit einem Zitat, das von ihr selbst stammt. »Wenn ich eine Platte spiele«, hatte sie mir einmal gesagt, »ist es, als ob ein anderer meine Gefühle ausdrücken würde. Wenn ich Klavier spiele, ist es, als ob ich die Gefühle eines anderen ausdrücken würde.«

»Richtig«, sagte sie. »Es ist noch immer so. Das Große am Platten-Spielen ist, daß ein anderer die Arbeit für einen erledigt. Auch ist das Repertoire mit Platten so sehr viel größer weil man

– um ganz ehrlich zu sein –, selbst wenn man Horowitz ist, nur eine begrenzte Anzahl von Sachen spielen kann. Deshalb müßte man, es sei denn, man wäre selbst ein großer Improvisateur und/oder Komponist, lernen, wie man die ganze Vielfalt der menschlichen Emotionen durch die begrenzte Anzahl von Stükken, die man spielen kann, kanalisiert.«

Nina nahm einen langen Zug an der Zigarette. Ihre Zähne haben einen Belag. Sie beklagte oft, daß ihre Nase die Nase einer Breughelschen Kuhmagd wäre. Aber sie hat das herzförmige Gesicht, die hohen festen Backen und die weiten Augen von Claudette Colbert – Augen, die eisig sein können und dann plötzlich übervoll von kindlichem Erstaunen, Zuneigung oder Mutwillen. Sie hat den Blick des zähen kleinen reichen Mädchens, das jedem Freier sagt: Mein Herz gehört Daddy, dem Hurensohn.

»Als ich Klavier studierte, war mir immer bewußt, daß ich mein Selbst dem Komponisten unterwerfe. Ich erinnere mich, daß mir, als ich die Romantiker spielte, von meinen verschiedenen Lehrern erzählt wurde, daß sie dächten, *das Stück habe einen bestimmten Sinn*, daher wäre es meine Aufgabe, diesen so herauszuarbeiten, daß das dumme Publikum ihn hören würde. Ich setze mich also hin, um das zu spielen, was ein schwach (entscheidet dein Lehrer) *bekümmertes* Nocturne ist – weißt du, vielleicht hat er das Mädchen nicht gekriegt, oder er probiert es noch, oder er findet heraus, daß sie lesbisch oder sonst was ist – ein wenig auf der dunklen Seite. Du selbst hast aber vielleicht gerade ein Hoch und bist in sehr guter Stimmung, und doch muß man sich hinsetzen und an einen Dritten eine herzzerreißende Version rüberbringen. Das hat, so weit es mich betrifft, nichts zu tun mit Selbstausdruck. Es fordert einfach eine gigantische Menge an Konzentration und Energie, und ich habe das letztlich als sehr unbefriedigend empfunden. Und deshalb spiele ich jetzt auch fast nichts außer Bach, denn er läßt mir den größten Raum, das zu sagen, was ich will. Selbst Beethoven – wer braucht's? Wenn ich mich nach Beethovenspielen fühle, spiele ich Beethoven auf meinem Plattenspieler.«

»Aber wenn Du nicht für deinen Lehrer oder ein Publikum spielst«, sagte ich, »sondern nur für dich selbst, und du entscheiden kannst, was du spielen willst, das schwach bekümmerte Nocturne oder das heitere Nocturne oder das gleichgültige Nocturne ...«

»Das ist wahr. Als ich noch viel spielte, drückte ich mich in dieser Weise aus. Ich habe jetzt verschiedene neurotische Rituale, die ich in einer Therapie hart zu exorzieren versuche, und zuweilen sage ich zu mir: Du hattest immer Depressionen. Was hast du früher gemacht, bevor du x gemacht hast – du weißt, getrunken, laute Musik gehört, Kekse gegessen oder sonst was. Und ich habe in meinen alten Tagebüchern gelesen und gesehen, daß das, was ich getan habe, Klavierspielen war, manchmal sieben Stunden am Tag. Ich habe damit sicher irgendetwas aus meinem Körper herausgebracht. Das Piano stand in meinem Zimmer, und es war mein Zufluchtsort, meine Festung gegen meine Eltern und alle anderen Leiden der Welt. Das Problem war nur, daß ich nicht besonders gut spielte, wenn ich es für die Gefühle machte. Deshalb habe ich mich immer gewundert, warum große Künstler sagen, das Gefühl für die Musik mache sie groß. Ich glaube, das ist zur Hälfte wahr, und diejenigen, die wirklich wie Automaten spielen, sind nicht die großen Pianisten. Aber man muß eine Art von perfektem Kompromiß zwischen Aufregen und Ausführen finden. Und ich fand es letztlich doch zu schwierig. Weißt du, entweder spielte ich ziemlich schlecht und konnte irgendetwas abreagieren, oder ich spielte ganz gut, und das passierte nicht. Ich stellte einfach fest, daß ich nicht konnte. Und je weniger ich spielte und dafür mehr Musik hörte, desto mehr hatte ich davon.«

Ninas Rede ist schnell und exakt, mit nur wenig mehr Anakoluthen als Platon seinen Athenern erlaubte. Ihr Ton ist leidenschaftlich aber gleichmäßig ironisch, auf eine literarische Art. Obzwar akzentfrei, hat ihr Englisch doch die Korrektheit und absichtliche Slanghaftigkeit einer zweiten Sprache, die es auch ist; bis zum Alter von fünf lebte sie in Berlin. Die Verwandten ihrer

Mutter waren Berliner Lutheraner, die ihres Vaters Juden aus Hamburg, die verschiedenen Grades mit Mendelssohn, Marx und dem Baal Schem Tob verwandt waren (doch hat Ninas Vater für die beiden letzten nichts als Verachtung übrig). Sein Onkel lehrte Griechisch an einem Gymnasium und war mit Freud befreundet. Brillant, arrogant, tapfer (er diente während des Krieges bei der US-Aufklärung in Deutschland) hat Ninas Vater Rudolf Serkins hypertrophe Stirn und die Intoleranz gegenüber dem Mittelmäßigen. Als Spezialist für Auslandsobligationen war er oft im Ausland und wollte jedenfalls nichts mit seinen Kindern zu tun haben, solange sie nicht alt genug waren, um sich mit ihnen über Platon zu unterhalten konnte. Als Nina und ihr kleiner Bruder die Großmutter in Berlin verließen, um bei ihren Eltern zu leben, war es eigentlich die Mutter, mit der sie lebten, eine schöne, dunkeläugige, dunkelhaarige Frau, jetzt korpulent, immer elegant. Sie lehrte Nina die Tugenden einer europäischen Frau, mit einem Hauch Berliner Zynismus. Das Mädchen sollte Charme zu versprühen haben – ihre Mutter sorgte dafür; und ihr Vater sorgte dafür, daß sie sechs Sprachen, darunter auch Musik, lernte. Ihre frühe Welt war ein Karussel von Unterricht. Klavierunterricht begann sie mit fünf, bei Mannes, und führte ihn bei Diller-Quayle weiter. Im Lycée Française, im Alter von sechs, war sie eine Zeitlang bei Yo Yo Ma. In Brearley fing sie mit Latein und Griechisch an, und ihre Liebe zur Literatur intensivierte sich. Zweimal war sie bei Juilliard zugelassen, trat aber zurück und entschied sich dafür, eine breitere *Bildung* anzustreben.

Das Leben in der Park Avenue Wohnung mit dem Feininger und dem kostbaren Lehmbruch war nicht das Leben, wie es die meisten Amerikaner kennen. Ninas Eltern waren zwanglose Nudisten und liebten Drogen. Auf der anderen Seite waren ihre hübschen Unterscheidungen von Klasse und Dekorum rein bürgerlich. So rühmte sich Ninas Vater seiner Gelage mit japanischen Kurtisanen, während seine Frau, obgleich stolz auf ihr freies und effizientes Berliner Liebesleben und entschlossen, daß Nina es imitieren solle, treu wie ein Hund blieb. Schwierigkeiten tauchten auf. Nina, kaum der Kindheit entwachsen, wurde zum unfreiwilligen Zwischenträger ihrer Eltern. Sie reifte sehr schnell und – zugleich mit feinen Weinen verwöhnt und wie ein Rennpferd zu immer besseren Leistungen angespornt – wurde ein weises, trauriges Kind. Unter diesen Umständen entdeckte sie, daß eine endlos wiederholte und verbesserte Seite Chopin einen Abend Vergessen einbrachte.

Als ich sie in Harvard traf, wo sie Literatur studierte, erklärten ihre schrecklichen blauen Augen: Kunst ist besser als Leben, und wenn du es noch nicht weißt, dann warte ein paar Jahre. Da ich mich entschloß, nicht zu warten, stritten wir drei Jahre lang – ohne viel Bewegung in irgendeiner Richtung – über diesen Punkt.

Jetzt aber, fest auf dem Teppich, brachte ich ein verwandtes, doch etwas weniger belastetes Thema auf: Eduard Hanslicks Theorie, weiterentwickelt von Susanne Langer, daß Musik keineswegs eine Form des Selbstausdrucks ist. Da ein Interpret sich nicht zwingen kann, die Emotionen zu haben, die ein Stück vermuteterweise ausdrückt, kann er sich wohl kaum selbst ausdrücken, wenn er spielt. Aber zu sagen, der Komponist drücke seine Emotionen durch die Musik aus, ist auch nicht sehr hilfreich, da das, was seine Emotionen sind, für jeden ein Rätsel ist. Wie Hanslick zeigt, kann die Trauer von Glucks »Che farò senza Euridice« – »Ach, ich habe sie verloren« – durch Änderung ganz weniger Worte in reine Freude verwandelt werden. Wir drücken Emotionen durch Schreien oder Weinen aus, nicht durch Musikmachen. Musik aber kann nach Langer eine Landkarte der Emotion aufstellen. Sie arbeitet durch formale Analogie die Art aus, wie unsere Emotionen sich bewegen und verhalten. Musik ist eine Form des Wissens.

»Das klingt wie eine große Idee«, sagte Nina. »Im Kopf sage ich sofort Ja, und Schreiben und Malen und Religion und die anderen Sachen. Aber ich glaube nicht, daß was wir sagen, irgendetwas ändert.« Sie registrierte meine Überraschung, aber fuhr fort. »Alles, was ich sagen will: ich fand es letztlich gut, meine eigenen Gefühle durch die Auswahl von Platten zu kartieren, denn ich habe das Gefühl, daß bestimmte Gitarrensolos zu bestimmten Zeiten alles für mich sagen. Weil diese Gefühlskarte so wahr ist. Ich habe *keine Zeit* für diese Empfindung, wenn ich es ausübe; die Erkenntnis ist völlig abwesend.«

Ich sagte, ich dächte, Langers Theorie würde die Dinge komplizieren. Warum sollte uns der Blick auf eine Gefühlskarte ein gutes Gefühl geben? Wenn es nicht Selbstausdruck ist, warum hat es dann dieselbe Gefühlswirkung? »Ich habe vollkommenes Vertrauen«, sagte Nina, »daß sie eines Tages die chemische Substanz finden, die es macht. Das hat etwas mit dem menschlichen Wesen zu tun. Der Affe wird Aaaah machen, und wir können ein Gitarrensolo spielen, richtig? Es gibt wahrscheinlich ein Hormon dafür oder ein Azetat oder etwas derartiges. Wir können sublimieren, und sie können nicht. Auch Träume sind kodifizierte Landkarten, und man kann morgens aufstehen und sie lesen« – sie hustete heftig – »und manchmal fühlt man sich dann besser.« Ich fange an zu denken, daß Baseball dies für einen großen Teil der Bevölkerung tut. Ich denke, daß du dich wirklich mit diesen Spielern und in diesen Momenten von fast *unglaublicher* Spannung ausagieren kannst. Und es ist etwas Schönes – und es gibt etwas wie ein *perfektes Spiel*. . .« Wir lächelten beide. »Perfekt« ist ein wichtiges Wort in Ninas Lexikon.

»Ich dachte«, sagte sie nach einer Pause, »daß der Walkman eine ganze Reihe interessanter neuer Fragen aufgeworfen hat. Ich rede darüber eine Menge in meiner Therapie, denn er hat einen so starken Einfluß in meinem Leben. Für mich bedeutete er am Anfang, daß ich nicht nur zu Hause, sondern die ganze Zeit eine Pflanze sein konnte. Wie die Heldin in meinem Buch« – wenn Nina nicht in der Redaktion eines Business-Magazins sitzt oder Musik hört, schreibt sie einen Roman – »ihr tragischer Fehler ist, daß sie zu viel Zeit damit verbringt, herumzusitzen und Live-Musik zu hören und nichts anderes tut. So kriegte ich den Walkman, und er machte mich einfach psychopathisch, weißt du? Die Zeit verschwand, und der Raum verschwand, und ich konnte die ganze Zeit Musik machen. Es hat mich umgehauen. So ging ich also zu Vivian und sagte: ›Denkst du das ist schlecht? Macht es mich mehr roboterhaft, nicht weniger?‹ Und sie sagte mir etwas sehr Interessantes. Sie sagte, daß Boxenhörer und Walkmanhörer tatsächlich diese Dinge so vergnüglich finden, hat seinen Grund nicht darin, daß es sie mehr roboterhaft macht, sondern weil es sie weniger roboterhaft macht, weil sie die Musik haben, auf die sie sich konzentrieren können, statt bestimmte Formen zu erfüllen. Wenn du die Straße entlanggehst oder mit dem Zug oder dem Bus fährst oder Musik hörend eine schöne Zeit hast, wirst du dir keine Sorgen machen, weder ob deine Schuhe abgenutzt sind, noch ob du höflich zu dem Busfahrer warst, noch ob du den Kerl neben dir gerempelt hast. Du wirst stattdessen Spaß haben. Heute sind die GhettoBlasters etwas anders, denn sie können in manchen Fällen aggressiv verwendet werden. Aber sie sind es nicht immer; ich kenne eine Menge Leute, die Boxen haben, einfach nur, weil sie gern Musik hören.

Darauf fühlte ich mich viel besser. Ich dachte, wie interessant. Und das paßt zu meiner Theorie vom Musikhören als Selbstdefinition und Selbstausdruck; es ist deine Möglichkeit, dich zu weigern, eine Zeitlang eine soziale Einheit oder irgendeine andere Einheit, außer einer hörenden, genießenden Einheit zu sein, die ihre eigenen Gedanken denkt und ihre eigenen Gefühle kartiert. Denkst du nicht, daß sie klug ist?« Ich machte ein unbeteiligtes Geräusch, und Nina fuhr fort: »Ich vermute, du fühlst dich einfach roboterhaft, wenn du sie trägst, weil du so abgeschnitten bist.«

»Was, wenn du nur einfach eine Art Robotertum gegen eine andere austauschst?«

Ninas Augen weiten sich und nehmen den Blick der verletzten, herausfordernden Unschuld an, den Augen mit Kontaktlinsen annehmen können. »Was ist roboterhaft am Musikhören?«

»Das hängt von der Musik ab. Disco ist roboterhaft. Populäre Musik ist meist roboterhaft.«

»Tut mir leid, da kann ich nicht zustimmen.«

Im College, als sich meine am neunzehnten Jahrhundert geschulten Ohren gerade für den Jazz öffneten, überfiel mich Nina mit Aretha Franklin, Otis Rush, den Supremes, Frank Zappa und der Average White Band. Weil ich sie Mozart am Flügel hatte spielen hören, gab ich diesen anderen den Vorschuß des Zweifels. Mit zwanzig begann ich meine Adoleszenz, und fünf oder sechs Jahre später schien ich sie durchlaufen zu haben. Ich hörte immer noch manchmal populäre Musik, aber nur manche.

Nina sagte: »Ich glaube, du hast die Noten selbst immer mit einer Menge inhärentem Zeug beladen, als ob es etwas in Mozart gäbe, das man herausbringen müßte. Und ich denke, daß wir im allgemeinen projektiv sind, mehr als alles andere.«

»Angenommen also, die Leute machen Projektionen. Nimm den Menschen mit dem Ghetto-Blaster oder die Sekretärin mit dem Walkman, die die schlechtestmögliche Musik hören.«

»Yeah, sie hören also ›I'm Just a Woman in Love‹.«

»Sie zeichnen die Landkarte ihres Lebens nach dieser wirklich lausigen Musik. Simplifizieren, romantisieren und verzerren sie nicht allgemein?«

»Yeah, Kunst, erinnerst du dich? Erinnerst du?« Ninas Augen hatten sich wieder geweitet, diesmal vor Verachtung. Ich hatte mich nicht mehr erinnert, daß Kunst nicht Leben ist. »Es tut mir leid«, sagte sie, »aber ich denke, was wir davon haben ist weitgehend – es ist, wie wenn man Kindernahrung ißt, weißt du? Vorverdaute Erfahrung, und deshalb ist es so kathartisch. Jemand hat das für mich alles durchgemacht und dieses Gitarrensolo aufgemessen, das mir in den Därmen weh tut, weil ich es erkenne, und Zappa hat es gemacht. Was könnte besser sein? Was könnte süßer sein?«

Jetzt war sie auf dem festen Boden eines Lieblingsparadoxons: Kunst ist das edelste, das es gibt, so edel wie Sahnekarotten.

»Gut«, sagte ich. »War nicht etwas an der platonischen Theorie, daß die Art Musik, der man zuhört, einen Unterschied in der Qualität – oder wenigstens dem Tenor, dem Ton – deines Alltagslebens macht? Wenn du aber dein Radio auf KKK eingestellt läßt oder was gerade die Station für den neuesten Schund ist . . .«

»Es ist LIR, und ich höre sie vierundzwanzig Stunden am Tag.«

» . . . es ist, wie wenn man bei McDonalds wohnt; und wenn du WNYC hörst, ist es, wie wenn du in Versailles lebst.«

»Ich wollte gerade sagen, es ist, wie wenn man in – von wo senden sie diese grauenhaften Universitätsprogramme? Mem Hall? Derartig unglaublich prätentiöse Ansager ... Meine Eltern hören morgens immer WQXR. Das ist ein großer Fehler. Sie haben Programme für Hausfrauen mit dem Titel ›Große Momente in der Geschichte des Klaviers‹. Sie spielen einen Satz aus der *Mondscheinsonate* und dann einen Satz aus der *Pathétique* und dann, weißt du, den ersten Satz aus der b-Moll-Partita von Bach, weil das alles alte Kamellen sind. Das ist *krank*, es ist ein *Frevel*, und es sollte nicht erlaubt sein. Mein Lieber, ich werde siebenhundert Crazy Eddie- und Honda-Reklamen zuhören, bevor ich dem zuhöre. Hast du den tollen New-Wave-Song gehört mit dem Titel ›Chalk Dust – The Umpire Strikes Back'? Es handelt von John McEnroe in Wimbledon?« Sie schnippt mit den Fingern und singt dazu eine Zeile: *»The ball's in/Everyone could see that there was chalk dust* ... und am Ende ermordet der Schiedsrichter ihn auf dem Tennisplatz. Sag nicht, daß das nicht Qualität ist. Es ist zeitgemäß, es ist munter – es ist eine bessere Art den Tag anzufangen, als wenn ein Depp versucht einen zu überzeugen, daß die *Mondschein* und die *Pathétique* dasselbe Stück Musik sind.«

»Aber zeitgemäß und munter sind die Qualitäten von Magazinen.«

»Guten Magazinen, ja?« Ihre Modulation war gespielt teutonisch. Sie lehnte sich auf ihre Ellbogen zurück wie ein Vernehmungsbeamter und nahm einen Zug aus der Zigarette.

In Brearley hatte Nina Keyboard in einer Rock-and-Roll Band gespielt, die die Runde bei den New York Prep School Festen machte. Zu Anfang eines jeden Auftritts spielte sie ein Bach-Präludium auf dem elektrischen Klavier; das war das Kennzeichen der Band. Ich fragte, wie sie ihr Interesse am Spielen von populärer Musik verloren hätte.

»Ich denke, es war zum Teil Faulheit. Ich bin ausgebildet – ich habe dir das erzählt –, und ich kann wirklich nichts anderes spielen, es klingt alles klassisch? Es ist unerfreulich: ich gehe oft, um Jazz- oder Blues-Pianisten zu hören, und ich beobachte, was sie machen. Ich kann es sehen, aber wenn ich nach Hause komme, kann ich es nicht machen. Aber ich habe eine andere Frage«, sagte sie, »über diese Versailles-Sache. Ich stelle hier die Fragen. Was, wenn du einfach nicht die gute Person bist? Vielleicht können wir nicht immer auf diesem hohen Niveau leben. Wie, wenn ich Perioden durchmache, wo ich eine Menge Griechisch lese, oder nichts als Rilke, oder ich mache einen meiner Beethoven-Kicks durch. Aber ich fühle mich nicht immer wie eine Musterschülerin. Ich fühle nicht immer so edel, und meine Emotionen werden in Wirklichkeit sehr viel genauer aufgezeichnet von Zappa-Gitarrensolos.«

»Und hast du nicht das Gefühl, du könntest durch das Hören von etwas Edlerem veredelt werden?«

»Aber ich möchte nicht veredelt werden!«

Da fiele mir etwas ein, sagte ich. Nina lachte zaghaft, während mein Kopf sich zurückneigte, suchend. Dann erinnerte ich mich, daß nach Adorno der Refrain der Popmusikhörer Brechts Zeile ist: »Aber ich möchte nicht menschlich sein.«

»Also, ich möchte nicht menschlich sein. Das wird mir viel zu persönlich. Bitte, erwähne meinen Namen nicht. Nenne mich ›eine Quelle‹. ›Die Quelle fuhr fort ...‹«

Ich fragte, ob sie zur Zeit zu Rockkonzerten ginge, und sie sagte nein – »wegen der Menge und so, und dann ist auch viel von dem guten Zeug, das heute geschrieben wird, wirklich von großer Studiotechnik abhängig. Das kriegt man auf der Bühne nicht hin. Andererseits ging ich neulich abends hin, um diese Reggae-Band zu hören, und das ist die Art von Veranstaltung, wo ich denke, daß sich gerade das Gegenteil einstellt. Auf einer Platte wäre das Zeug tödlich langweilig; der ganze Witz war, da zu sein und allen Müll zu inhalieren und diesen Knaben herunterfallen zu sehen und zu versuchen, aus seinen Reden auf dem Berg schlau zu werden. Ich dachte in diesem Sommer an dich: ich war ein paar Mal im Ballett« – Nina, die als Mädchen auch darin Unterricht hatte, gibt dem Wort die britische Modulation, die es zu einem Kontaktsport wie Boxen und Hockey macht – »und ob das Katharsis war! Ich glaube nicht, daß das im Fernsehen wirkt. Ballett langweilt mich im Fernsehen. Man kann nicht wirklich sehen, was die Kerle mit ihrem Körper machen, wie sie sich vor deinen Augen *umbringen*.«

Ich hatte wirklich über Katharsis sprechen wollen. Was würde geschehen, fragte ich Nina, wenn sie in einer miesen Stimmung wäre und jemand würde irgendeinen Mozart in C-Dur auflegen?

»Ich würde einfach umfallen und hysterisch lachen und dann zu Saks gehen und ein Kleid kaufen. Sofortige Aufheiterung! Ich würde wahrscheinlich sehr ärgerlich werden. Ich würde mich vom Glück absentieren. Ist es das, was ich sagen soll? Ich denke, es war die Wahrheit.«

Die Frage, die ich versuchte zu stellen, war eine, die (um ungeheuer zu vereinfachen) die Akademiker und die Peripatetiker schied: ob Kunst durch Sympathie wirke, den Hörer mit seinem eigenen Temperament infiziere oder durch Katharsis, die Stimmung des Hörers mit der gegenteiligen treffend und mit ihr ringend. Platon könnte Haydn oder Count Basie bei chronischer Furcht verschrieben haben; Aristoteles Mahler oder Otis Rush. Mozart ist eine heiklere Verschreibung. Ich wählte ihn als Beispiel, weil seine »Heiterkeit« (wenn er heiter ist) die tiefe Anmut hat, die Platon würdigen würde. Und während seine Heiterkeit in seiner großen Musik kaum jemals ohne Beimengung von Leid ist, kann sie dennoch dem unempfänglichen Hörer (unempfänglich, weil ungeübt oder einfach in lausiger Stimmung) den Eindruck geben, daß sie unvermischt sei: sofortige Erheiterung.

»Wie reagierst du auf Mozart?« fragt Nina. »Er heitert dich auf, ja?«

»Wenn es etwas lustig Heiteres ist«, sagte ich, »verdrießt mich das. Aber wenn es eine Art tiefe Heiterkeit ist, dann nicht.«

»Tiefe Heiterkeit«, sagte sie, »wenn du in einer ausreichend schlimmen Stimmung bist, kann fast immer als Trübsal konstruiert werden.«

»Würde dasselbe auch für das *Spielen* von etwas Heiterem gelten?«

»Meinst du auf einem Instrument? Sieh mal, ich denke, das muß deine Stimmung verändern – auch wenn du etwas dagegen hast. Aber sagen wir mal, daß du es tun müßtest, um etwas zu üben. Du wirst es einfach nicht tun, es sei denn, du fühlst dich wirklich heiter. Auch davon ist eine Menge physiologisch. Das ist genau Kalifornien und die Jahre um 1980, aber man braucht einen Anschlag für Mozart, du kannst es nicht aus den Schultern spielen. Und wenn du dich wirklich schrecklich fühlst und du das ganze Gewicht der Welt auf deinen Schultern hast, dann, bin ich sicher, wird letztendlich Mozart darunter leiden – es sei denn, du kannst wirklich hören und wirklich hineinkommen und deine Stimmung ändern und gedankenreichen, heiteren Mozart spielen.

Aber du weißt ja, daß ich hauptsächlich Bach spiele, und das ist ein großer emotionaler Nivellierer. Alle diese Stücke, die so viel verändern zwischen dem Anfang und dem Ende. Auch bedeutete damals Moll gar nicht wirklich Moll und Dur gar nicht wirklich Dur; deshalb kann man viel mehr von seinem eigenen Zeug in ein Stück hineinlesen, weil es so viel weniger leicht als traurig oder glücklich oder sogar theatralisch oder nicht-theatralisch zu bestimmen ist. Wer könnte sagen, ob der Kerl hier dramatisch und emotional ist oder ob er nur ein Spiel spielt, bei dem er herausfinden will, wie viele Male er ein G verwenden kann, ohne es in fünf Takten in derselben Oktave zu verwenden? Aber hier ist etwas wirklich Interessantes: Ich fühle nicht in derselben Weise über das *Hören* von Bach. Wie die unbegleiteten Violinsonaten – ich denke einfach, daß sie wirklich erotisch sind, und ich scheine sie nie anders zu hören. Ich spiele sie sehr selten; etwas sehr Eigenartiges muß mit meinen Hormonen vor sich gehen, wenn ich es tue.

Weißt du, ich dachte über diese ganze Sache nach, bevor du kamst, und ich denke wirklich, daß die Art, in der ich höre, – und das ist auch für die Heldin in meinem Buch wahr – sehr durch dieses gescheiterte Musiker-Ding bestimmt ist. Es war eine ganze Hörweise, die sich, nachdem ich die Musikschule verlassen hatte, langsam entwickelte und das ersetzte, was das Musikspielen, seitdem ich drei oder vier Jahre alt war, bedeutet hatte. Weil Musik immer mein Gefühlsleben darstellte; Bücher waren eine Verstandessache. Musik habe ich gemacht, um etwas aus meinem Körper rauszukriegen. Und ich habe meinen Stolz darein gesetzt, und es machte Spaß besser zu werden, und die Musik machte große Veränderungen durch. Und dann, weißt du, konnte ich einfach diese Welt nicht erhalten. Und ich denke, ich verwandelte Musikhören in einen ähnlich kathartischen und kreativen Akt, weil ich es nicht ganz ertragen konnte, mich von dieser Erfahrung zu trennen.

Ich denke, dessentwegen *praktiziere* ich jetzt verstärkt das *Hören*. Ich kaufe nicht *mehr* Schallplatten, und ich bin an Neuem nicht *mehr* interessiert, als zu der Zeit, als ich spielte. Ich spielte dieselbe Partita vier Jahre lang, bis ich sie so gut kannte und so gut verstand, daß ich sie vollständig beherrschte; und dann gab ich sie auf und wandte mich etwas anderem zu. Ich mache jetzt dasselbe mit Platten. Ich studiere sie, und das hat nichts zu tun mit neuen Sensationen oder Unterhaltung.

Die ersten fünf Wochen höre ich bei einer Platte auf die melodische Gesamtform. Dann bin ich fünf Wochen lang vom Rhythmus besessen. Und dann, je nach dem, wieviel da zu finden und zu lernen ist, bleibe ich dabei und höre. Ich höre immer noch etwas in ›Yo Mama‹« – ein Zappa-Gitarrensolo – »das ich vor fünf Jahren gekauft habe. Dagegen habe ich das Band von Police, denke ich, jetzt nach sechs Wochen ausgeschöpft.«

»Wenn du eine Klavierplatte hörst, reagieren dann manchmal deine Finger?«

»Ja, das tun sie. Und ich lese auch oft Musik. Bei einer Beethoventour kriege ich einen Riesenkick, wenn ich herumliege und die Partitur lese. Ich vermute, daß sich die Linien dort schneiden: die Musik lesen und jemanden haben, der sie für einen spielt.«

»Ist nicht aber doch etwas am Aktivsein – so wie Tanzen kathartischer ist als jemandem beim Tanzen zusehen?«

»In einer Disco vielleicht«, sagte Nina. »Aber ich denke, das ist in diesem Sommer im Ballett völlig widerlegt worden.«

»Gut«, sagte ich, »du hast vielleicht mit siebzig Einheiten an nervöser Energie angefangen und bist durch Katharsis runter auf zwölf, aber dieser andere Kerl, der Tänzer, startete mit hundertundsiebzig und wurde kathartisiert ...«

»Ganz runter auf Null? Minus zehn? Gut, nein: nach meiner Theorie wurde der arme Bastard überhaupt nicht kathartisiert, er hat nur ein ganzes Bündel von Muskeln abgenutzt und Speed genommen und sich schrecklich gefühlt. Tänzer haben ein furchtbares Leben.«

»Es gibt Zeiten, wirklich, seit ich angefangen habe, mehr zu trinken« – sie zögerte –, »daß es wirklich unheimlich geworden ist, zuzuhören. Dieses neurotische Ritual, high zu werden und sehr laute Musik zu spielen. Es gibt so viele Tage, da ich leicht und wahrhaft sage, das ist bei weitem der schönste Moment meines Tages und das Vergnüglichste, was ich tue. Es ist rein, es ist perfekt, es ist endlos wiederholbar. Ich meine, ich fühle nicht nur immer noch genauso; ich fühle es die ganze Zeit viel mehr.«

»Wäre in diesem Sinne Klavierspielen eher wie Leben, weil es ...«

»... weil es schwer ist ...«

»Weil es schwer und aktiv und nicht-perfekt ist?«

Nina sagte: »Verschiedene Freunde haben immer vermutet, daß es etwas sehr passives-Schrägstrich-sexuelles an der Art gäbe, in der ich Musikhören genieße.« Sie hatte manchmal von der physischen Wirkung gesprochen, die Musik auf sie haben konnte, wie sie auf dem Boden zwischen riesigen Lautsprechern liegen und wie eine Trommel mitschwingen würde. »Und das läßt sich nicht wirklich mit dem vorher Gesagten vereinbaren, als ich das Hören einen kreativen Akt nannte. Sieh, als dies anfing, war mir das Ganze nicht so bewußt, und ich hatte zu der Zeit keinen Freund, der ein Buch über Platten schreiben wollte. Aber als ich fünfzehn war, da war es definitiv mein Sexualleben.

Mein musikalisches Leben bestand damals in Klavierspielen; mein Sexualleben in Musikhören. Es hat immer etwas sublimiert.« Sie hüstelte dezent. »Aber das hat sich wirklich geändert, als ich aufhörte zu spielen. Ich denke wirklich, ich partizipiere, wenn ich höre. Ich denke, es ist stellvertretende Veranstaltung.«

10
DOSEN-KATHARSIS

»Instrument« war das Wort, das die Enthusiasten in den zwanziger und dreißiger Jahren benutzten, wenn sie von ihren Phonographen sprachen. Es war klug gewählt. Erwachsene und ernsthaft an Musik interessierte Männer wollten nicht, daß man sie sich als mit Kindespielzeug spielend vorstellt. Und die frühen Phonographen wurden weithin als Spielzeug, bestenfalls als Maschine betrachtet, und nicht etwas, mit dem ein Gentleman-Amateur der Musik sich befassen sollte. Sie wurden eher als eine Musikbox verstanden – eine höchst vielseitige, die laut einer Berliner-Anzeige »klar spricht, ausdrucksvoll jedes Lied singt, Klavier, Kornett, Banjo und überhaupt jedes Musikinstrument genau und mit erfreulicher Wirkung spielt« –, aber eben doch als Musikbox.

Compton Mackenzie war sehr bemüht, diesen Irrtum zu beheben. In seinen Schriften taucht das Wort »Instrument« oft auf und scheint in zwei Nuancen vorzukommen, wissenschaftlich und künstlerisch. Der Phonograph ist ein wissenschaftliches Instrument zur Reproduktion von Klang; er ist aber auch ein Musikinstrument, das – nicht mit dem – der Amateur spielen muß. Die zweite Nuance ist die pikantere. Natürlich mußte Mackenzie zeigen, daß der Phonograph musikalisch war, ein musikalisches Etwas. Was sonst konnte es sein, als ein Musikinstrument? Aber in dem Wort steckt mehr. In seinen Memoiren erinnert sich Mackenzie an die Zeit, als »das Mittel zum musikalischen Genuß das Klavier war und das Pianola als die mechanische Hilfe akzeptiert war, die die Tür zu einem weiteren und tieferen Wissen öffnete, als auf jedem anderen Weg zu erhalten war. Ernest Newman, der große Musikkritiker jener Zeit, hatte dem Pianola seinen Segen erteilt, und daß er das Grammophon unbeachtet ließ, zeigt, daß er nicht daran glaubte, es könne etwas anderes als das Spielzeug des reichen Mannes sein.« Der junge Mackenzie, der das Klavier nach einigen wenigen freudlosen Lektionen aufgegeben hatte, verweilte einige Jahre beim Pianola, erlaubte sich dann eine Pause und heiratete eine Pianistin. Als er schließlich sein Instrument fand, stellte sich heraus, daß es der Phonograph war.

Die Entwicklung vom Piano über das Pianola zum Phonographen könnte als Degeneration erscheinen. Doch alle drei sind Maschinen. Jacques Barzun hat bemerkt: »In dem Augenblick, da der Mensch aufhörte, allein mit seiner Stimme Musik zu machen, wurde die Kunst maschinen-besessen. Orpheus Leier war eine Maschine, ein Symphonieorchester ist regelrecht eine Fabrik zur Erzeugung von künstlichen Klängen, und das Klavier ist die ansprechendste Erfindung von Hebeln und Drähten diesseits der Dampfmaschine.« In einem bestimmten Sinn ist das Pianola sogar mechanischer als der Phonograph, sicherlich als der elektrische Phonograph: es ist maschinenähnlicher, rigider und unempfänglich für Nuancen.

In einem anderen Sinn jedoch ist ein Instrument mechanisch sogar so weit, daß es musikalisch wichtige Aufgaben für den Spieler erledigt. Die Gitarre besorgt die Intonation. Das Piano besorgt die Intonation und (zu einem gewissen Grad) das Timbre. Die Hammond-Orgel besorgt die Intonation, das Timbre und die Akkorde. Der Phonograph besorgt alles. Nicht, daß es keine Geschicklichkeit erforderte, den Phonographen zu spielen – wissenschaftlich ist es ein sehr empfindliches Instrument –, aber es erfordert keine musikalische Geschicklichkeit.

»Wenn es etwas wie Sünde gibt, dann ist es die Sünde, kein Musikinstrument spielen zu können«, reflektiert in Halldór Laxness Roman das Bauernmädchen, das nach Reykjavik gekommen ist, um Harmonium zu lernen. Wir fragen, ob der Phonograph Dispens erteilt. Wenn Sünde darin besteht, die eigene

Menschlichkeit verkümmern zu lassen, und der Mensch ein musikalisches Tier ist, bleibt immer noch zu klären, ob ein musikalisches Tier Musik machen oder sie nur würdigen muß.

Heute ist ein »Musiker« ein Berufsmusiker, und ein »Musik-Amateur« ist jemand, der spielt oder singt. Um 1800 wurde jeder, der gut singen oder spielen konnte, ein Musiker genannt, während ein Amateur etymologisch ein Liebhaber der Musik war. (Im Französischen ist dieses noch immer die erste Bedeutung.) Etymologisch konnte man auf vielerlei Weise aktiv sein: nicht nur durch das Spielen eines Instruments, sondern auch durch Konzertbesuche und die Förderung von Musikern.

In einem Zeitalter vornehmen Müßiggangs war »Amateur« ein Kompliment. Heute ist das Wort, auch wenn die Kriterien für seine Anwendung strenger geworden sind, eine Herabsetzung, das Gegenteil von »Profi«. Aber der Amateur ist ein sehr wichtiger Charakter. Seine essentielle Tätigkeit, was die Etymologie aufdeckt, erlöst ihn und etwas von der Welt in ihm. Thoreau schrieb in seinem Tagebuch: »Ich weiß von keinen erlösenden Eigenheiten in mir, als der ernsten Liebe für manche Dinge.... darin bin ich ganz und vollständig. Darin bin ich Gott-gehalten.«

Er liebte Sachen wie »Flechten auf den Felsen«. Er war Amateur-Naturkundler und sehr aktiv, und doch machte er Natur nicht so, wie man sich von einem Amateurmusiker vorstellt, daß er Musik macht. Er interpretierte Natur; in seinen Schriften erschuf er sie neu. (Und wie kann der interpretierende Musiker beanspruchen, Musik zu machen? Auf der Basis, daß es einen Augenblick davor nur leere Luft gab und jetzt Musik darin ist? Dann kann jeder mit einem Phonographen denselben Anspruch erheben.) Was er machte, waren Bücher, unnatürliche Geschöpfe, die er, so behauptete er oft, überhaupt nicht liebte, und als sie auf dem Markt ein Fehlschlag waren, tröstete er sich damit, daß er eben auch darin ein Amateur sei. Als die meisten Exemplare seines ersten Buches als Bücherstapel in seinem Zimmer endeten, schrieb er:

Ich habe jetzt eine Bibliothek von fast neunhundert Bänden, von denen ich über siebenhundert selbst geschrieben habe. Ist es nicht richtig, daß der Autor die Früchte seiner Mühe schauen sollte? ... Dennoch und trotz dieses Ergebnisses habe ich heute abend, während ich neben dieser trägen Masse meiner Werke saß, mit derselben Befriedigung wie immer die Feder ergriffen, um aufzuzeichnen, welche Gedanken oder Erfahrungen ich gehabt haben könnte. Ich glaube sogar, daß dieses Ergebnis inspirierender und besser für mich ist, als wenn tausend meine Ware gekauft hätten. Es beeinträchtigt mein Privatleben weniger, und es läßt mich freier.

Hier war seine Feder in Galle getaucht, aber wir sind dankbar, daß er weiterschrieb und neununddreißig Notizbücher füllte.

Es ist auch heute nichts Exzentrisches daran, ein Tagebuch zu führen. Aber ich kann mich nicht erinnern, je die Wendung »Amateur-Autor« gehört zu haben. Es klingt irrig. Warum aber sprechen wir von Amateurmalern und -musikern und -kundlern, aber nie von Amateurautoren? Wahrscheinlich weil jeder mehr oder weniger ein Amateurautor ist; in einer lesekundigen Gesellschaft kann jeder mehr oder weniger schreiben. Nicht jeder kann ein Instrument spielen oder eine harmonische Stimme singen. Aber jeder kann eine Platte spielen; und möglicherweise hat diese neue Promiskuität der Musik uns dazu gezwungen, durch linguistischen Befehl die Anzahl ihrer Liebhaber, ihrer Amateure zu begrenzen.

Aber Thoreaus Satz über seine neunhundertbändige Bibliothek deutet einen tieferen Grund an. Sein Eintrag liest sich fast wie eine Parodie auf den romantischen Individualismus, den er von Emerson gelernt hatte und der die Einzigartigkeit der Objekte wie der Personen besungen hatte – eine Parodie im Licht der mechanischen Reproduzierbarkeit. Man erinnere sich an Keats Angst, daß er »aufhört zu sein/Bevor meine Feder mein überströmendes Gehirn eingesammelt hat/Bevor hochgetürmte Bücher in Zeichen/Wie reiche Speicher das ausgereifte Korn behalten«. Thoreau, der noch neun Jahre zu leben hatte, ist bereits unter den »Früchten seiner Mühen« begraben – »Meine Werke sind auf einer Seite meines Zimmers aufgestapelt bis zur halben Kopfhöhe, meine *opera omnia*.« Ein Buch.

Der Buchdruck erzwang eine Unterscheidung zwischen dem Schreiben, das jeder tun kann (Briefe, Tagebücher, Einkaufslisten) und dem von Autoren. Was Autoren schreiben, wird gedruckt. Jemand, der nicht in Druck gehen kann oder will (und wir nehmen immer das erste an), ist nicht ein Amateurautor, er ist überhaupt kein Autor. Die Fähigkeit, die eigenen Worte zu reproduzieren, wird zu einem Beweis von Männlichkeit. Allein die Vorstellung von einem Amateurautor ist lachhaft. Thoreau weiß das und empfindet es als bitter. Aber wenn er jetzt die Trauben sauer nennt, bezeugt doch die Fortsetzung seines Tagebuchs – nach dem Fehlschlag seines zweiten Buches, *Walden*, und fast bis zu seinem Tod – eine wirkliche Aussöhnung. Thoreau war ein »aufrechter Amateur vor Gott«, der aus Liebe zu seinen Themen und seinen Sätzen schrieb. In einem anderen Notizbuch: »Ich kann nur den Gedanken angemessen ausdrücken, den ich auszudrücken *liebe.*«

Wenn es stimmt, daß nur das Individuelle liebenswert ist, dann müssen der Amateur und die mechanische Reproduktion immer über Kreuz sein. Das Schreiben war lange schon ein Lehnsgut der mechanischen Reproduktion, aber in der Musik und in den Bildenden Künsten gibt es noch eine Menge Raum für die einzigartige Aufführung oder Arbeit, und so auch für den Amateur. Menschen, die zu Hause Kammermusik miteinander spielen oder in Kirchenchören singen, sind Amateure. Menschen, die Platten machen, nicht. Und was ist mit denen, die Platten hören?

Der beste Beweis für Liebe ist die Bereitschaft, sich langweilen zu lassen. Ein Instrument spielen zu lernen, ist langweilig. Die Liebe zur Musik kann den Überdruß mildern, aber nicht bannen. Schließlich akzeptiert der Musiker ihn einfach, wohl wissend, daß er in gewissem Umfang immer von ihm begleitet sein wird, unabhängig davon, wie gut er je sein wird. Aber das Durchstöbern von vergriffenen Platten kann ganz genauso langweilig sein wie das Üben von cis-Moll-Tonleitern. Nach diesem Test scheint der ernsthafte Plattensammler ein Amateur zu sein.

Aber was ist mit der Vorstellung, daß eine Sache lieben, eine Sache kennen heißt? Dies ist mehr als ein biblisches Wortspiel; manche Leute müssen die Geliebte in- und auswendig kennen. Aber viele finden das Dunkle romantischer. Gertrude Stein, eine große Amateurin der Malerei, bekannte, nichts über Malerei zu wissen. »Sie sagte, es sei etwas Gutes, bei den Dingen, die einem Vergnügen bereiten, kein Gefühl dafür zu haben, wie sie gemacht sind. Man sollte eine absorbierende Beschäftigung haben, und zum vollen Genuß der anderen Dinge im Leben sollte man nur die Ergebnisse betrachten. Auf diese Weise ist man gezwungen, mehr über sie zu empfinden, als die, die ein wenig davon wissen, wie es gemacht ist.« Wir können daraus schließen, daß sie Bücher liebte, Gemälde aber nur mochte (»Ich mag sie ansehen«, sagte sie von den Bildern Picassos), wir können es aber auch lassen.

Selbst wenn wir zustimmen, daß der Amateur wissen sollte, »wie es gemacht ist« – die Weise, wie ein Musikstück zusammengesetzt ist, die Weise, wie ein Interpret es auseinandernimmt und rekonstruiert –, müssen wir doch nicht fordern, daß er weiß, wie man es macht. Ein Ornithologe weiß besser als die Vögel, wie das Fliegen gemacht wird, aber niemand erwartet von ihm, daß er fliegt. Musiker sind selbstbewußte Vögel; sie haben Musik in ihren Muskeln, aber auch in ihrem Geist. Die geistige Seite sollte mit etwas Studium (mehr Studium wahrscheinlich als Platten allein leisten können) den Nichtmusikern zugänglich sein.

Im Westen betrachten wir das Reich der Musik als weniger zum Körper denn zum Geist, und weniger zum Geist denn zur Seele gehörig. Natürlich kann sich ein Militärkapellmeister die Musik als eine Körperertüchtigungskultur vorstellen, und das kann die besonderen Vorbehalte erklären, die John Philip Sousa, der erste große Plattenstar, über sein neues Fach, geäußert hat: »Mit dem Phonographen werden Vokalübungen außer Mode geraten! Und was wird dann aus der nationalen Kehle? Wird sie nicht schwächer werden? Was wird aus der nationalen Brust? Wird sie nicht einfallen?«

Unser derzeitiges Problem aber ist die nationale Seele. Wir haben keine Instrumente, mit denen wir sie messen und dann sehen könnten, ob sie in diesem nun vergangenen Edisonschen Jahrhundert kleiner geworden ist. Wir können aber die einzelne Seele untersuchen und uns vielleicht eine Vorstellung davon machen, wie Musik auf oder durch sie wirkt.

Die erste Frage trennte (wie ich im letzten Kapitel sagte) auch die Akademiker und die Peripatetiker: wirkt die Musik durch Sympathie oder durch Homöopathie? Platon, der damit ein griechisches Vorurteil äußerte, glaubte, daß die Musik durch Sympathie auf die Seele wirke und ihren Charakter direkt dem Zuhörer aufpräge. Ihr Charakter sei der der Seele, den sie imitiert – denn Platon und Aristoteles teilen das griechische Vorurteil, daß die Musik, wie die anderen Künste, mimetisch sei.

In Griechenland war die Musik so eng mit der Dichtung verbunden, daß es aller Mittel der philosophischen Analyse bedurfte, sie zu entflechten – und Platon hielt es für besser, sie verflochten zu halten. *Mousike* konnte alle Aktivitäten der Musen bezeichnen. Im besonderen bezog sie sich auf die beiden Aspekte der Dichtung: Melodie und Rhythmus. Was wir reine Musik nennen würden – »die Verwendung der Kithara und Oboe [*aulos*] ohne Begleitung von Stimmen« –, war nicht ungewöhnlich. Aber Platon wollte sie in seiner projektierten Stadt nicht haben, da »es sehr schwer ist, zu entdecken, was ein solcher wortloser Rhythmus und solche Melodie bedeuten, oder welches der Betrachtung würdige Modell sie darstellen«. Das steht in den *Gesetzen*, einem Alterswerk; in dem früheren Werk *Republik* erlaubt er den Hirten auf den Feldern eine Panflöte (*syrinx*), um darauf zu blasen.

Um in Platons Republik willkommen zu sein, dürfen die Dichter (in direktem Diskurs) nur gute Männer imitieren. Da Melodie und Rhythmus »der Rede folgen müssen«, wird auch der Charakter der Musik ausschließlich edel sein. Deshalb müssen »die klagenden Tonarten der Musik«, das (antike, nicht mittelalterliche) Mixolydische und das dichte oder Hochlydische, verschwinden. Und ebenso die »weichliche und heitere« Ionische und Lydische Tonart. So bleiben also allein das Dorische und das

Phrygische, das eine imitiert »die Akzente eines tüchtigen Mannes, der sich in kriegerischen Verrichtungen und in allen gewalttätigen Zuständen ... tapfer erweist und sich dem Schicksal mit standhafter Ausdauer stellt und seine Schläge abwehrt«; das andere ist »für einen Mann, der sich in friedlicher Tätigkeit befindet, nicht erzwungenermaßen, sondern freiwillig«. Zur Gesangsbegleitung in diesen Tonarten werden nur die Lyra und die Kithara gebraucht, daher werden Harfen, Triangeln, Oboen und die anderen polymodalen Instrumente nicht durch die Stadttore gelassen. Und für den Rhythmus gilt: »Wir sollen nicht Komplexität und auch nicht Vielfalt in den Grundbewegungen anstreben, sondern müssen beobachten, welches der Rhythmus eines ordentlichen und tüchtigen Lebens ist.«

Stimmen alle Elemente der Musik mit der Disposition [*ethos*] der Seele eines guten Menschen überein, wird die Seele des Hörers unmittelbar folgen. Daher ist »die musikalische Erziehung die schönste, weil mehr als alles andere Rhythmus und Harmonie ihren Weg in die innerste Seele finden und auf sie den stärksten Zugriff haben, wobei sie Anmut mit sich bringen und mitteilen, wenn man richtig ausgebildet ist, sonst aber das Gegenteil.«

Es ist Ironie, daß der Sokrates der *Republik* die Oboe abfertigt, denn in dem etwas früheren *Symposium* wird Sokrates als ein Oboist, wie Marsyas, der Satyr, hochgelobt. Wie Marsyas hat Sokrates die Macht, zu bezaubern. »In dem Augenblick, da ich ihn sprechen hörte, wurde ich von einer Art heiligem Eifer erfaßt, schlimmer als jeder Korybant, und mein Herz hüpfte in meinen Mund, und die Tränen stiegen in meine Augen ... Ich fühlte, daß ich einfach nicht in der Weise weiterleben konnte, wie ich es tat.« Aber Sokrates steht als Oboist noch über Marsyas, denn er braucht keine Oboe – nur Wörter.

Wie kommt es, daß Platon, nachdem er seinem Lehrer in dieser glänzenden Lobrede gehuldigt hat, ihn später die Musik verschmähen läßt? Eine Antwort wird in der Lobrede selbst angedeutet. »Sokrates ist der einzige Mensch der Welt, der mich beschämt fühlen lassen kann. Weil es bei ihm kein Entkommen gibt, weiß ich, daß ich die Dinge tun sollte, die er mir mitteilt, doch in dem Moment, da ich außerhalb seiner Sicht bin, kümmert es mich nicht, was ich tue, um mit dem Mob übereinzustimmen.« Der Lobredner gibt also zu, daß die emotionale Wirkung von Sokrates Worten sich verflüchtigt, wie jede Wut oder jedes Fieber. Ihr praktischer Effekt ist vielleicht Null. Und wer ist der Lobredner: Alkibiades, der sturzbesoffen (und von einer Oboe angekündigt) in die Gesellschaft hereinplatzt und der, wie Platons Publikum weiß, ein schlimmes Ende nehmen wird, entehrt in der sizilianischen Expedition und anderen Fiaskos. Als Schützling von Perikles und Schüler von Sokrates wird sein Name in Athen zu einem Beinamen für irregegangene Schönheit und Vernunft.

Platon liebt den hier geschilderten Sokrates, den Rattenfänger der Agora. Aber er beginnt ihn abzulehnen, etwa in der Weise, wie Nietzsche das chromatische Moralisieren von Wagner ablehnt. Platon hatte Vorbehalte gegen die Karriere seines Lehrers: mußte sie so grellbunt und kurz sein? Es ist zurecht bemerkt worden, daß, wäre Platons Staat jemals verwirklicht worden, der erste Index von verbannten Künstlern den frühen Platon und vielleicht auch den historischen Sokrates aufgelistet hätte – Großhändler in Ironie, Ambiguität, herzzerbrechender Chromatik. In der *Republik* fängt Platon damit an, seine Schriften von den romanhaften Glücksgefühlen zu säubern, die ihren Höhepunkt im *Symposium* gehabt hatten. Gerade so, indem er Oboe und Harfe zum Schweigen bringt, würde er »die Stadt säubern, von der wir sagten, daß sie schwelge«. Gerade so wollte er die Musik von den Tonarten säubern, die so gesellig waren – *sympotikai*, geeignet für ein Symposium. »Wir sind keine Neuerer«, sagt sein Sokrates, »wenn wir Apollo und die Instrumente des Apollo dem Marsyas und seinen Instrumenten vorziehen.«

Aristoteles nimmt in seiner *Politik* die Frage des moralischen Wertes der Musik auf, wo Platon sie belassen hatte. »Wenn Menschen Imitationen hören ... rühren sich ihre Gefühle in Sympathie.« »Die Ziele der anderen Sinne, wie Geschmacks- oder Tastsinn, haben keine Ähnlichkeit mit moralischen Qualitäten«, aber sogar »in bloßen Melodien gibt es eine Imitation des

Charakters«. Aristoteles bestätigt Platons Darstellung der durch die verschiedenen Tonarten und Rhythmen erregten Emotionen. Er stimmt zu, daß die Musik für die moralische Erziehung wesentlich ist, besonders in den frühen Stadien, da »Musik eine natürliche Süße hat«. Und er fügt hinzu: »Es scheint in uns eine Art Affinität zu musikalischen Tonarten und Rhythmen zu geben, weswegen manche Philosophen gesagt haben, daß die Seele Einstimmung ist, andere, daß sie Einstimmung besitzt.«

Aristoteles hätte die Kinder nicht gelehrt, wie man Oboe, Harfe, Triangel oder andere »professionelle Instrumente« spielt, die »nicht zur Tugend führen«, oder wie man in traurigen oder schwächenden Tonarten singt oder spielt. Aber er gesellt sich nicht zu Platon in der direkten Ablehnung dieser Tonarten und Instrumente. Denn moralische Erziehung ist nicht der einzige Zweck, dem die Musik dienen kann. Sie kann auch intellektuelles Vergnügen, Entspannung und Katharsis bereitstellen.

Was ist Katharsis? Aristoteles verwendet das Wort »ohne Erklärung«, und verspricht, daß er es in seinen Vorlesungen über die Dichtung kommentieren wird. Aber dieser Abschnitt der Poetik (wie der Teil, der die Musik behandelt haben muß) fehlt. Obgleich das Wort wie eine rhetorische Prägung klingt, ist katharsis gewöhnliches Griechisch. Es bedarf der Erklärung, gerade weil sein Gebrauch gewöhnlich bis zur Promiskuität ist. Katharsis kann sich auf die Reinigung der Seele, die Entleerung der Gedärme, das Roden eines Waldes, das Ausschneiden eines Baumes, das Worfeln des Getreides, die Menstruation, das Säubern von Lebensmitteln, das Säubern des Universums durch das Urfeuer oder die Erklärung – das Aufräumen – eines Begriffes wie diesen beziehen. Platon benutzt das Wort für die Säuberung einer dekadenten Stadt. Auch Aristoteles will die Stadt reinigen, aber er glaubt nicht, daß das durch Befehl geschehen kann. Wir alle haben ungesunde Säfte in uns. Sie können nicht ein und für alle Mal aus der Stadt ausgetrieben werden; sie können nur periodisch aufgerührt und aus der Brust eines jeden ausgetrieben werden. Heilige Rituale können dieses bewirken und auch weltliche Musik und Drama.

Gefühle wie Mitleid und Furcht oder wiederum Begeisterung existieren in manchen Seelen sehr stark und haben mehr oder weniger Einfluß auf alles. Manche Personen fallen in einen religiösen Wahn, den wir als ein Ergebnis der heiligen Melodien ansehen ... und werden wiederhergestellt, als ob sie Heilung und Reinigung gefunden hätten. Diejenigen, die von Mitleid oder Furcht und anderem von emotionalem Charakter beeinflußt werden, müssen eine gleiche Erfahrung haben, und auch alle anderen, insoweit sie solchen Emotionen gegenüber empfänglich sind; alle werden gereinigt und ihre Seelen erleichtert und erfreut. Die reinigenden Melodien geben ebenfalls der Menschheit ein unschuldiges Vergnügen.

Daraus folgt, daß »alle Tonarten von uns angewendet werden müssen, aber nicht alle in derselben Weise. In der Erziehung sind die ethischsten Tonarten zu bevorzugen, aber wenn wir den Aufführungen anderer zuhören, können wir auch die Tonarten der Handlung und Passion zulassen.« Selbst die Oboe, die dem Mythos entsprechend von Athena erfunden wurde, die sie dann aber (weil Blasen ihr Gesicht häßlich machte) wegwarf, ist nützlich, »wenn die Aufführung nicht auf Instruktion, sondern auf Erleichterung der Passion zielt«.

Man könnte sagen, Platon benutze eine Makroökonomie der Emotionen, Aristoteles eine Mikroökonomie; aber das ist nicht die wirkliche Abweichung. Platon hat, ebensosehr wie sein Student, ein Auge auf die individuelle Seele. Er hält sie einfach für gefügiger oder vielleicht eher stimmbar. Die Seele schwingt in Sympathie mit dem Geist der Musik mit, die sie hört. Wenn sie genügend virtuose Musik hört, wird sie dauerhaft auf Tugend, *virtudo*, eingestimmt. Das bedeutet, daß man sich tendenziell tugendhaft verhält, nicht daß man tugendhaft ist: das würde Selbsterkenntnis, etwas viel Selteneres, erfordern.

Platon entwickelte verschiedene ziemlich komplexe Modelle von den Operationen der Seele; seine Theorie der Musik gründet sich nicht auf die primitive Vorstellung, daß Gleiches Gleiches produziert. Seine Psychologie in der *Republik* ist alles andere als mechanistisch. Seine Welt ist wie ein Orchester, das gerade die Instrumente stimmt. Dem ungeübten Ohr klingt es wie allgemeines Durcheinander, aber der Eingeweihte weiß, daß es eine perfekte Stimmung gibt, auf die diese Kakophonie zielt, und er beurteilt jedes Klangereignis nach seiner Übereinstimmung mit dieser himmlischen Stimmgabel. Es ist kein Zufall, daß ein Instrument, wenn es vollkommen auf diese Norm gestimmt ist, auch in sich harmonisch ist. Wenn ein Mensch seine Seele richtig stimmt, etabliert er eine Harmonie ihrer drei Bestandteile: des Rationalen, des Appetitiven und des Geistigen (*thymos*, ein unübersetzbares Wort für das Willentliche, Stolze, Heftige, Ungestüme und Edle im Menschen, den Krieger in ihm). Weil aber gerade das die Natur der Seele verlangt, folgt, daß »Tugend ... eine Art Gesundheit und Schönheit und guter Zustand der Seele ist, und Laster wäre Krankheit, Häßlichkeit und Schwäche«.

Für Platon liegt es in der natürlichen Ordnung der Dinge, daß Begehren, Stolz und verwandte Passionen durch den Verstand kontrolliert werden sollten. Gib einem Mann eine gute Erziehung und gute Musik, und seine Passionen werden sich dem anpassen. Aristoteles ist weniger optimistisch: »Denn die Menschen sind nur in einer Weise gut, aber schlecht in vielen«, sagt er in seiner *Nikomachischen Ethik* mit dem Zitat eines ungenannten Dichters. Die Tugend wohnt in der Mitte, die ein einziger Punkt in einem riesigen Spektrum von Irrung ist. Da die Leidenschaften das Material der Tugend sind, soll der Verstand sie nicht zerbrechen, sondern der Verstand soll jeder einzelnen ihr Maß geben – nicht zu stark, nicht zu schwach. Die Leidenschaften können aber nicht ein für alle Mal festgelegt werden, sie müssen in einer Art negativem Feedback ständig überwacht und korrigiert werden. Manchmal steigen Mitleid oder Furcht oder Begeisterung zu ungesunder Höhe. Sie in einer Handlung abzubauen, wäre nicht tugendhaft und könnte verheerend sein. Sie mit gemäßigten Melodien zu beruhigen, wäre bestenfalls ein Aufstau, wie das Eindämmen von Dampf, der entweichen muß. Die Alternative ist Katharsis.

Beide Seiten dieser antiken Auseinandersetzung werden noch vertreten, auch wenn sie selten ausgesprochen werden. In Amerika haben wir eine pentatonische Tonleiter, deren spezielle Funktion aristotelisch ist: wenn wir traurig sind, hören wir Blues. Das Haar des Hundes, der einen gebissen hat, eine Art Homöopathie oder Immuntherapie. Vom Blues beeinflußte diatonische Musik wird ebenfalls so eingesetzt. Wenn melancholisch, hören wir Jazz-Balladen mit ihren schmerzenden Septakkorden; wenn ängstlich oder bitter oder verärgert, Bebop oder Rock. Jedenfalls wählen wir Musik, die unserer Stimmung entgegensteht, mit ihr streitet, sie herauszwingt, sie *ausdrückt.* Aber platonische Stimmen protestieren immer, daß solche Musik zu sorgenvoll, zu sinnlich oder zu wahnsinnig sei, und daß sie – weit davon entfernt unsere Dämonen auszutreiben – sie antreibt. In den zwanziger Jahren wurde Jazz Teufelsmusik genannt. Jetzt hat Rock diesen Titel, und alle sechs Monate veröffentlichen Psychologen eine neue Studie und zeigen, welche ungünstige Wirkung Rock-Musik auf die Lösung von algebraischen Problemen oder das Wachstum von Tomaten hat. (Ich habe dies nicht erfunden.) Eine Studie kam kürzlich zu dem Schluß, daß der mentalen Hygiene am besten durch Musik im Dreivierteltakt gedient wird – wie dem Walzer, den die Moralisten des neunzehnten Jahrhunderts so verachteten. Swing, der einmal subversiv war, gilt bei den Platonikern jetzt als so annehmbar, daß er in Aufzügen gespielt wird. Die historische Verschiebung läßt vermuten, daß von einer Musik, die man zu verstehen noch nicht begonnen hat, oder von einer Musik, die man allzu gut versteht, Katharsis nicht zu kriegen ist. Die erste kann nur verärgern, die zweite nur beruhigen.

Bei unserer Reaktion auf Konzertmusik wird die Rolle des Verstehens am deutlichsten. Populäre Musik (und in gewissem Umfang auch Jazz) ist gewöhnlich emotional stabil, so daß ein Stück ganz aus einem Stück ist wie ein lyrisches Gedicht. Ein Stück Konzertmusik entwickelt sich emotional während seines Voranschreitens; seine Stimmungen wechseln, und die Stimmung eines Ausschnitts kann nicht getrennt vom Ganzen verstanden werden. Anders als die griechischen Tonarten und die indischen Ragas haben unsere Tonarten (für die meisten Hörer) hauptsächlich in Beziehung auf die Tonarten, von denen sie in dem Werk umgeben sind, Bedeutung. Unsere Musik hat eine Entwicklung, die wir kaum anders als dramatisch verstehen können.

Aristoteles zeigte in der *Poetik*, wie die Handlungsstruktur der Tragödie Mitleid und Furcht erweckt; vielleicht hätten wir im verlorenen Teil erfahren, was an der Handlung die Reinigung garantiert. Vielleicht hätte dieser Teil auch erklärt, welche Rolle die Musik bei diesem Prozeß spielt (denn zur Tragödie gehörte wie zur meisten griechischen Dichtung Musik). Aber daß sich die Musik selbst, abgesehen von ihrem Wechsel zwischen Chorliedern und Versen, dramatisch entwickelt hat, ist unwahrscheinlich. Die Struktur der europäischen klassischen Musik ist gewöhnlich dramatisch, wenn auch kein Geringerer als der Dramatiker und Musikkritiker Bernard Shaw auf einer Postkarte an seinen Freund Elgar fragt: »Warum nicht eine Finanz-Symphonie? Allegro: drohendes Disaster, Lento maestoso: völlige Pleite, Scherzo: leichtes Herz und leere Taschen, Allegro con Brio: Die Wolken hellen auf.« Das ist das Modell einer Beethoven-Symphonie in einer Moll-Tonart, mit einem Finale oder einer Coda in Dur – eine dem neunzehnten Jahrhundert entsprechende Rationalisierung der Tragödie. Die Symphonie könnte stattdessen auch in Moll bleiben und die Tragödie klassisch düster halten. Oder sie könnte so nach Dur gehen, daß nicht ein Happy-End angedeutet wird, sondern Resignation und tiefere Erlösung. Ein überragendes Beispiel dafür ist Mozarts g-Moll-Quintett, das uns durch eine Landschaft von fast unerträglichem Leid führt, uns dann nach etwa der Hälfte des letzten Satzes an der Hand nimmt und uns vor Freude tanzen läßt zu einer Melodie, die eine entfernte Dur-Verwandte des beladenen Eröffnungsthemas ist.

Hier ist ein direkter Weg, auf dem uns Musik von schlechter Laune zu guter führen kann. Aber eine klassische Struktur kann dasselbe indirekt tun, indem es die schlechte Laune austreibt und ein Vakuum hinterläßt, das gesunde, frische Luft eiligst füllen wird. Es gibt Mengen von anderen Permutationen, deren jede auf besondere Weise für Platoniker unannehmbar ist. Man nehme Mahler: wenn er uns diese riesigen metaphysischen Linien entlangführt, zieht er uns dabei aus unserem Selbstmitleid? Manche Leute empfinden das so. Die Platoniker aber sagen, wir sinken nur tiefer.

Man könnte behaupten, daß die Mahlersche Kunst darin liegt, daß sie Strukturen irrelevant macht; daß er eine Struktur so wahnsinnig braucht, gerade weil er nach einem einzigen erlösenden Moment sucht. Und wirklich hängt Katharsis nicht immer von einem großen Entwurf ab. Die Erfahrung kann konzentriert werden. Sie kann daraus entstehen, daß ein Moment in einen überzeugenden Klangfluß eingetaucht ist. Umgekehrt muß die Sympathie-Theorie nicht durch die westliche musikalische Form zerschlagen werden. Sie muß nur eine Art pythagoreischer Sichtweise der Form annehmen, sie also als eine lineare Dimension der Harmonie sehen (wie sie von dem Musikwissenschaftler Heinrich Schenker gesehen wurde), eher als eine Sache der Architektur als des Dramas. Es gibt einfach eine Menge Musik aus dem achtzehnten Jahrhundert, die emotionell statisch oder bestenfalls zirkulär erscheint. Es ist schwierig, die A-B-A Standardform hinreißend dramatisch zu finden (wie Raymond Leppard an Händelschen Dacapo-Arien beobachtet hat: »Was machst du mit einer Form, die im Grunde lautet: ›Teil 1: Ich habe meine Tante getötet; Teil 2: Sie war aber im Grunde eine nette Person; Teil 3: Ich habe meine Tante getötet‹?« Man vergleiche damit Glenn Gould zum Problem der Wiederholungen in Bachs Partiten: »Auch der Heilige Georg kann den Drachen nur einmal töten!«). Andererseits hat die dreiteilige Form einige Ähnlichkeit mit dem von Northrop Frye beschriebenen Archetyp der Komödie, der seine eigene kathartische Macht hat. Im allgemeinen kann man mit Fug und Recht sagen, daß die Entwicklungsformen der Konzertmusik (und auch mancher nicht-westlichen Musik, wie sie von den Drum-Ensembles Südafrikas gespielt wird) günstiger für eine aristotelische Verwendung sind, und kurze oder statische Formen für eine platonische. Aber die ausgeglichene und vergnügliche Altertümlichkeit der klassischen Musik macht sie für den modernen Platoniker Takt für Takt attraktiv.

Wir kehren nun zurück zu dem »was wäre wenn« in der Unterhaltung mit Nina. Du bist in einer abscheulichen Stimmung, und jemand legt etwas munter Heiteres von Mozart in C-Dur auf – nicht die Jupiter-Symphonie, sondern etwas wie die Klaviersonate KV 545. Gerade die erste Folge von Skalen stellt wahrscheinlich die Geduld auch der hingebungsvollsten Platoniker auf die Probe. *Ich würde mich wahrscheinlich sehr ärgern.* Ninas Antwort erinnert mich an etwas, das Beecham einmal sagte, als Ethel Smyth ihn wegen einer unüblich ungestümen Aufführung des Figaro tadelte:

> Mit dieser schweren Verantwortung und dieser unauflöslichen Schwierigkeit und dem ständigen Zustrom noch einer weiteren Sache war ich oft in einem solchen Zustand der Erschöpfung, daß ich weder wußte, was ich tat, noch mich darum kümmerte. Und zu Mozart: ... weißt du nicht, daß du, wenn du in diesem Zustand bist, und ein Bote oder der Briefträger oder eine andere ganz neutrale Person hereinkommt, du ganz höflich und beherrscht sein kannst. Wenn aber jemand, den du magst, den Kopf zur Tür hereinstreckt, dann könntest du diese Person ermorden! So ist es mit Mozart. In solchen Fällen wäre mein Empfinden sehr wahrscheinlich »Verdammter und dreimal verdammter Mozart.«

Wenn jemand, den ich mag, in einer solchen Stimmung hereinkommt, wird er wahrscheinlich versuchen, mich an mein besseres Ich zu erinnern. Ich habe aber gar nicht den Wunsch, mich wieder bei meinem besseren Ich zu finden, mindestens jetzt noch nicht. Meine wilde Brust weigert sich, besänftigt zu werden, und alles geht mir gegen den Strich. Natürlich haßt eine elende Stimmung die Gesellschaft.

Worüber wir sprechen, ist nicht nur der »heitere« Mozart, sondern der wirkliche Mozart, in dem Sonnenlicht und Schatten ebenso untrennbar sind wie auf einer gesprenkelten nassen Wiese im Mai. Er ist zu perfekt. Und in diesem Sinn ist Mozart ein Paradigma für klassische Musik. Der größte Teil der vor diesem Jahrhundert geschriebenen Konzertmusik trifft den gelegentlichen Hörer als ein bißchen zu edel, zu rein. Wie Nina es formuliert hat: »Ich möchte nicht veredelt werden.« Ihre großstädtische Nervosität möchte nicht wegplatonisiert werden, und unterwirft sich nur manchmal dem feinen Labor einer Beethoven-Sonate. Die Rohmaterialien sind zu grob, die Voraussetzungen zu häßlich. Meistens wirkt Punk-Rock besser, selbst für eine Frau, die mit Chopin-Noten auf einem hellen Klavier aufgewachsen ist.

Jeder, der mitten in dieser TV-Kultur dauernd Beethoven-Quartette hören kann, ist entweder spirituell taub oder ein Heiliger. Die Musik stellt Forderungen, die unter den gegebenen Umständen einfach unfair sind. Für eine moderne Katharsis scheinen *Le Sacre du Printemps* (das einen Ritus beschreibt, der den von Aristoteles erwähnt Dionysischen Mysterien nicht unähnlich ist) und Weills *Mahagonny* der Sache näher zu kommen – sie haben die Garstigkeit, die geistige Boshaftigkeit, der wir trauen. Nicht alle Musik des zwanzigsten Jahrhunderts hat diese Qualität; Webern und der späte Sibelius sind so rein, daß man fast die Notwendigkeit verspürt, sich auf sie wie auf ein Gebet vorzubereiten. Diese Komponisten waren Einsiedler aus Neigung, und um ihre Musik zu hören, müssen wir denken wie Einsiedler.

Nicht, daß dieses Jahrhundert so viel schrecklicher wäre als vergangene Jahrhunderte (obgleich es jederzeit dahin kommen könnte). Die große Ursache für unsere Unruhe ist trivial, ein Nebenprodukt der Demokratie und der Elektronik. Die Massenkultur richtet sich nach dem kleinsten gemeinsamen Nenner, und von dem stellt sich heraus, daß er viel kleiner ist, als das »kleinste« enthaltene Element. Nach jedem möglichen Standard – außer origineller Verschrobenheit – ist das amerikanische Fernsehen schlimmer als alles, was Amerikas verschiedene Volkskulturen jemals hervorgebracht haben. Die amerikanische Volksmusik ist manchmal besser, aber sie kann sich kaum von der Logik des Fernsehens freimachen. Und die Notwendigkeiten der professionellen Videos werden sie noch sehr viel stärker darin verwickeln. New Wave Musiker sind sich dieser Tatsache durchaus bewußt (sie haben Rock Videos erfunden) und beuten sie mit Brechtschem Vergnügen aus. Als Kinder von Dada teilen sie das Ziel der modernen Kunst: das zu nehmen, was in unserer

Erfahrung das Häßlichste ist, um dann durch Umarrangierung und Verzerrung eine doppelte Alchemie zu bewirken, die beide, das Objekt und den Beobachter, reinigt. Manchmal funktioniert das, manchmal aber nicht. Das Prinzip, wenn Mist reingeht, kommt Mist raus, das üblicherweise auf Computer angewandt wird, hat eine gewisse Bedeutung auch für Künstler.

Platon wollte alle Künstler und Kunsthandwerker überwachen, so daß »unsere Wächter nicht unter Symbolen des Bösen aufwachsen, als seien sie auf einer Weide mit giftigen Kräutern, damit sie nicht frei grasen und Tag für Tag immer etwas davon abrupfen, und die Ahnungslosen eine riesige Masse des Bösen in ihren Seelen aufhäufen und ansammeln.« Der moderne Künstler glaubt, daß er durch seine Manipulation die Symbole des Bösen erlösen kann. Zumindest muß er das versuchen – diese kathodenverstrahlte Weide ist alles, was wir haben. Was aber, wenn sich herausstellt, daß wir uns im Verlauf unserer kulinarischen Experimente mit Gräsern selbst vergiften?

Das Beispiel der Pop-Musik (und der Avantgarde-Musik, die ihr Parasit ist) wirft in ihrer prickelndsten Form das allgemeine Problem des aristotelischen Hörens auf. Das Problem ist auch für andere Formen der Musik gültig. Man kann nichts kriegen, das sehr viel spiritueller als Mahler wäre, aber wieviele Stunden kann man seine Musik absorbieren, bevor man eine tödliche Dosis Weltschmerz akkumuliert hat? Oder was ist edler als Schönberg, aber wieviel davon kann man zu sich nehmen, bevor man sich beim Zähneknirschen ertappt?

Katharsis ist ein subtiler Prozeß. Er geschieht nicht immer, wenn wir wollen, und wir wollen ihn nicht immer, auch wenn wir meinen, wir wollten. Manchmal wollen wir insgeheim schwelgen. Wenn ich sage: »Verdammter Mozart. Ich bin verärgert. Um das aus meinem Körper zu kriegen, brauche ich etwas wie Elvis Costello«, meine ich vielleicht in Wirklichkeit: »Ich möchte ärgerlich bleiben. Ich möchte im Spleen (oder der Melancholie oder der liebeskranken Lässigkeit oder in was immer) verweilen.«

Phonographische Amateure kennen die Kunst, die Musik einer Stimmung entsprechen zu lassen. Die Stimmung mag namenlos sein, aber irgendwo gibt es eine Platte (in deiner Sammlung, hoffst du), die sie perfekt zum Ausdruck bringt. Der Himmel ist bewölkt, alles ist schlimm, Schnee wird erwartet: Heifetz spielt das Sibelius Violinkonzert. Der Geruch von nasser Wolle, unangenehme Erinnerungen: Wiedersehen mit dem Highway 61. Du hast deinen Ehemann aufgefordert, dich zu verlassen, und er ist dem nachgekommen, du gehst fassungslos durch das Haus, dein Sohn wird rastlos, du wartest darauf, etwas zu verstehen: Bachs Cello-Suite in G, gespielt auf einem Spielzeugphonographen auf dem Boden, wo du sitzt. (Diese letzte so europäische Szene ist aus Peter Handkes Film *Die linkshändige Frau.*)

Diese Kunst kann bis zu einer morbiden Exaktheit, zu Selbstmitleid und manchmal Selbstvernichtung geschärft werden. Ein triviales Paradox: angenommen, ich habe letzte Nacht in einer bekümmerten Stimmung das Zehnte Streichquartett von Schostakowitsch in der Hoffnung auf eine Art Katharsis oder Tröstung gespielt; heute abend ertappe ich mich, wie ich das zweite Thema mit seinen reinen Quinten und altgläubigem Evangelienreichtum summe, und lege – nach dem Prinzip, daß der Phonograph eine Ausweitung der vokalen Töne ist – die Platte (Borodin Quartett, gute klare sozialistische Konstruktion) wieder auf. Mit ziemlicher Sicherheit bin ich bald wieder in derselben bekümmerten Stimmung, selbst wenn das Problem, das mich letzte Nacht bekümmert hat, im Lauf des Tages gelöst wurde. Ist es möglich, daß mir das Thema wiederkehrte, gerade weil es verfänglich war? Das würde bedeuten, eine obsolete Stimmung kann sich durch Einklinken in eine dauerhafte Melodie perpetuieren.

Theodor Reik, der Psychoanalytiker, der *The Hounting Melody* geschrieben hat, würde sagen, die Melodie sucht mich heim, weil mein Problem tiefer liegt, als ich weiß, und in Wirklichkeit überhaupt nicht gelöst ist. Sicher liegt eine Gefahr darin, in einem Problem zu schwelgen. Und es gibt dem Schwelgen verwandte Aktivitäten, die zwar respektabler, doch ebenfalls sehr riskant sein können. Dringender als Katharsis will man vielleicht Tröstung. Dieser Begriff fällt zwischen unsere griechischen Stühle, denn für die Griechen gehörte Tröstung zur Abteilung Rhetorik und Philosophie, nicht zur Kunst. Brahms ist der große Tröster. Er macht, daß man sich gut fühlt, wenn man sich schlecht fühlt. Oder man will vielleicht Selbsterkenntnis: nicht die Gefühle aussäubern, sondern sie artikulieren. Es könnte ein Kennzeichen von »ernsthafter« Musik sein, daß sie diese Brennschärfe anbietet, während die meiste Pop-Musik diese Gefühle übertreibt, und schlechter Jazz diese verschwimmen läßt. Artikulation ist der Katharsis nicht inkompatibel; ebensowenig ist Psychoanalyse inkompatibel mit Heilung.

Man könnte behaupten, daß, wie der tragische Held (etwa Ödipus) gereinigt wird, wenn er seine objektive Situation erkennt, auch der Zuschauer gereinigt wird, wenn er seine emotionale Situation erkennt. Nietzsche würde sagen, die Erkenntnis geht tiefer, das heißt die Erkenntnis einer metaphysischen Einheit, in der die Situation des tragischen Helden auch die meine ist. Aber bevor wir irgendetwas davon auf die Musik anwenden können, brauchen wir ein klareres Gefühl dafür, wie die Musik die Emotionen »artikuliert« oder »ausdrückt« oder »repräsentiert«, wenn sie es überhaupt tut.

1854 gab Eduard Hanslick seiner Bevorzugung von Brahms gegenüber Wagner eine theoretische Grundlage in *Das Schöne in der Musik*. Er schrieb:

Nur auf Grundlage einer Anzahl – im Momente starken Fühlens vielleicht unbewußter – Vorstellungen und Urteile kann unser Seelenzustand sich zu eben diesem bestimmten Gefühl verdichten. Das Gefühl der Hoffnung ist untrennbar von der Vorstellung eines glücklicheren Zustandes, welcher kommen soll und mit dem gegenwärtigen verglichen wird. Die Wehmut vergleicht ein vergangenes Glück mit der Gegenwart ... Abstrahiert man von ihm [dem Gedankenapparat], so bleibt eine unbestimmte Bewegung, allenfalls die Empfindung allgemeinen Wohlbefindens oder Mißbehagens. Die Liebe kann ohne die Vorstellung einer geliebten Persönlichkeit, ohne den Wunsch und das Streben nach Beglückung, Verherrlichung, dem Besitz dieses Gegenstandes nicht gedacht werden. Nicht die Art der bloßen Seelenbewegung, sondern ihr begrifflicher Kern, ihr wirklicher historischer Inhalt macht sie zur Liebe. Ihrer Dynamik nach kann diese ebensogut sanft als stürmisch, ebensowohl froh als schmerzlich auftreten und bleibt doch immer Liebe. Diese Betrachtung allein reicht hin, zu zeigen, daß Musik nur jene verschiedenen begleitenden Adjektiva ausdrücken könne, nie das Substantivum, die Liebe selbst ... Einen gewissen Kreis von Ideen hingegen kann die Musik mit ihren eigensten Mitteln reichlichst darstellen. Dies sind, entsprechend dem sie aufnehmenden Organ, unmittelbar alle diejenigen Ideen, welche auf hörbare Veränderungen der Kraft, der Bewegung, der Proportionen sich beziehen, also die Idee des Anschwellens, des Absterbens, des Eilens, Zögerns, des künstlich Verschlungenen, des einfach Fortschreitenden und dergleichen.

Hanslick erinnert uns an die komisch disparaten Interpretationen, die einer einzigen Melodie zugeordnet werden. Selbst Vokalmusik, die in völliger Übereinstimmung mit dem Text zu sein scheint, würde dem gerade entgegengesetzten Text ebensogut passen, wenn wir ihr die Möglichkeit dazu gäben. »Zum Beispiel kann eine Melodie, die uns als hochdramatisch beeindruckt, und die das Gefühl von Wut ausdrücken soll, diesen Geisteszustand nicht anders ausdrücken als durch schnelle und ungestüme Bewegung. Worte, die leidenschaftliche Liebe ausdrücken, könnten, auch wenn sie eine diametral entgegengesetzte Bedeutung haben, deshalb durch dieselbe Melodie angemessen wiedergegeben werden.« Und nun spielt Hanslick seinen Trumph aus: »Als die Arie des Orpheus

J'ai perdu mon Euridice
Rien n'égale mon malheur,

Tausende (und darunter Männer wie J.-J. Rousseau) zu Tränen rührte, bemerkte ein Zeitgenosse Glucks, Boyé, daß man dieser Melodie ebensogut, ja weit richtiger die entgegengesetzten Worte unterlegen könnte:

J'ai trouvé mon Euridice,
Rien n'égale mon bonheur.«

Man könnte antworten, daß diese Arie uns etwas über die Vereinigung von Gegensätzen mitteilt – nicht in der Musik, sondern im Herzen. Nicht, daß entgegengesetzte Emotionen, in einem kalten physikalischen Sinn, dieselbe Dynamik haben können, sondern daß sie sich tatsächlich erschreckend gleich *anfühlen* können. Man erinnere sich an Thomas Manns Bemerkung über unsere Toten, die wir in Wirklichkeit vielleicht nicht zurückwünschen. Das scheint mir den Kern des Orpheusmythos zu treffen mit seinen unerträglichen Umkehrungen – nun siehst du sie, jetzt siehst du sie nicht. Aber wir wollen von diesem Bereich etwas konventioneller sprechen. Die Worte drücken Bedauern aus, ein Gefühl des Verlustes. Und doch enthält diese besondere Art des Kummers, den Hanslick für höchst konzeptuell halten würde und in Musik nicht ausdrückbar, erinnerte Freude. Sie enthält auch eine gewisse Erleichterung: Jetzt kann ich sie endgültig in ihrer zeitlichen Vollständigkeit sehen und perfekte Lieder über sie singen. Ist es ein Zufall, daß drei der frühesten Opern überhaupt – Peris *Euridice*, Caccinis *L'Euridice* und Monteverdis *Orfeo* – von dieser Geschichte ausgegangen sind: Haben nicht immer die traurigsten Lieder einen Tropfen Freude in sich, gerade weil sie gesungen werden? Und sind nicht alle Künstler Komplizen ihrer eigenen Sorgen, die die Vorbedingung ihrer Freude sind? (Adolphe de Leuven von der Opera Comique flehte Bizet und seinen Librettisten an: »Ich bitte Sie, lassen Sie Carmen nicht sterben. Auf dieser Bühne war noch nie der Tod zu sehen.« Aber Bizet liebte Carmen zu sehr, als daß er sie hätte leben lassen können. Don Josés Schrei am Ende könnte der Epilog des Autors sein: *C'est moi qui l'ai tué, ah Carmen, ma Carmen adorée.*)

Viele Denker vor Freud ahnten das Prinzip der Ambivalenz, aber nur Größen wie Bach und Mozart konnten sie systematisieren. Die Musik ist mehrdeutig, nicht weil sie vage ist, sondern weil sie gespenstisch präzise ist. Ich testete einmal Hanslicks Beispiel an jemandem, dem Gluck fremd war und der des Italienischen (der Sprache, in der die Oper im allgemeinen gesungen wird) völlig unkundig war, und der immerhin erriet, daß die Figur etwas erinnerte, um jemanden trauerte. Hanslick hätte diesen Treffer wahrscheinlich dem Gesang von Janet Baker zugeschrieben; denn er behauptet, daß die Aufführung einen »direkten

Ausfluß der Gefühls in Klang« erlaubt, während die Komposition eine Übung der abstrakten Imagination ist.« Er erklärt dieses Paradox nie.

Hanslick sagt, daß die Musik ein akustisches Phänomen ist, eine Frage der Physik, und ihre Möglichkeiten nur so weit reichen, physische Zustände wie Ruhe und Bewegung, Spannung und Entspannung zu imitieren. Aber die Möglichkeiten der Sprache sind ebenfalls akustisch und noch sehr viel begrenzter, und doch sind die Sätze in der Lage, Emotionen auszudrücken oder anzudeuten. Die Antwort darauf wäre, daß Musik keine Semantik hat. Die Antwort darauf wäre, sagte wer? Deryck Cooke hat in *The Language of Music* eine westliche Tradition aufgegriffen und entstaubt, die auf das Jahr 1400 zurückgeht und aus der Musik »eine Sprache der Emotionen« macht, »die der Sprache verwandt« ist. Daher ist die Folge 5-(4)-3-(2)-1 (Moll) »oft verwendet worden, eine ›einfließende‹ schmerzliche Empfindung, in einem Kontext von Finalität auszudrücken: Annahme des Kummers oder Hingabe an ihn, Entmutigung und Depression, passives Leiden, und die in der Musik von Dunstable bis Tschaikowski mit dem Tod verbundene Verzweiflung. Dieser Code ist ein kulturelles Artefakt; andere Kulturen haben ihre eigenen Codes, die vielleicht ebenso allgemein sein können, wie die griechischen Tonarten (was wir davon wissen) oder ebenso vollständig determiniert wie die musikalische Rede von Cyranos Mondmenschen.

Aber der Code, den Cooke entschlüsselt hat, ist nicht nur ein koventioneller. Seine »Semantik« wurzelt in der Weise, in der die physischen und die dynamischen Materialien – die Hanslickschen Materialien, die wir sozusagen visualisieren können – das emotionale Leben schildern. Seine Konventionen gleichen weniger den reinen Konventionen der Sprache als den subtilen Konventionen der bildenden Kunst. Das subjektive Element ist mindestens ebenso stark wie im abstrakten (aber darstellenden) Gemälde.

Etwa in der Art ist der Ansatz, den Susanne Langer in ihrer maßgeblichen Arbeit über Symbolik, *Philosophy in a New Key*, einnimmt. Von den vielen emotiven Theorien der Musik, die in den letzten paar Jahrhunderten vorgebracht worden sind, ist ihre die intelligenteste, und wenn sie auch nicht substantiell von dem, was Richard Hooker 1594 schrieb, abweicht – daß die Musik einzigartig »das Bestehen, Entstehen und Fallen, die wirklichen Schritte und Brechungen überall, die Wendungen und Varietäten aller Leidenschaften, denen bislang der Geist unterworfen war« darstellt –,dann macht sie es wunderbar anschaulich.

»Wir können Musik verwenden«, sagt sie, »um unsere subjektiven Erfahrungen abzuarbeiten und unsere persönliche Balance wiederherzustellen, aber das ist nicht ihre primäre Funktion. Wäre es so, wäre es für einen Künstler absolut unmöglich, ein Programm im voraus anzukündigen und zu erwarten, daß er es gut spielt.« Musik ist nicht Selbstausdruck im üblichen Sinn. Stattdessen »drückt sie im wesentlichen des Komponisten *Kenntnis der menschlichen Gefühle aus* ...« Sie ist nicht exakt eine Sprache der Gefühle, da sie kein Vokabular hat; aber auch wenn Denotation fehlt, gibt es Konnotation im Überfluß, das Kennzeichen der wahren Symbolik. Noten sind nicht austauschbar gegen Worte wie »Ärger« oder »Liebe«, weil die *»Musik Formen artikuliert, die die Sprache nicht hervorbringen kann«.* Natürlich läßt eine Melodie grundverschiedene Interpretationen zu, »denn *was die Musik tatsächlich ausdrücken kann, ist nur die Morphologie der Gefühle*; und es ist ganz einleuchtend, daß manche traurigen und manche glücklichen Zustände eine sehr ähnliche Morphologie haben können.« In der Musik gibt es keine festgelegte Denotation, sondern eher ein »vorübergehendes Spiel von Inhalten«, die sehr viel mehr mit unserer inneren Erfahrung übereinstimmen.

Jeder, der eine emotive Theorie der Musik sucht, kann hier aufhören. Aber auch wenn die Weisheit von Jahrhunderten sie unterstützt, fühle ich mich mit diesem besonderen Status der Musik nicht wohl. Er muß die Muse einzwängen und sie auf die innere Welt begrenzen, während ihre Schwestern nach Belieben die innere und die äußere umfassen. »Musik ist unser Mythos des Innenlebens«, sagt Langer. Sind nicht alle Mythen Mythen des inneren wie des äußeren Lebens? Sie würden uns kaum so fesseln, wie sie es tun, wenn sie nicht zum inneren Leben durchdrängen. Und sie würden uns auch nicht fesseln, wenn sie keine konkreten Inhalte (der Plural ist wichtig) hätten, an die wir uns halten können.

Den Musiker zu einer Art Psychologen zu machen, hat etwas Zimperliches und Kränkendes. Dante war einer, aber er war auch Astronom, Theologe, Historiker, Politiker, Polemiker, Metaphysiker. Können wir weniger von Beethoven sagen?

Es ist wahr, daß die westliche Musik ihren Höhepunkt zu einer Zeit und an einem Ort obsessiver Innerlichkeit erreichte – Deutschland und Österreich im achtzehnten und neunzehnten Jahrhundert. Das Gesellschaftsleben war in seinen Gleisen steckengeblieben, so erkundeten die Menschen ihre Innenseiten. Aber was neben der Musik blühte, war nicht die Psychologie (das geschah später, als die Musik disintegrierte); es blühten Geschichte, Geographie, Naturwissenschaft und Philosophie, vor allem Metaphysik. Es gibt noch einen anderen Hinweis. Metaphysik wuchs aus dem Mythos. Beide tasten nach einer Schicht der Existenz, die die Grundlage jeder anderen ist, die ihre Tiefenstrukturen jedem anderen Bereich verleiht - dem physischen, dem biologischen, dem emotionalen, dem sozialen, dem künstlerischen.

Diese Hinweise deuten auf Schopenhauer und das letzte Kapitel dieses Buches. Für den Moment können wir unter Protest eine emotive Theorie der Musik ähnlich der Langers akzeptieren, wobei der Protest darin besteht, daß Emotion nur ein Ding unter anderen ist, die die Musik repräsentiert, und wahrscheinlich ein sekundäres. Wir können auch das allgemeine Terrain angeben, auf dem eine Lösung gefunden werden kann für ein Rätsel, das Hanslick aufstellt und Langer umgeht.

Hanslick sagt, daß das, was wir gewöhnlich Emotionen nennen, in sich verborgene Begriffe trägt. »Die Liebe kann ohne ... den Wunsch und das Streben ... nach dem Besitz dieses Gegenstandes nicht gedacht werden.« Dieses Rätsel ergibt sich Langers Denotation/Konnotation-Operation nicht, und auch nicht ihrer

Entgegensetzung von »Morphologie« und »Zustand« an sich. Aber einmal angenommen, wir räumen die Schilderung von etwas Äußerem ein – eine Morphologie, aber nicht eine der Emotion selbst. Eine sanfte Melodie kann oder kann nicht »sanfte Liebe« (um eines von Hanslicks Beispielen zu gebrauchen) anzeigen. Wenn es aber zwei melodische Linien in Tonlagen im Oktavenabstand gibt, und keine der beiden ist obligat, dann ist eine Liebe heftig gezeichnet, selbst wenn die Melodie von einer Violine und einem Cello gespielt und nicht gesungen wird. Die Schilderung eines äußeren Faktums trägt dazu bei, das innere zu definieren. Langer sagt, ein Programm ist eine Krücke. Ich würde sagen, ein Programm in diesem weiteren Sinn ist eines der Beine.

Jedenfalls trifft die Sicht der Musik als einer Repräsentation dessen, »wie Gefühle gehen« (Langer), keine Vorentscheidung in dem Streit zwischen Platon und Aristoteles. Langer räumt ein, daß Musik einen ansteckenden Effekt auf die Stimmung des Hörers haben kann, und daß sie von Musikern als Mittel verwendet werden kann, ihrer gegenwärtigen Stimmung Luft zu lassen. Sie impliziert, daß dies degenerierte Fälle sind. Aber man kann unschwer sehen, wie auf einer höheren Ebene eine musikalische Repräsentation von edlen Gefühlen uns veredeln oder ein Bild des Guten und Heiteren uns aufheitern kann, gerade wie sie es in einem Gedicht tun würde. Ebenfalls könnte eine Darstellung unserer derzeitigen Emotionen dazu dienen sie auszureinigen (wobei die Musik sie in effigie verbrennt). Was oft am meisten verstört, ist die Vagheit unseres mentalen Zustandes, und die Weise, wie er in uns einsickert und uns entmenschlicht, so daß wir ihn kaum von uns selbst unterscheiden können. Die Musik objektiviert ihn. Sie läßt uns ihn abtrennen, vielleicht sogar abwerfen.

In dieser Hinsicht scheint die Verwendung von Schallplatten für die Katharsis besonders geeignet. Deine namenlose, rastlose Stimmung beschwört eine bestimmte Platte herauf. Während sich die Platte dreht, scheint sie die Stimmung aus dir herauszuangeln wie einen Fisch. Sie holt sie ein, zieht sie in sich hinein. Die Stimmung und die Platte sind eins, und wenn die Platte vorüber ist, ist es auch die Stimmung.

Dies klingt wie die beste aller möglichen Welten – die Artikuliertheit des fertigen künstlerischen Ausdrucks, die Leichtigkeit des primitiven emotionellen Ausdrucks. Die eigene Melancholie mit Rubinsteins Fingern auszukosten ist beinahe ebenso leicht, wie einen Seufzer tun. Man erinnere sich an Ninas Dilemma. Entweder sie spielt schlecht, und ihr Körper wurde etwas los, oder sie spielte gut, und das ging nicht. Der Phonograph war ihre Lösung.

Die andere mögliche Lösung – eine Balance zwischen Erleichterung und Kontrolle zu finden – war ihr nicht möglich, wahrscheinlich weil sie zu gut spielte. Zu gut, um ein glücklicher Amateur zu sein (»... wenn man nicht zu viel Talent hat und nicht mit absolutem Gehör ausgestattet, ist Spielen immer ein Vergnügen, besonders wenn man nicht allein spielt«, schreibt Josef Škvorecký in seiner Erzählung *The Bass Saxophone*). Und nicht gut genug, um eine große Pianistin mit einer ihrer Leidenschaft entsprechenden Technik zu sein. Ich vermute, daß die meisten professionellen Pianisten ihr Gleichgewicht bei einer niedrigeren emotionalen Temperatur finden, als ihr gefallen würde.

Wahrscheinlich kommen die meisten von uns zum Phonographen, nicht weil wir zuviel von uns selbst verlangen, sondern weil wir zu wenig verlangen. Viele von uns könnten glückliche Amateure sein, wenn wir weniger faul wären, und wären in einem weniger bequemen Alter vielleicht weniger faul gewesen. Unter Amateuren ist der Fall, den Langer als degeneriert ansieht, eigentlich die Norm: sie drücken ihre Gefühle durch Interpretation, Improvisation oder sogar Komponieren aus. Mag sein, daß dies mit klassischer Musik schwieriger ist als mit Folk oder Pop-Musik, aber es ist nicht unmöglich.

Durch eine zu rigide Unterscheidung zwischen dem Ausdruck von Emotionen und der Exposition unserer Kenntnis davon, läßt Langer diese Aufgabe schwieriger erscheinen als sie ist. In Wirklichkeit durchdringen unsere Emotionen und unser Wissen von den Emotionen einander, so daß man unmöglich sagen kann, was sich in einem bestimmten Gedicht, Präludium oder Grunzen manifestiert. *(You don't know what love is/Until you've learned the meaning of the blues/Until you've loved a love you had to lose . . .)* Das Wissen filtert das Gefühl; das Fühlen färbt das Wissen; Vergangenheit und Gegenwart stoßen aneinander.

John Dewey vermittelt in *Art as Experience* einen guten Einblick in dieses Zusammenspiel. In seinem Lexikon ist »Ausdruck« ein Wort des Lobs, reserviert für künstlerische Leistungen.

Während es keinen Ausdruck gibt, solange es nicht einen Drang von innen nach außen gibt, muß das Hervorströmen durch die Aufnahme der Werte früherer Erfahrungen geklärt und geordnet werden, bevor es ein Akt des Ausdrucks sein kann. Und diese Werte kommen nicht ins Spiel außer durch Objekte der Umwelt, die Widerstand gegen die direkte Entladung von Emotion und Impuls bieten.

Emotionelle Entladung ist eine notwendige aber noch nicht hinreichende Bedingung für Ausdruck. »In einem Akt des Ausdrucks werden Dinge in der Umgebung, die andernfalls bloß sanfte Kanäle oder auch blinde Hindernisse wären, zu Mitteln, zu Medien.« Für Dewey gibt es keinen Ausdruck ohne Widerstand. »Etymologisch ist ein Akt des Ausdrucks das Herauspressen, das Herausdrücken. Saft wird ausgepreßt, wenn Trauben in der Weinpresse zermalmt werden ... Schale und Samen werden getrennt und zurückbehalten ... Man braucht die Weinpresse ebenso wie die Trauben, um Saft auszudrücken, und es bedarf der umgebenden und Widerstand leistenden Objekte ebenso sehr wie der inneren Emotion und des Impulses, um einen *Ausdruck* der Emotion zu konstituieren.« Die Etymologie ist ein unsicherer Führer; der älteste Gebrauch des Wortes verweist auf Auspressen, aber nicht notwendig auf Verfeinerung. Saft kann ausgedrückt werden, aber auch »venym« oder »das Weiße des Auges«. Tatsächlich kann, was ausgedrückt wird, der mindere Teil sein, wie bei der Säuberung. Man kann sogar ohne den Begriff eines äußeren Widerstands auskommen, denn wir können uns vorstellen, daß der Organismus »sich ausdrückt« und der Widerstand von innen kommt. (Dies ist jedoch verfänglich, weil sogar die Sprache, in der wir denken, in einem gewissen Sinn äußerlich ist.) Aber es ist doch klar, daß Ausdruck eine Art Widerstand erfordert – oder, wenn man es von der anderen Seite her betrachtet: Anstrengung. Und eben der Anstrengung entkommt der Plattenhörer.

Nicht jeder Plattenhörer jedoch. Für Nina ist Hören aktiv und mit Anstrengung verbunden; es war mit Anstrengung verbunden für Toscanini; B. H. Haggin erzählt, wie der Maestro seine eigenen Platten dirigierte, während sie spielten, »wie seine Hände sich unabsichtlich zur Musik bewegten ...« Plattenspielen ermüde ihn, sagte er. Die Anekdote erinnert uns daran, daß Dirigenten auch nicht aktiver ein Instrument spielen als es Plattenhörer tun. Ein musikalischer Ignorant kann ein Orchester »dirigieren«, wenn es gut geschult ist und selbstbewußt genug, sein Fuchteln nicht zu beachten. Aber er kann sich nicht durch das Orchester ausdrücken. Gleichermaßen kann jeder eine Platte spielen, aber nur das musikalische Talent kann gut genug hören, um sich selbst auszudrücken. Für uns übrige ist Plattenhören einfach zu leicht. Es ermüdet uns nicht.

Es gibt natürlich einen riesigen Unterschied zwischen dem Dirigenten und dem Plattenhörer in der Frage des Selbstausdrucks. Der eine drückt sich selbst in der Wahl seines Repertoires aus und in den subtilen Abstufungen von Phrasierung, Dynamik, Balance und Tempo, der andere drückt sich selbst in der Wahl seines Repertoires, in der Wahl seiner aufgezeichneten Interpretationen und in einfachen Modifikationen von Lautstärke und Balance aus. Ungeachtet der letzten Kontrolleinrichtungen, von denen Glenn Gould hoffte, daß sie eines Tages musikalisch signifikant wären, die es aber jetzt nicht sind, verdichtet sich der Unterschied darauf: der Dirigent muß sich mit einem begrenzten Repertoire zufriedengeben, aber kann jedes Stück zu seinem eigenen machen, während der Plattenhörer ein praktisch unbegrenztes Repertoire hat, in dem nichts sein eigen ist.

Der Plattenhörer ist ein Kind des Supermarktes. Sein Selbstausdruck ist fast vollständig eine Frage der Auswahl von Verpacktem, das von anderen entworfen wurde. Und er hat die Tendenz zu meinen, diese Verpackungen erschöpften die Möglichkeiten. Diese Art Freiheit kann tyrannisch sein.

Die repressiven Tendenzen von Platons musikalischen Lehren liegen offen, und es ist leicht zu sehen, wie ein Regime denken kann, es kontrolliere den Geist seiner Untertanen, wenn es die Musik kontrolliert, die sie hören. Weniger offensichtlich ist, daß der Selbstausdruck oder die Katharsis ebenso repressiv sein können, wenn sie ein Massenprodukt sind. Wenn es für jede Stimmung Platten gibt, von stiller Verzweiflung zu Rebellion, dann können diese antisozialen Affekte ausgelassen und in Papphüllen weggepackt werden. Da ihr Ausdruck vorverpackt ist, werden keine Konsequenzen gezogen. Robert Warshow hat von »jener Tiefe« gesprochen, »wo die Kunst, nachdem sie perfekt geworden ist, keine Implikationen mehr zu haben scheint«. Es gibt solche Kunst, aber nicht sehr viel davon. Unser Problem ist, daß sogar eine Helen-Reddy-Platte diese Art von Endgültigkeit zu haben scheint, einfach durch einen Trick des Formats.

Konzerte können einen ähnlichen Trick veranstalten: Ihr Format ist perfekt für Katharsis: man setzt sich hin und läßt zu, daß der Klang einen ausdrückt, man steht auf und läßt einen Ausbruch von kräftigem Applaus heraus, und es ist vorbei. Die Seele hatte ihr Schwitzbad. Die Türen schließen sich hinter einem, und man kehrt zurück in die Welt der Taxameter. Konzerte sind in einer Gesellschaft, wo das Innenleben von Zeit zu Zeit der gründlichen Lüftung bedarf, nützlich. Sie sind nicht so gut für den Selbstausdruck, weder des Publikums noch der Musiker, da die Festlegung des Programms und der Kauf der Karten im voraus geschieht. Aber da (wie Aristoteles sagt) wir alle unser kleines Quantum an Mitleid, Furcht und anderen beunruhigenden Gefühlen herumtragen, ob sie uns nun gerade im Moment beunruhigen oder nicht, hat diese Schrotflintenbehandlung des öffentlichen Konzerts seine Wirkung. Launen tauchen auf und werden ausgetrieben. Katharsis einer tieferen Art ist unwahrscheinlich, denn Konzerte sind auch noch in einer anderen Hinsicht Schrotsalven: die Schärfe der Musik wird von anderen Körpern, anderen Köpfen abgelenkt.

Auf große Musik zu hören ist aus zwei entgegengesetzten Gründen in einem Konzertsaal leichter als zu Hause. Zuerst einmal muß man in einem Konzertsaal zuhören, weil es nicht viel anderes zu tun gibt. Zweitens wird die Last der Musik geteilt und ist so leichter zu tragen, so wie eine Kanzelpredigt weniger belastend ist als eine persönliche Zurechtweisung. Man wird nicht herausgegriffen, man wird nicht aufgefordert, sein Leben zu ändern, jedenfalls nicht mehr als der Mitmensch auf dem nächsten Platz. Zu Hause muß man die Musik bis zu einem gewissen Grad ignorieren oder aber ihr ganzes Gewicht allein tragen. J. B. Priestley schrieb einmal, daß wir auf die Knie gehen und den Erfindern der Langspielplatte danken sollten, daß sie uns Schuberts C-Dur-Quintett in der Einsamkeit unseres Hauses hören lassen. Und ich danke es ihnen, aber gleichzeitig widerstrebe ich der Last, die sie mir aufgeladen haben. Ich fürchte mich davor, mit großer Musik allein zu sein, denn ich fürchte mich davor, mit meinem innersten Selbst allein zu sein, mit meinem potentiellen Selbst, mit (wenn der Ausdruck erlaubt ist, den mein letztes Kapitel erklären soll) dem Selbst der Welt.

Daraus folgt, daß ich vor der Musik nicht in der Stille Zuflucht finde. Tatsächlich sind Furcht vor der Musik und Furcht vor der Stille dasselbe. Beide können durch Reden, Lesen oder Herumgehen gemildert werden. Wir alle kennen sie aus Erfahrung, aber Charles Lamb gibt dafür das beste Zeugnis. »Wenn ich nicht gehe«, sagt er, »dann lese ich; ich kann nicht sitzen und denken. Bücher denken für mich.« Er konnte auch nicht sitzen und Konzerte hören. »Klang mit Gefühl zu erfüllen und Ideen zu verfolgen, um damit mitzugehen; auf leere Formen zu starren und gezwungen zu sein, sich die Bilder selber zu machen; ein Buch nur aus Satzzeichen zu lesen und alle verbalen Sachen selbst liefern zu müssen ... dies ist eine schwache Ahnung von dem, was ich von einer Reihe der best-ausgeführten Stücke dieser leeren *Instrumentalmusik* durchgemacht habe.«

Thoreau, der gerne dasaß und nachdachte, schrieb von Stille und Musik oft im gleichen Federzug. »Jeder Klang ist der Stille verwandt; er ist eine Blase auf ihrer Fläche, die aufbricht, ein Emblem der Stärke und Fruchtbarkeit der Unterströmung. Er ist eine schwache Äußerung der Stille und unseren Auditoriumsnerven nur dann erträglich, wenn er sich in Kontrast zu dieser setzt. In dem Maße, in dem er das tut, und die Stille erhöht und intensiviert, ist er Harmonie und die reinste Melodie.« (Dies ist der Kern einer von John Cage in *Silence* entfalteten Theorie.) »Ich habe zweiundzwanzig Jahre lang die Stille gebrochen und habe kaum einen Spalt in sie gemacht. Die Stille hat kein Ende; die Sprache ist nur ihr Anfang. Mein Freund denkt, ich halte die Stille, wo ich doch nur geschockt bin, sie so schnell auszulassen. Vergißt er, daß sich in mir dauernd neue Minen des Geheimnisses öffnen?«

Die undurchdringliche Seele fühlt anders. Musik und Stille werden beide als golden gedacht, aber die meisten Menschen sind erschreckt von ihrem Midaseffekt. Deshalb werden beide vom Ritual umgeben oder eben trivialisiert – Musik zu Muzak, Stille zu »friedlich und ruhig«, was ein bequemes Hintergrundsummen bedeutet, sonst würden sie alles vergolden, das Große und das Kleine, und das wollen wir nicht. Wir wollen den Sex schmutzig halten, die Freundschaft effizient, die Arbeit abgetrennt oder schmutzig. Wir wollen nicht so edel sein. Musik oder Stille, beide deutlich gehört, würden alles veredeln oder sprengen. Mit dem Abspielen von Hintergrundmusik schlägt man zwei Fliegen mit einer Klappe.

Und doch findet die Verwendung von Hintergrundmusik eine noble Rechtfertigung durch Platon. Platon zählte die Musiker unter die Handwerker, durch deren Talent »unsere jungen Männer, die nun einmal in einer sumpfigen Gegend wohnen, durch all die Dinge um sie herum gefördert werden, und woher der Einfluß aus den schönen Werken von selbst in das Auge oder Ohr weht, wie eine milde, aus heilsamer Gegend Gesundheit herwehende Luft, und so unvermerkt gleich von Kindheit an sie zur Ähnlichkeit, Freundschaft und Harmonie mit schöner Vernunft leite.« Musik wird nicht mit Drama in eine Reihe gestellt, sondern mit niedrigem Design, mit Vasen und Mischkrügen und den antiken

Äquivalenten zu Tapeten. Sie ist Teil der Umgebung und kann uns fördern, ohne daß wir sie wahrnehmen.

Daß Musik unterschwellig wirken kann, beweist Muzak; sie kann einen zu einem »besseren Arbeiter« machen und damit zu einem »besseren Bürger«. Bei den profunderen moralischen Effekten bin ich nicht so sicher, daß unterschwellige Musik sie produzieren kann. Aber was nach Platon die Musik induzieren sollte, war nicht Tugend selbst, sondern eine Prädisposition zur Tugend, eine Art emotionaler Anmut. Außerdem spricht er von der Musik als einem Zweig der Erziehung, einem Studium, das aktiv verfolgt werden sollte. Während in der *Republik* die musikalische Fähigkeit als eine Hilfe zur moralischen und ästhetischen Unterscheidungsfähigkeit empfohlen wird, wird in den späteren *Gesetzen* das aktive Musizieren zu einer Crux des bürgerlichen Lebens. Die Lehre, daß das gerechte Leben auch das angenehme ist (eine wahre Lehre, sagt Platon, aber sie wäre auch nützlich, wenn sie falsch wäre), muß wie ein Zauber »ohne Unterbrechung von jedermann, Erwachsenem oder Kind, Freiem oder Sklaven, Mann oder Frau« gesungen werden; »tatsächlich muß die ganze Stadt sie unaufhörlich vor sich selbst wiederholen, in Formen, die wir irgendwie ausdenken müssen, um ihnen unerschöpfliche Vielfalt und Feinheit zu geben, so daß die Lust der Ausführenden an ihrer eigenen Hymnodie und das Vergnügen daran ohne Nachlassen fortdauern.«

Drei Chöre sollen eingerichtet werden, aus Knaben, jungen Männern und den älteren Männern, die jeweils den Musen, Apollo und Dionysos heilig sein sollten – denn der Wein des Dionysos wird den älteren Männern helfen zu singen »mit mehr Geist und weniger Schüchternheit«. Die Zuhörerschaft sind die beeindruckbaren Jungen, aber die Jungen singen auch; und ich vermute, der wirkliche Zweck liegt darin, daß sich die Sänger, in welchem Alter auch immer, selbst mit der Fabel von der Tugend beschwören. (Wie Solschenizyn einmal sagte: »Was man auch singt ... das wird man glauben.«) Das ist jedoch nicht, was Platon sagt; er sagt, die Aufführung sollte »den Ausführenden ein unmittelbares unschuldiges Vergnügen geben und den Jüngeren eine Lektion in der eigentlichen Wahrnehmung des Klangcharakters erteilen«. Die Unterscheidung ist überraschend, da sie gegen unser eigenes Vorurteil läuft, daß es vergnüglicher sei, sich hinzusetzen und zuzuhören, und erbaulicher, etwas aufzuführen. Es entspricht jedoch der Erfahrung des Kantors, der es genießt, die Gebete zu singen, aber zu sehr mit ihrem Singen beschäftigt ist, als daß er darüber meditieren könnte. Jedenfalls ist die Unterscheidung in Platons eigener Perspektive inkohärent. Er sagt, daß die Erfreulichkeit der Chorlieder sie und die Tugenden, die sie repräsentieren, in die Herzen der Jungen locken wird, und daß die alten, darin geübten Männer die »richtigen Gefühle von Freude und Schmerz« haben werden, da sie »von dem Guten [in der Musik] angezogen werden und von dem Gegenteil abgestoßen«. Daraus folgt, daß gute Musik für Sänger *und* Zuhörer erfreulich *und* erbaulich sein wird. Und niemand ist zu alt, um erbaut zu werden, denn Erziehung – dieser richtig disziplinierte Zustand von Vergnügen und Schmerzen – kann in vielen Weisen im Lauf eines Manneslebens gelockert und verdorben werden.« Deshalb sagt Platon von seinem musikalischen Zauber, daß ihn die ganze Stadt unablässig *zu sich* selbst wiederholen muß.

Obwohl Platon jetzt freundliche Worte für Dionysos und für die edleren Gebräuche der Verzauberung hat, sollten wir nicht glauben, daß der Rattenfänger aus dem *Symposium* zurückgekehrt sei. Diese zweite Republik ist kaum toleranter als die erste, weder in der Musik noch sonst. Aber Platon scheint jetzt zu denken, wir könnten die Einflüsse der Musik in zwei anscheinend entgegengesetzten Richtungen absorbieren: passiv, indem wir mit ihr leben, oder aktiv, indem wir sie aufführen. Die ausgeschlossene Mitte ist aktives Hören.

Angesichts Platons Sympathietheorie ist dies auch sehr sinnvoll. Wenn Nina in einer schlechten Stimmung ist, macht das Hören von C-Dur-Mozart die Sache nur schlimmer. Aber Mozart auf dem Piano spielen »muß deine Stimmung ändern« mit physiologischer Notwendigkeit – wenn du ihn gut spielen willst, muß sich dein Rücken aufrichten, das Gewicht auf deinen Schultern muß sich heben. Die Transformation ist unbewußt, da deine

Gedanken bei den Noten sind, nicht bei deiner Stimmung. Auf seltsam ähnliche Weise kann eine heitere Hintergrundmusik deine herrschende Laune infiltrieren und überwinden, indem sie hinter deine Abwehr schlüpft. Das ist das verborgene Prinzip von Muzak. Arbeiter, die nie den Aufforderungen einer Live-Bläsergruppe folgen würden, werden durch eine unsichtbare zu Produktivität getrieben.

Weil die Konzentration auf die Musik als einer Außenkraft uns dazu bringt, ihr zu widerstehen, ist das aktive Hören die schlechteste Wette für den Platonismus. Jedoch die beste Wette für den Peripatetiker. Während Aristoteles Meinungen über die musikalische Erziehung meistens denen Platons entsprechen, befaßt er sich kaum mit der Geschicklichkeit der Ausführung. Instrumentelle Praxis ist gut für Kinder, die schließlich »etwas zu tun haben sollten und die Klapper des Archytas, die die Leute ihren Kindern geben, um sie zu amüsieren und sie davon abzuhalten, etwas im Haus kaputtzumachen, war eine grandiose Erfindung, denn ein junges Ding kann nicht ruhig sein.« Aber »wenn sie älter sind, können sie auf die Ausübung verzichten; sie müssen gelernt haben, zu würdigen, was gut ist und sich dank der Erkenntnis, die sie in der Jugend erworben haben, daran erfreuen.« Die Oboe, die lydische Harfe und andere verwandte Instrumente, die Platon allesamt ablehnt, akzeptiert Aristoteles für den professionellen Gebrauch, da sie »dazu bestimmt sind, nur dem Hörer Vergnügen zu bereiten, und außerordentliche Geschicklichkeit der Hand erfordern«. Besonders die Oboe ist so aufregend, daß »die richtige Zeit für ihren Gebrauch dann ist, wenn die Aufführung nicht auf Belehrung, sondern auf Erleichterung der Passiones zielt«. Genauso sollen während »der Erziehung die ethischsten Tonarten bevorzugt werden . . .; beim Hören auf die Aufführungen anderer können wir auch die Tonarten der Handlung und der Passion zulassen« – dies sind dann die Tonarten, die die Katharsis hervorbringen.

Für Aristoteles kommt Katharsis, wenn wir hören, nicht wenn wir spielen. (Aristoteles Verweis auf den religiösen Wahn kompliziert dies, aber tanzen und singen scheint wohl die eigene Katharsis nicht so zu stören, wie es das Spielen eines Instrumentes tun würde.) Nina würde zustimmen – wenigstens gibt ihr gut spielen nicht die Katharsis, die sie will, und die gutes Hören herbeiführt.

Zu welchen Schlußfolgerungen über die Wirkung von Platten auf die nationale (und internationale) Seele sind wir gekommen? Zunächst einmal sollte klar sein, daß die Musik durch Sympathie und Katharsis wirkt, und auch jedes Recht hat, auf beide Arten zu wirken. Wenn uns Musik durch Sympathie berühren soll, sollten wir entweder selbst spielen oder sie an uns heranschleichen lassen, wie bei der Hintergrundmusik. Die Gefahr der Hintergrundmusik, die durch Platten so allgegegenwärtig wurde, liegt darin, daß sie benutzt werden wird (von uns oder von anderen), um unsere Stimmung auf eine kosmetische Weise zu verändern, indem sie unsere tieferen Bedürnisse überpudert. Es ist wahr, daß das aktive Singen oder Spielen ebenfalls in dieser Weise benutzt werden kann, so daß alles, was erreicht wird, wenn irgendein Philosophenkönig oder Kommissar dich zwingt, sein Lied zu spielen, Repression im psychologischen Sinn – und möglicherweise auch im politischen Sinn – ist. Aber aktives Spielen kann auch heilen, etwa wenn man eine Mozartsonate spielt und ihre Anmut den eigenen Körper und die Seele erfüllen läßt. Ohne Verbindung mit dem Körper verpassen die Platten eine Schlüsselverbindung zur Seele.

Katharsis andererseits scheint von aktivem Hören abzuhängen, und hier kommen Platten zu ihrem Recht. In mancher Hinsicht sind sie sogar besser als Konzerte: sie sprechen uns vertraulicher an, und sie erlauben uns mehr Wahl, und so mehr Selbstausdruck. Das Problem ist, daß unser Selbstausdruck vorverpackt kommt; und wir verlieren das Verlangen, uns selbst auf dem harten Weg auszudrücken, mit unseren Armen und Lungen. Und trotz Aristoteles, trotz Nina, ist meine Erfahrung als ein schlechter Amateur, daß das die beste Katharsis ist. Es wäre eine Tragödie, wenn unsere Standards aufgrund der Platten so unflexibel würden, daß wir nicht glückliche Amateure sein können. Dann werden wir immer noch Amateure der Musik im alten

Sinn sein – wir werden sie immer noch lieben, aber so wie man einen Filmstar liebt, nicht eine Frau. Wir wollen sie dann nicht mehr physisch lieben. Und unsere Seelen werden kleiner geworden sein.

11
SAUL

Sauls zweite Liebe war seine Stereoanlage, ein unregelmäßig gebauter Tiergarten von Baßlautsprechern, Hochtönern, elektronischen Frequenzweichen, die das Wohnzimmer in seiner Forest Hill Wohnung beherrschten. Am gegenüberliegenden Ende, wo die Fenster gewesen sein müssen, waren Baßgehege wie Festungen, auf die sich Mitteltöner, Trebles und Supertrebles wie Türmchen gesetzt hatten. Damit das Gleichgewicht gewahrt bleibt, standen an der Eingangsseite Elektronik-Terrassen, überwachsen von Knöpfen und Lämpchen. Der Plattenteller hatte zwei Arme. Aus den Zwischenräumen an den Wänden blickten Nackte in Öl, rosig und verschämt, ausgewählt nach der Amplitude der Schenkel. Es gab keinen Platz für Platten. Die reihten sich auf beiden Seiten des Korridors; an dessen Ende lagen ein Schlafzimmer und eine Küche, so bedeutungslos wie Spatzenflügel an einer großen gehörnten Eule.

Als ich die Anlage hörte, war ich ein Junge, und sie und Saul waren in ihrem späten Frühling. Ich kannte ihn, so lange ich zurückdenken kann. Als Busenfreund meines Großvaters förderte er onkelhaft meine beginnenden Interessen an allerlei Dingen, vor allem an Musik. Mein Großvater spricht nicht sehr viel, und man weiß von ihm nicht, daß er je ein Buch gelesen hätte, das nicht von einem Mitglied der Familie geschrieben wurde. Saul spricht dauernd, mal in maßvollen Perioden, dann wieder in Delancey Street Galopp ausbrechend. Von uns wird er wegen seiner Gelehrsamkeit verehrt. Er präsidierte über meine Kindheit wie eine Eule, mit dunklen Augen hinter den dicksten Brillengläsern, unergründlich und wohlwollend; mit Hakennase, breitem Schädel, umfassendem Grinsen.

Seiner ersten Liebe begegnete er im Alter von sieben Jahren in seiner Heimatstadt Wien. Er war in ein Café gegangen, wo eine Damenband spielte. »Die Kontrabaßspielerin«, erzählte er mir feierlich, »war ein statuengleicher Rotkopf, und ihr Haar fiel in Kaskaden über ihre Schultern, wenn sie mit ihrem weißen marmornen Arm den Baß oben am Hals liebkoste, und die andere Hand den Bogen vor und zurück bewegte. Und die Klänge, die von diesen Ladies kamen! Und ihr Décolleté war natürlich, da sie ja in einem Café spielte, sehr betont . . .«

Er entdeckte etwa zur selben Zeit Platten. »Ein Freund der Familie, ein älterer Herr, war ein großer Liebhaber von Kantoren-Musik, ein Aficionado, der fast alle bedeutenden Kantoren persönlich gehört hatte und der eine beträchtliche Plattensammlung hatte – alte, schwere Schellacks, die er auf einer Victrola spielte. Wenn man sie angekurbelt hatte, kam eine Art Klang aus dem Trichter. Wir jedenfalls saßen da, und er schilderte den Kantor, den Chor, die Synagoge und die Liturgie, und wenn er hörte, daß ein bestimmter Kantor in einer bestimmten Synagoge auftreten würde, nahm er uns mit, damit wir die wirkliche Aufführung eines besonderen Stückes hörten, von dem er eine Schallplatte mit diesem Kantor und diesem Chor hatte.«

Als Sprößling eines Rabbiners hatte Saul nicht den Mut, Cafés zu besuchen. Selbst jüdische Musik galt nicht als geeignetes Objekt für seinen Intellekt; in einer Bastion rationalistischer Orthodoxie, wie Sauls Haus, wurden Kantoren als Kehlkopfakrobaten betrachtet. Gab es einen Phonographen auf dem Grundstück? »Wir hatten noch nicht einmal eine Uhr mit Gong! Nein, die Victrola, die ich hörte, gehörte einem Mitglied der Familie, das kein praktizierender Rabbi, sondern ein Laie war, und, wie ich sagte, ausschließlich Kantorenplatten spielte. Ich wüßte nicht, daß er etwas anderes gehabt hätte.« So weit es die Familie anging, »gab es keine andere Musik. Wenn sie nicht von Klezmorim bei einer jüdischen Hochzeit gespielt und nicht in der Synagoge gesungen wurde, existierte sie nicht.« Aber Saul, der in der

Stadt umherwanderte wie ein Zigeuner, wußte sehr wohl, daß es andere Musik gab, und er wußte, daß Platten nicht nur liturgische Objekte waren.

1921 verließ seine Familie Wien, ging vorübergehend nach Holland und ließ sich dann in New York nieder. Er war neun. »Ich bin gestorben. Ich bin fast gestorben. Kannst du dir vorstellen, 1921 nichts anderes als Deutsch zu sprechen?« In Wirklichkeit sprach er auch fließend Holländisch und palästinisches Hebräisch und passabel galizisches Jiddisch, aber das alles nützte ihm in der litauischen Jeschiwa, die er besuchte, nicht viel. Nach kurzer Zeit beherrschte er auch Englisch und verbesserte sein Jiddisch, dann richtete sich seine Aufmerksamkeit auf die Objekte der Sprache, alle Dinge der Welt. Was an der Yitzchak Elchanan Jeschiwa nicht gelehrt wurde, brachte er sich selbst bei. »Ich war ein gieriger Leser, so sehr, daß mein Großvater manchmal um zwei Uhr morgens in mein Zimnmer kam, weil er sich darüber aufregte, daß das Licht noch an war. Wenn ich irgendetwas las, das nicht ein *sefer* war – ein heiliges Buch wurde das Licht abgeschaltet.«

Die ganze Nacht aufbleiben und Plattenhören kam überhaupt nicht in Frage. »Das konnte ich nicht machen. Ich kaufte einen tragbaren Phonographen, der aussah wie eine Schreibmaschine? Wie ein kleiner Koffer, wie ein kleiner Ranzen? Und den konnte ich unter das Bett schieben. Ich konnte diesen kleinen Kasten verstecken, denn eigentlich machte sich niemand die Mühe, mich zu fragen, was kam und ging. Aber wenn ich ihn angestellt hätte – was denkst du, in der Nacht? Wenn ich ihn irgendwann angestellt hätte, ich wäre hinausgeworfen worden.« Platten waren nicht gerade *traife*, aber »wenn man Geld ausgeben wollte, dann kaufte man ein Buch, etwas, in dem man nachlesen konnte und etwas lernen! Denn wenn ein Tag vorüberging und man nicht etwas gelernt hatte, dann war das ein völlig vergeudeter Tag.«

So hatte Saul also seinen kleinen Ranzen. »Ich spielte ihn nicht zu Hause, aber ich konnte ihn auf Parties oder Treffen mitnehmen oder einfach sitzen und zuhören. Ich hatte nämlich etwas entdeckt – *Jazz*.

Aber ich war immer noch ein Neuling. Ich machte keine Unterschiede zwischen Dixie und Jazz und Pop Musik. Ich wurde jedoch ein Fan von Lester Lanin, der Salon-Tanzmusik mit einem *entschiedenen* Beat spielte. Und so weit ich mich erinnere, mußten meine ersten Platten einen entschiedenen Beat haben.« Saul gab jeder Silbe einen Swing. »Je ausgeprägter der Baß, desto ausgeprägter die rhythmische Kraft der Aufnahme. Ich hatte nichts übrig für die Instrumentalsolisten; diese Kenntnisse habe ich erst sehr viel später entwickelt. Ich hatte nichts für Paul Whiteman übrig, denn dort lag zu viel Klang über zu wenig Rhythmus. Ich ging immer noch zur Schule, und ich lieferte die Tanzmusik für alle die kleinen Treffen, die wir hatten, *weit weg von zu Hause* – beides berührte sich nie. Damals begann ich, zwei getrennte, voneinander unabhängige Leben zu führen: das Leben zu Hause mit all seinen Einschränkungen, und das Leben außerhalb. Ich entdeckte, daß es Dinge im Leben gibt, die eine Menge Vergnügen machten. *Tanzen* half.

Als ich zu Hause wohnte, hatte einer meiner Freunde seine eigene Wohnung. Er lebte nicht getrennt von zu Hause; die Eltern hatten ein Geschäft im Erdgeschoß, und ihre Wohnräume lagen dahinter. Er hatte eine kleine Wohnung über dem Laden, die zu seiner Residenz wurde, auch wenn er unten lebte; er aß unten, seine Mutter kam hinauf und machte sauber – aber wir hatten damit einen Platz, wo wir herumlungern konnten. Jetzt fällt mir wieder ein, wo das große Radio war, wo ich meine Victrola aufbewahrte und wo wir tatsächlich Parties mit Musik feiern konnten. Es gab dort ein altes Klavier, und einer aus der Gruppe – wir waren eine sehr gemischte Vereinigung – einer aus der Gruppe war ein kanadischer Junge, der zufällig Musiker war, und wenn er kam, dann spielte er Klavier. Wir hatten also sogar Live-Klaviermusik.

Dann, etwa 1928, kam die elektrische Schallplatte, und mir eröffnete sich eine völlig neue Welt. Denn der Beat, den man auf den mechanischen Aufnahmen bekam und den man eigentlich *imaginierte*, kam nun tatsächlich heraus und sprang einen an bei diesen elektrischen Aufnahmen! Die allererste elektrisch aufgezeichnete Platte, die ich kaufte, war ›Sonny Boy‹, gesungen von Al Jolson. Das gibt dir eine Vorstellung von meinem Geschmack. Aber es hatte mich eben gepackt, es war gegenüber dem, was ich vorher gehört hatte, so reich. Und natürlich habe ich dann Bunny Berrigan, Bix Beiderbecke entdeckt, bis ich auf Eddie Condon, Louis Armstrong und dann die Swing-Ära stieß. Da ist man wirklich aufgeblüht. Ich besuchte jedes Konzert von jeder Band, die durch New York kam. Nenne sie – ich war da. Und ich fing an, Aufnahmen zu kaufen von Glenn Miller, Benny Goodman, Tommy Dorsey, Jimmy Dorsey – manche Namen sind mir schon entfallen – Artie Shaw, Larry Clinton ... Jetzt, die Never Blue Boys? Der Club, unser Keller Club!« Saul ging ungeduldig darüber hinweg. »Ich war für die Platten zuständig. In den späten Dreißigern habe ich dann große Tanzveranstaltungen durchgeführt. Louis Armstrong mit Fatha Hines und Orchester spielten für uns zum Tanz! Wir bezahlten ihnen fünfzehnhundert Dollar. Er war gerade nach New York gekommen, um mit Bing Crosby den Paramount in den Kinos zu spielen. Also, wir verlangten einen Dollar. Wir brachten 2400 Leute in diese Halle.«

In den Kellerclub?

»Nein! Damals war ich der Präsident der Orchard Street Boys, einer Organisation von hochklassigen Geschäftsleuten, und jedes Jahr veranstalteten wir ein Benefiz, um Matzen und Passah-Essen an bedürftige Familien zu verteilen. Ich hatte einen Kurzwarenladen. Ich verkaufte Secondhand-Socken oder was sonst so kam – du weißt ja, was man in Orchard Street verkauft. Wir verkauften ein Dutzend Paar Socken für einen Dollar, Männersocken. Wir verkauften gewöhnlich an einem Samstag *zweihundert Dutzend*. Zwar war es weniger als Großhandel, aber weil wir die Rechnung sofort bezahlten, bekamen wir den Rabatt, und das war unser Profit. So konnten wir mit der ganzen Welt konkurrieren. Das waren aufregende Tage.« Er erzählte mir eine höchst abenteuerliche Geschichte über die Zeit, da er und mein Großvater mehrere Tausend Bierflaschen kauften und sie dann nicht mehr loswurden. Einige mysteriöse Fremde kauften die Flaschen schließlich und verkauften sie mit einem enormen Profit an die Pepsi-Gesellschaft, die in das Cola-Geschäft einsteigen wollte und eiligst Flaschen brauchte.

Die Zeit der Depression war auch musikalisch aufregend, und nicht nur auf dem Tanzboden. »Radio. Bevor es das Radio gab, hörte ich eine Aufnahme von Wagner oder Beethoven, und kannte eigentlich den Unterschied nicht, außer, daß ich es genoß zuzuhören, es *klang* so gut. Mit dem Radio wurde ich dann der Identität ausgesetzt, denn der Ansager identifizierte natürlich das Stück, das Orchester, den Dirigenten, die Sänger. Und dann irgendwo - ich kann es wirklich zeitlich nicht genau angeben - entdeckte ich die Metropolitan Opera.«

Saul dachte nach. »Sieh, ich verpaßte Caruso, und ich verpaßte Galli-Curci, es muß also in den Dreißigern gewesen sein. Ich hatte Gigli und Martinelli und Lauri-Volpi; das muß also vor dem Krieg gewesen sein, denn nachdem der Krieg angefangen hatte«, er lachte, »hatten wir keine italienischen Tenöre.

Irgendwo muß ich von der Wanze gebissen worden sein, denn ich entschloß mich, ich gehe zur Met, ich gehe und höre das wirkliche Ding. Mein erster Besuch war *Lucia* mit Lily Pons. Du weißt, Lily Pons war ein wunderschönes Ding auf der Bühne - jedenfalls war sie es für diesen beeindruckbaren Besucher -, und sie hatte eine liebliche Stimme und überhaupt etwas Liebliches. So verliebte ich mich. Es war die total spirituelle Entdeckung von etwas, von dem ich nicht wußte, daß es existierte. O, ich hatte einige Aufnahmen gehört, auch wenn Oper gewöhnlich auf der East Side nicht gespielt wurde; aber das war eine totale Offenbarung.

Meine zweite Oper war, glaube ich *Der Troubadour*; von da verliert es sich. Ich mache später weiter, wo ich wirklich viel Zeit, besonders in Debüt-Aufführungen verbrachte. Ich kann ein Dutzend runterrasseln: Richard Tucker. Di Stefano. Mm, del Monaco. Merrill. Roberta Peters, die eines der aufregendsten Debüts hatte, weil sie eine Unbekannte war und weil sie achtzehn war und Zerlina krank wurde. Und diese Unbekannte, irgendwo aus der Ödnis, wurde auf die Bühne gestellt, sie die nicht einmal wußte, wo sie stehen sollte! Und weißt du, bis dahin hatte ich noch nie eine junge Zerlina gehört. Es war immer eine imaginäre Zerlina, die alle Noten an der richtigen Stelle sang, aber es war nie eine junge, rassige, begehrenswerte Zerlina« – Saul verlieh den Adjektiven Größe, und sein Seitenblick hatte hohe Würde – »bei der man verstehen konnte, warum Pinza sich verknallt. Natürlich, wenn er sich in die Bilder von Bidu Sayão verknallt, konnte man verstehen, daß es nur Schein war, aber dieses sah wirklich aus. Und dann öffnete sie den Mund. Und sie hatte eine *feine* Koloraturstimme, als sie achtzehn war. Wir wurden einfach verrückt.

Ein anderes aufregendes Debüt war Tucker in *La Gioconda*. Ziemlich am Anfang der Opera kommt Enzos Arie ›Cielo e mar‹ (›Himmel und Erde‹), und wir hatten ihn nicht gehört, und du kannst dir vorstellen, was das für ein Aufruhr war. Ein anderes schönes Debüt: Ferruccio Tagliavini. Natürlich gab es später andere, aber da ging ich so oft und so regelmäßig, daß ich das Namensverzeichnis ganz durchmachte. Das gilt auch für die Dirigenten: Fritz Busch, Thomas Beecham, Erich Leinsdorf. Der berühmte Chicagoer Dirigent ... Reiner, Fritz Reiner. George Szell. Das waren Giganten.

Jahrelang habe ich für die Met nicht bezahlt. Ich kannte einen Türsteher. Ein Mann der draußen stand, mit dem schwarzen Homburg und der Krawatte? Ire. Ich lungerte in der Lobby herum, er nahm das Seil hoch, ich ging durch, er ließ es wieder runter . Natürlich zeigten wir manchmal ein Gratisbillett, wenn nicht zu viele Leute darum herum waren. Und dann kannte ich natürlich die Türsteher *im* Haus, im Orchester, so hatte ich, wenn die Kritiker nicht da waren, einen auserlesenen Orchesterplatz. Einmal saß ich bei Mrs. Kipnis – Alexander sang, so saß ich auf seinem Platz!«

Saul fuhr mit seinen Erinnerungen fort, und angelte Leviathane hervor, die ich bis dahin nur als dünne Stimmen und kleine Figuren, flach wie Goldfische, gekannt hatte. Schließlich fragte ich nach Platten.

»Platten waren eine Quelle des Vergnügens; sie waren auch die

Grundlage für mein späteres Verständnis. Ich glaube nicht, daß ich ohne Schallplatten ein so ernsthafter Hörer geworden wäre. Denn schließlich waren es Carnegie Hall und die Philharmoniker, Pianisten, Geiger. Wegen dieser Erweiterung, die die Platten mir gaben, begann ich nach anderen Formen des Vergnügens, nach Bereicherung zu suchen.

Dann, in den frühen Fünfzigern, konnte man schon die London ffrr-Aufnahmen (Full Frequency Range Recordings) mit vollem Frequenzumfang kriegen. *Damals* habe ich wirklich angefangen, Opernaufzeichnungen zu schätzen. Aber fünfzig, einundfünfzig hatte ich immer noch nichts Besseres als ein Atwater Kent Fünf-Röhren-Radio – großer Kasten mit schrecklichem Klang, aber für mich klang es wundervoll. Ich hörte damals gelegentlich von etwas, das sie High Fidelity nannten, und es interessierte mich. Ich fing an, mich kundig zu machen, ich wußte damals so gut wie nichts über Elektronik. Denn, als wir die Kent-Röhren-Anlage hatten, wer hat da jemals hinten reingesehen? Nun meine erste Anlage – ich versuche mich zu erinnern, es gab so viele Änderungen – meine erste Anlage war ein Scott-Tuner, Mono natürlich; ein britischer Verstärker mit riesengroßen Spulentransformatoren, die eine Tonne wogen, die angeblich felsensolide waren, und eine harmonische Gesamtverzerrung von weniger als zehn Prozent hatten« – wir lachten beide – »ich übertreibe ... fünf Prozent, was, wie du weißt, wahnsinnig war. Und ich hatte einen Scott Vorverstärker, und ich verausgabte mich mit einem Altec Lansing Lautsprecher, einem Breitbandeinzeltrichter. Die Stimme des Theaters. Süßer Klang.

Ich erweiterte dann mit dem triaxialen Altex und veränderte die Anschlüsse und das alles. Aber später, als ich zur Mehrband-Verstärkung überging – du weißt, elektronische Frequenzweichen –, hatte ich nichts als Bässe, Mitteltöner und Hochtonhörner, und damals hatte ich eine Marantzanlage. Schließlich hatte ich acht elektronische Frequenzweichen, das bedeutet, es gab sechzehn Verstärker« – er lachte – »natürlich. Und es gab eine Reihe von Lautsprechern ringsum im ganzen Raum für die tiefen

Bässe, einer war der große Wharfdale Baß woofer und einer der Altec Baß woofer.

Und stell dir vor, es war ein Röhrensystem, deshalb mußte ich in Abständen Hunderte von Röhren auf meinem Röhrenprüfer testen und versuchen mir zu merken, welche Röhren in welches Gerät gehören. Und das Zeug war auf dem Boden in zwei Zimmern ausgebreitet, wo man nicht ein- und ausgehen konnte, weil man sonst auf etwas getreten wäre.

Wenn man einmal ein Fan der Metropolitan Opera geworden ist und immerhin vier Abende in der Woche dort verbringt, fängt man natürlich an zu differenzieren. So blieb ich auf dem laufenden, bis ich dann krank wurde.«

Wir besuchten Saul im Krankenhaus kurz nach seiner Operation. Ich war damals High School Student, und mich erschreckte die Stille. Wenn Saul sprach, klang er wie ein altes Kristallsystem; der Qietscher, der auch jetzt, in Augenblicken der Selbstironie in seinen Bariton einbrach, stammt aus dieser Rekonvaleszenz. Amüsiert rezitierte er die Dinge, die ihm jetzt verboten waren, und diese Dinge waren mehr oder weniger alles, wofür er gelebt hatte. Das nächste Mal sahen wir ihn am Sederabend, wo er gewöhnlich große Portionen Wissen austeilte, für das er keine Verwendung hatte, und dafür Kalbfleisch, Zimmes, Borschtsch und Gefilltes bekam. In diesem Jahr sprach er wenig und aß nur Fisch, trocken auf dem Rost gebraten.

Was folgte, war noch beunruhigender. Saul gab alles auf – seine Bücher, seine Nackten, seinen Beruf als Polizeistatistiker, sein Met-Abonnement, seine Platten und seine Anlage –, ließ sich pensionieren und zog nach Fort Lauderdale. Diese Stadt hatte viele gelockt, darunter auch meine Großeltern; aber Saul? Einzelstücke aus dem Schiffbruch trieben auch zu mir: der Privatdruck einer Geschichte des klassischen Sex mit Zitaten aus dem Griechischen und Lateinischen, eine Anthologie von Verführungsliteratur, eine Reihe von Opernaufnahmen, darunter auch Kleibers *Rosenkavalier*, Tebaldis *Aida* und ein Fischer-Dieskau *Don Giovanni*.

In diesem Winter gingen wir hinunter, um meine Großeltern zu besuchen, und zu meiner Freude wurde ich bei Saul untergebracht. Er wohnte in einem Motel-Apartment und wartete darauf, daß die Elektriker mit seiner Wohnung fertig würden, und darauf, daß seine Frau ihre Tätigkeit bei der New York Telephone beenden und sich zu ihm gesellen würde. Wir blieben lange auf und tranken Bourbon-and-Branch, wie Saul es nannte. Dieses bißchen Vertrautheit ebenso wie der verdünnte Alkohol ließen mich sehr irdisch fühlen; Koheleths Geist stieg auf das weiße Plastiktischtuch, die warmen Becher und uns in unseren Unterhemden herab. Sauls Zunge löste sich. Er war verbittert.

Seit Jahren hatte Lee, seine Frau, eine kleine, großkopfige, zögernd-lächelnde Frau, ihn wegen seiner Anlage gepestet. Dieses Monster im Wohnzimmer verschlang ihren Raum, ihre Zeit und ihr Geld. Klang es denn so viel besser als eine Kompaktanlage? Lee teilte die meisten seiner Begeisterungen, seine Opern-, Symphonie- und Ballett-Abonnements, aber dieses Steckenpferd war einfach zu riesig – eigentlich trojanisch. Der Haushalt war ihm anheimgefallen.

Für Saul war es alles oder nichts. Schon vor seiner Herzattacke war der Unterhalt der Anlage zu einer Belastung geworden – alle diese Röhren, diese anspruchsvollen Knöpfe. Aber wie sollte er sich mit weniger zufrieden geben? Ein paar Frequenzweichen und Verstärker herauszutrennen wäre wie das Abhacken eines Gliedes. Er würde die tote Stelle spüren, auch wenn niemand sonst dies konnte.

Aber jetzt stand die Schrift an der Wand. Saul würde nie wieder die Energie haben, die seine Ausrüstung verlangte. Gut, sagte er zu sich selbst – also zur Hölle damit. Lee wollte das Zeug weghaben? Es ging weg. Es ging in Bausch und Bogen nach Pittsburgh zu ihrer Tochter, der Psychologin, und ihrem Ehemann. »Und wo denkst du, blieb es schließlich?« fragte mich Saul. »Gus konnte nicht damit umgehen, er gab es an Carnegie Mellon, Elektroingenieure. Sie liebten es.« Es gingen auch die Platten, die meisten nach Pittsburgh, einige zu mir, eine Auswahl seltener Stücke an die Library of the Performing Arts am Lincoln

Center. Ein paar hundert, in den Verbrennungsofen gesteckt, wurden still in den Himmel über den Forest Hills verteilt.

Alles oder nichts. Wenn sein Leben spartanisch werden sollte, dann würde er es richtig tun. Der Doktor wollte, daß er ruhiger würde? Lee wollte, daß er sie in den Süden brächte? Gut: sie würden diesen Bienenstock von Kultur verlassen und sich nach Fort Lauderdale zurückziehen.

In den letzten Jahren sind Sauls Erinnerungen milder geworden. Sie gleiten gleichmütig von Wien in die Orchard Street, von Carnegie Hall nach Florida. Südliche Stimmungen haben seinen Alles-oder-nichts-Standpunkt gemildert. Er besucht die Konzertreihen am Ort, hat eine bescheidene Stereoanlage, zusammengesetzt aus Einzelstücken, die er im Norden im Schlafzimmer hatte, und kauft gelegentlich eine Cassette.

Die hier wiedergegebene Unterhaltung fand in einem unbenutzten Zimmer bei meinen Großeltern statt, im ruhigen Auge eines Taifun von Verwandten und Fernsehen. Ein weißer Plastik-Decken-Ventilator träumte über uns; gerahmte Fotos unserer früheren Ichs ignorierten uns freundlich. Wir saßen wie Weise inmitten von Gepäckstücken und feuchten Handtüchern; wir dehnten uns aus, während unsere Bourbons abnahmen. Saul begann über Ezio Pinza zu sprechen.

›Der Inbegriff, die wirkliche Verkörperung des Don Giovanni war nur ein einziger, und der war Pinza. Ich kriege wirklich einen Kloß im Hals, wenn ich an *Don Giovanni* in Zusammenhang mit irgend jemand anderem als Pinza denke. Als Pinza zur Musikkomödie ging und nicht mehr sang, konnte ich zwei Jahre lang keine Aufführung von *Don Giovanni* besuchen. Zwei Jahre lang konnte ich keine Aufführung von *Die Hochzeit* des Figaro besuchen. Zwei Rollen starben während meines Lebens mit Pinza. Weil niemand sonst es vermochte, der Champagnerarie in *Don Giovanni* diese ungeheure Lebenskraft einzuflößen, diese ungeheure Verve, dieses große Streben nach der Fülle eines jeden Vergnügens, das das Leben uns geben kann – *jetzt*, nicht später, nicht für eine zukünftige Belohnung leben, sondern jetzt, sofort alles kriegen – niemand hat das so ausdrücken können wie Pinza. In ›Vieni alla finestra‹, der Balkonszene, konnte Romeo Pinza nicht überspielen. Welches weibliche Wesen mit nur etwas Wärme in ihrem Körper hätte seiner Serenade widerstehen können?

Wenn du Pinza hörst, kannst du nur seine Stimme beschreiben – seiden ist zu schwach. Samt, Plüsch. Ich erinnere mich zufällig auch daran, wie Pinza den Sarastro in der *Zauberflöte* sang. Vielleicht reichte seine Stimme nicht so tief wie manche Bässe, aber zweifellos wußte man, daß man einer glanzvollen, sublimen Person zuhörte, und man vergaß, daß es Pinza war; es war Sarastro, der große vollkommene Traum von dem, was Menschen erreichen können.« Hier war eines der astronomisch seltenen Zusammentreffen, die eine Rolle ausfüllen wie beim ersten Mal, und es war Pinzas Genie, dieses regelmäßig hinzustellen – wie wenn eine totale Finsternis mehrmals pro Woche genau über der 34. Straße erscheinen würde. »Wenn es diese seltene Kombination aller wesentlichen Eigenheiten von Person und Charakter und Schönheit und Stimme und Bild gibt, die man insgesamt als wahr und wirklich akzeptiert, – diese Momente, ob in der Oper oder im Theater, die werden aufbewahrt. Und wenn man so glücklich war, sie erfahren zu haben, dort gewesen zu sein, wo es geschah – ich denke, das ist, woraus das Leben besteht. Aus Momenten.«

Da Saul philosophisch geworden war, fragte ich ihn, ob seine Stereoanlage hauptsächlich eine Zeitmaschine gewesen sei, dazu bestimmt, diese Momente festzuhalten. »O nein«, sagte er. »Sie sollte keinen davon festhalten, weil sie das auch nicht konnte. Sie lief nebenher, aber getrennt. Mit anderen Worten, das Vergnügen, das ich von Aufzeichnungen ableitete, war unabhängig von dem Vergnügen, das ich aus dem wirklichen Ding ableitete. Aber ich bin glücklich, daß ich so viel Wirkliches erlebt habe, daß ich es sozusagen gegen das, was mich an den Aufzeichnungen freut, aufwiegen kann. Denn es ist das Wirkliche, das bleibt. Es ist unzerstörbar. Ich weiß nicht, ob ich jemals unzerstörbare Aufzeichnungen hatte, kannst du mir folgen?«

Ein Paradox, sagte ich.

»Du weißt, es ist etwas Seltsames. Wenn ich einer Aufzeichnung zuhöre, und in manchen Fällen kenne ich das Gesicht des Künstlers, der die Aufzeichnung macht, dann sehe ich *dieses* Gesicht nicht; ich sehe das ideale Gesicht, von dem ich einmal in einer Live-Aufführung wahnsinnig beeindruckt war, wo die Person, die den Charakter spielte, wirklich dem Charakter entsprach. Es ist so natürlich, daß es sich unweigerlich auch einstellt, wenn ich irgendeine Zerlina auf einer Platte mit ›Batti, batti, o bel Masetto‹ (›Schlag mich, schlag mich, mein Masetto‹) höre. Ich denke an Roberta Peters. Es ist unvermeidlich. Alle anderen Zerlinas singen die Rolle, aber nur eine Zerlina lebte tatsächlich die Rolle. Und das ist Roberta Peters, dieses eine Mal.

Andererseits ist Caballé eine Künstlerin, die, wenn sie sich an eine Rolle macht, in der Liebe beteiligt ist, so viel leichter akzeptiert werden kann, wenn man die Augen geschlossen hat. Das Schöne am Plattenhören ist, daß du niiiicht siehst.« Er rollte das Wort aus wie ein Fensterrouleau. »Du hörst und fühlst nur.‹

Wenn Platten zwar ihren Platz hatten, aber nur einen bescheidenen, was war dann der Sinn der ganzen Anlage?

»Das Ideal war, mich mit Realismus zu überwältigen, mir vorzustellen, daß es die wirkliche Reproduktion einer Live-Aufführung wäre, die natürlich sehr subjektiv ist und wahrscheinlich *un*erreichbar. Aber im Streben nach dem unmöglichen Traum erweiterte und veränderte und verbesserte und vergrößerte ich ständig. Bis zu dem Punkt, wo es – was soll ich sagen – eine Travestie wurde. Weil niemand bei klarem Verstand und in einer kleinen Wohnung so viel Apparatur haben sollte. Als dies nach Pittsburgh verschickt wurde, mieteten sie einen Anhänger, trotzdem brachten sie es kaum hinein.

Und dann gab es ja auch immer das tiefe Wissen, daß nichts, aber auch gar nichts an eine Live-Aufführung heranreicht. Vielleicht weil ich nicht bis zum Digitalzeitalter lebte. Ich weiß es nicht. Ich habe es jedenfalls trotz aller Ausgaben und Mühen nicht erreicht.«

Ob er sich wie Moses auf dem Berg fühle, fragte ich, ausgesperrt vom verheißenen Land der digitalen Technik? Er griff das Thema sofort auf. »So sitze ich also hier auf dem Berg und blicke über diese große Weite und weiß, daß irgendwo dort hinten die großen neuen Dinge sind, die ich nicht haben werde, und wen kümmert's. Ich lese nicht einmal mehr die Fachliteratur, weil es ein Berg ist, auf den ich nicht möchte.«

Ich fragte, ob er sich eine Art von digitaler oder Video- oder Multimedia-Erfahrung vorstellen könne, die eine Verbesserung gegenüber der Live-Musik wäre.

»Nichts tritt an die Stelle des wirklichen Lebens.«

Seit wann ist Oper wirkliches Leben?

»Oper ist nicht wirkliches Leben. Oper ist ein gesteigertes Gefühl für die mit dem Leben verbundene Emotion. Denn wer mit klarem Verstand kann sich jemanden vorstellen, der in äußerster Lebensgefahr zweiundzwanzig Minuten anhält, um darüber zu singen? Aber ich kann mir vorstellen, daß ein Moment der Emotion zweiundzwanzig Minuten bräuchte, um sich selbst zu beschreiben.«

Wäre es denn dann nicht möglich, daß, gerade wie das Opernhaus die Erfahrung des Lebens steigert, ein elektronisches Medium sie weiter steigert? Dächte er nicht, daß es da Möglichkeiten gibt?

»Möglichkeiten? Wenn das Leben überlebt und weitergeht, sind die Möglichkeiten unbegrenzt. Aber du übersiehst das Wichtigste an der Live-Oper! Die Kraft, die Energie, die eine Gruppe auf das Individuum ausübt. Sonst hättest du keine Mobszene, du hättest keinen Tumult. Es ist eine Synergie. Durkheim hat bestimmte Prinzipien des sozialen Verhaltens beschrieben, und sie sind heute so wahr wie zu seiner Zeit, vor 85 Jahren. Die Gruppe rechtfertigt das Individuum.«

Warum dann diese Obsession mit High Fidelity?

»Warte eine Minute.« Saul dämpft seine Stimme. »Das wurde ein Ziel in sich. Wie werden manche Menschen Briefmarkensammler? Nicht, weil sie ein Interesse für Lithographie oder politische Philosophie hätten. Irgendwann gewinnt es die Oberhand. Es hat eine Eigendynamik. Im nachhinein, wenn man es objektiv sieht, dann war ich vielleicht verrückt! Sich so total auf etwas einzulassen, *das nichts davon zurückgibt, was man hineinsteckt.* Es hatte keine Verbindung mit den Freuden und Erfahrungen des wirklichen Lebens.«

Wirkliches Leben bedeutet Live-Musik?

»Bedeutet Gehen! Sehen! Hören! Fühlen! Weil es manche Aufführungen gibt, von denen man wirklich denkt, daß man sie fühlt. Mir tut es nicht leid um all die Zeit und die Mühe und die Energie und das Geld, das ich hineingesteckt habe, aber ich kann es nicht rechtfertigen, weil ich nicht glaube, daß es mich im selben Ausmaß entschädigt hat, wie in einer Schlange im Schnee stehen, um Licia Albanese als Violetta hören zu können.

Jetzt, wo wir darüber gesprochen haben – und immer, wenn eine Idee dem Tageslicht ausgesetzt wird, trifft es dich irgendwie und sagt: ›Das ist nicht, was du gedacht hast.‹ Weil du nie gedacht hast!« – ein Lachen, ein Kiekser, ein Orchard Street Schrei des Erstaunens – »Du machst einfach weiter. So im nachhinein könnte ich all das in Frage stellen. Aber was hätte ich davon, da ich ja nicht noch einmal von vorne anfangen und die ganze Ausrüstung hinauswerfen kann.«

Um 1950 etwa, als Saul in Marantz-Geräte investierte, lernte er Saul Marantz kennen, ». . . und Mrs. Marantz, die das Geschäft führte. Saul Marantz war ein Ingenieur. Er hatte nur ein Ziel im Leben: den Klang zu verbessern, zu jeder möglichen Qualität. Seine Geräte, so fühlte ich, waren so majestätisch und groß für ihre Zeit, weil die Frequenzbreiten so fantastisch waren. Und er führte mich durch seine Fabrik. Der Platz und die Arbeitskräfte, die er der Leistungs- und Qualitätskontrolle zugeordnet hatte! Alles, jeder Draht, der in seine Geräte eingebaut werden sollte, wurde zuerst auf Herz und Nieren geprüft.

Mrs. Marantz war nicht begeistert über Saul Marantz Haltung, weil es zu viel Geld kostete und weniger einbrachte als ihr gefiel; tatsächlich verkaufte sie schließlich an Superscope. Aber ich habe den größten Respekt vor diesem Mann. Als ich ihm einmal einen Verstärker zurückbrachte, der einen fehlerhaften Stecker hatte, hätte er beinahe die Hälfte seiner Kontrollen rausgeschmissen. Wer war das! Wer hat das abgenommen! *Wie* konnte das passieren! Er geriet in Rage – ernsthaft, denn für ihn gab es nur Perfektion. Und dann hatte Herman Scott zwei Herzinfarkte! Er war ein Perfektionist. Wir haben aber keine Herman Scotts oder Saul Marantzes mehr. Auf die eine oder andere Weise gibt es in diesem Leben und in dieser Welt und in diesem Staat, in dem wir leben, keinen Raum mehr für Perfektionisten. Sie gehören zu dieser kleinen Gruppe von ... Don Quixotes. Und die Welt zerstört sie!«

Aber auf welcher Grundlage wählten sie ihre Windmühlen aus?

»Saul Marantz war ein Elektroingenieur.«

Er hätte Auslösemechanismen an Atombomben bauen können.

»Die merkwürdige Kombination von äußeren Kräften hat ihn nicht an diesen besonderen Platz zu dieser besonderen Zeit geworfen. Hier hat er sich selbst gefunden, und hier hat er sich selbst ausgedrückt.«

Konnte Sauls – meines Sauls – eigene Suche ebenso zufällig gewesen sein?

»Es könnte so gewesen sein.«

Das war nicht, was ich hören wollte. Ich offerierte eine andere Hypothese. Daß sich Saul unter allen Operncharakteren am meisten mit Don Giovanni identifizierte. (Das gab er sofort zu.) Daß dies etwas mit der Philosophie des Don zu tun hat. Daß Audioingenieure und Audiophile nicht nur Don Quixotes wären, sondern Giovannis; daß eine bestimmte tiefe Sensualität dieses Streben nach High Fidelity steuerte. Daß wie ein Cognac-Hersteller dauernd mischt und testet und schmeckt, so der Hifi-Perfektionist einen idealen sinnlichen Moment sucht, in dem alles richtig funktioniert und ein perfekter Klang zu hören ist – ein Strahlen, ein sphärischer Einschlag, eine Destillation der Musik. Daß dies eine ganz spezifische Suche wäre, nicht austauschbar gegen das Ausfüllen von Kreuzworträtseln oder das

Aufschichten von Flaschenverschlüssen, um daraus eine London Bridge zu bauen.

Saul unterließ es, darauf einzugehen.

Er sagte, daß es eine einsame Suche wäre. Daß sie subjektiv wäre, »ganz einfach, du bist in Schwierigkeiten, weil du es nicht messen, quantifizieren oder identifizieren kannst. Du bist nie an dem Punkt, wo du sagst: ›Das ist es.‹ Weil immer etwas auftaucht – nicht, daß du danach fragst. Du würdest es bei weitem vorziehen, daß jeder die Dinge so ließe, wie sie sind, daß du an dem Punkt, den du erreicht hast, dich befriedigt fühlen könntest. Denn siehst du, die ganze Geschichte der Menschheit entwickelte sich wegen dieser grundlegenden Kraft. Aber ich bin nicht die Menschheit! Ich bin nur ein kleiner Poysun!« Seine Stimme hüpfte, wie ein Springteufel.

Gab es Momente, die die Mühe rechtfertigten?

»Momente. Momente. Aber sie waren nur kurz. Weil gerade dann, wenn du dich sicher fühltest, eine andere äußere Kraft zu dir sagte: ›Uh, uh. Noch nicht . . .‹ Aber wenn es gut war, dann war es sehr, sehr gut. Wenn ich eine Testplatte auflegte, und es hieß ›fünfunddreißig Zyklen‹, und meine Lautsprecher gingen« – er machte eine Pause und lauschte dem Tremor –, »und wenn es dann hieß ›zwölftausend Zyklen‹ und meine Ohren begannen zu klingeln – ich wußte, daß es da war, weißt du, was ich meine? Ich hatte kein Brummen, kein Oberflächengeräusch, keine Verzerrung. Mit den Kontrollen und all den Variablen, die ich darauf anwendete, konnte ich jede Platte ausfiltern, etwas zugeben oder abziehen oder feinabstimmen, um ihre besonderen Unzulänglichkeiten zu berücksichtigen. Wenn du bei deiner zweiten Mitte nicht ganz zufrieden warst, dann konntest du ein bestimmtes Segment abschwächen oder verstärken, das ging dann von fünfhundert Hertz bis tausend Hertz, ohne daß es die zweihundert und darunter mitbeteiligte. Aber man konnte auch verrückt werden, was nicht besonders schwierig war. Denn ich ertappte mich manchmal dabei, wie ich mich hinsetzte und sagte, fang noch einmal von vorne an. Denn ich hatte mich irgendwo unterwegs verloren.«

Eine Erinnerung aus Wien. »Es gab umherziehende Straßenmusikanten, die für Geld spielten, und sie faszinierten mich. Und ich erinnere mich, wie einmal eine Zigeunergruppe – o, etwa fünf an der Zahl, mit einem Baß und einem Cello und drei Geigen – auf der Straße spielte. Ein Klang, wie ich ihn nie erlebt hatte! Und ich folgte ihnen den Rest des Tages, wo immer sie anhielten, ohne zu wissen, in welcher Straße ich war, in welchem Teil der Stadt... Natürlich wurde es schließlich dunkel, sie packten ihre Instrumente ein und gingen weg, und ich blieb völlig verloren zurück« – er grinste, seine Augen riesig hinter den tiefen Gläsern – »ein kleines Kind, das nicht wußte, wo ...

Ich fand einen Polizisten, der schließlich aus mir meine Adresse herauslockte; er nahm mich mit in die Straßenbahn, denn es war für keinen von uns mehr zu Fuß zu erreichen, und brachte mich abends um elf Uhr nach Hause, wo ich dann teuer für meine Liebe zur Musik bezahlte.« Sich vor Lachen schüttelnd: »Ich bekam eine Tracht Prügel, die ich nie vergessen werde.«

12
DEUS EX MACHINA

Es gab eine Zeit in meinem Leben, da brauchte ich eine tägliche Dosis Tenorsax. Zur Not tat es auch ein viertaktiger Break auf einer Pop-Platte; und bemerkenswerterweise konnte die ozeanische Gewalt des Saxophons mit Hilfe des Phonographen so rasch und so tief injiziert werden. Der Klang war eine Destillation, ein Serum. Es war, als ob das, was Sonny Rollins die »Würde eines großen Mannes mit einem großen Horn« genannt hat, irgendwie der Würde einer großen Stereoanlage verwandt wäre.

»Ist es nicht merkwürdig«, fragt Benedick, als er den Geiger hört, »daß Schafsdärme die Seelen aus den Körpern der Menschen ziehen sollen?« Wir erfreuen uns an der menschlichen Fähigkeit, etwas Schönes herzustellen, wenn wir Pferdehaare gegen Eingeweide kratzen oder durch gebogenes Metall spucken. Instrumente, die höllisch schwer zu spielen sind und aus denen eine einzige saubere Note herauszubringen wie Zähneziehen ist, bereiten, wenn sie gut gespielt werden, die größte Freude; jede einzelne Note der Oboe, der Violine oder der Trompete scheint an die Geduldsprobe ihrer Produktion und die Freude, ihr entkommen zu sein, zu erinnern.

Wenn eine solche hartgewonnene Schönheit dann noch ein weiteres Hindernisrennen über Vinyl, Diamant, Kupfer, Eisen, Papier und Holz läuft und unsere Ohren in einem Stück erreicht, ist unser Entzücken um so größer. Wie Musik entwindet Audio die Schönheit einem nicht-kooperativen Medium. In diesem Sinn ist sie eine Kunst. Und die Kunst der Phonographie ist Musik multipliziert mit sich selbst.

Die berühmteste Ente des achtzehnten Jahrhunderts war aus vergoldetem Kupfer gemacht. In einem Prospekt versprach ihr Schöpfer, Jacques Vaucanson, daß sie »trinken, essen, quaken, auf dem Wasser plantschen und ihr Futter wie eine lebende Ente verdauen« würde, und nach allen Berichten tat sie das auch. Vaucansons Ente galt die Bewunderung ganz Europas, doch noch wunderbarer waren seine Musiker. Spieldosen mit sich bewegenden Figuren daraufmontiert waren spottbillig, aber Vaucansons Automaten spielten ihre Instrumente tatsächlich. Sein Flötist spielte eine wirkliche Flöte, verschloß die Löcher mit seinen Fingern und spielte immerhin so gut, daß er Jacquet-Droz und Leschot, die größten Spieldosenbauer jener Zeit, zum Nacheifern anregte. Sie zauberten eine Organistin herbei, die mit ihren zierlichen Händen fünf Melodien spielte, während ihre Augen flackerten und ihr Busen vor Ausdruck bebte. Zwischen den Nummern knickste sie. Eine von einem Uhrwerk getriebene, mit Stiften besetzte Walze bestimmte jede ihrer Bewegungen.

Hätten diese vielversprechenden Anfänge ihren natürlichen Fortgang genommen, hätten wir den Phonographen wohl nicht gebraucht. Mit der Zeit hätten diese Geschöpfe vielleicht auch singen gelernt; denn schließlich hatte auch die Statue des Memnon in Theben unfehlbar jeden Tag vom Erdbeben von 27 v. Chr., als er seinen Kopf verlor, bis 170 n. Chr., als die prosaischen Römer ihn reparierten, Grüße an seine Mutter, die Morgenröte, hervorgebracht. Vielleicht aber nicht. Roger Bacon soll einen sprechenden Kopf gemacht haben, und Josef Faber aus Wien hat in den sechziger Jahren des neunzehnten Jahrhunderts ganz sicher einen geschaffen, mit elfenbeinernen Vokalbändern und einem Gummimund, der mit Hilfe einer Tastatur verformbar war.

Aber die eisige Phantasie machte einem kühlen Reduktionismus Platz. Im Wohnzimmer haben wir statt eines seltsamen mechanischen Orchesters ein paar glatte Boxen, die jedes verdammte Ding spielen können, das uns gefällt. Die Idiosynkrasie der Lippen und Glieder der Musiker, jede eine neue Herausforderung an die heitere Imagination der Physiker des achtzehnten

Jahrhunderts, sind auf Wellenformen und Zahlen reduziert. Ziemlich dasselbe geschah im visuellen Bereich, wo »mechanische Bilder«, prachtvolle sich bewegende Tableaux, durch das vielseitige »bewegte Bild« ersetzt wurden.

Aber ich eile mir selbst voraus. Lange vor dem Phonographen traf der aufklärerische Strang bei der Suche nach der mechanischen Musik auf einen mittelalterlichen, grotesken, verwickelten, der in den Dörfern des Schwarzwaldes und den Gassen von London und Prag gepflegt wurde. (Salzburg hatte 1502 eine Walzenorgel; Heinrich VIII. hatte »ein Virginal, das mit einem Rad geht, ohne daß darauf gespielt wird«; die Striking Jacks von Wells Cathedral gehen auf 1392 zurück.) Wo diese Ströme zusammenflossen, wie auf dem neutralen Boden des schweizerischen Juratales, blühte die Industrie. Bis Platten und Radio sie verstummen ließ, waren Spieldosen überall, in Duftfläschchen, Bierkrügen, Fächern, Stühlen, die sangen, wenn man sich darauf setzte, selbst Turnüren, wie die von Queen Victoria, die »God Save the Queen« spielten, wenn sie sich hinsetzte. Sie waren sehr groß, wie die Kutsche, die Kuznetsow und Dubasnikow 1785 bauten, deren Räder eine Walzenorgel antrieben, oder das Gavioli Orchestrion von 1908 mit seinen 112 Noten und zwölf Pausen. Und sie waren sehr klein wie die Taschenuhren, aus denen Vögel oder Hunde herauskamen, um die Stunden zu zirpen oder zu bellen.

Weil sie nicht versuchten, Musik zu reproduzieren, sondern ihre eigene machten – wenn auch putzig-niedlich –, wurden sie von Musikern eher akzeptiert als dann der Phonograph. Leopold Mozart schrieb elf Melodien für die Walzenorgel des Salzburger Doms. Sein Sohn komponierte für die mechanische Orgel, während Haydn Flötenuhren programmierte. Muzio Clementi baute zu Beginn des neunzehnten Jahrhunderts in London Kammer-Walzenorgeln. Beethoven reservierte seine pathetischste Inspiration, die Ouverture *Wellingtons Sieg*, dem Mälzelschen Panharmonikon; und Strawinsky zog mit einem Streich gleich, indem er eine Leierkastenmelodie in *Petruschka* verwendete.

Sir Thomas Beecham beginnt seine Memoiren *A Mingled Chime* mit einer Erinnerung an die Spieldosen, mit denen das Haus seines Vaters bestückt war, so daß der »Besucher, der seinen Hut an einen bestimmten Zapfen des Gestells in der Halle hängte oder der geistesabwesend den falschen Schirm aus dem Ständer nahm, erschreckt wurde, weil er die heiteren Tonfolgen aus *Wilhelm Tell* oder *Fra Diavolo* zum Leben erweckt hatte.« Sir Thomas zog diese »lachenden Kaskaden von kristallinen Noten« bei weitem dem »Surren und Zischen« des Phonographen vor. Spieldosen waren Spielsachen, »und keine gab vor, sie wäre irgendetwas Besseres« – »sie waren liebenswerte Spielsachen, und sie konnten auch das verwöhnteste Ohr nicht beleidigen. Wenn man sie bei der Wiedergabe von etwas Ernstem oder Monumentalem hörte, dann erinnerte das an die winzigen, in Porzellan aus Meißen oder Chelsea ausgeführten Kopien von Michelangelo oder Giovanni da Bologna, und wenn man das Lachen nicht verhindern konnte, dann war das Lachen freundlich und mitfühlend.«

Über die modernen Äquivalente der Spieldosen und Automaten ist gelacht worden, aber selten mitfühlend. Der moderne Phonograph ist bewundernswert, wenn er akkurat ist, und lächerlich, wenn er inakkurat ist. Der Roboter, den wir uns als einen verfeinerten Automaten vorgestellt haben, eine Statue, die die Umarmungen erwidert, hat sich als nichts derartiges erwiesen. Tatsächlich war die Romanze in dem Augenblick vorbei, als Karel Capek mit einem Schlag in das industrielle Herz des Habsburgischen Reiches das Wort »Roboter« nach der russischen Wurzel für »Arbeit« prägte. Der Roboter war das Bild des entfremdeten Arbeiters, zu dem die Menschen nach wenigen Jahren am Fließband werden würden. Es war der Wunschtraum des Herrn, der Alptraum des Sklaven. Dann begann er den Meister zu verfolgen (mach deine Instrumente zu scharf, und sie werden sich gegen dich wenden) und insgeheim den Sklaven zu trösten, der vielleicht bald seinen eigenen Sklaven haben würde. Sicher jedoch sind die Roboter, die man heute auf Weltausstellungen und in japanischen Fabriken trifft, Sprößlinge nicht des Automaten sondern der Spinnmaschine (»Die ineffizienteste

Art der Maschine«, schreibt Lewis Mumford, »ist die *realistische* mechanische Imitation des Menschen oder eines anderen Tieres: die Technik gedenkt Vaucansons eher wegen seines Webstuhls als wegen seiner lebensechten mechanischen Ente . . .«)

Warum ist es schlimmer, ein Roboter als ein Automat zu sein, schlimmer sich als einen Phonographen denn als eine Spieldose vorzustellen? Die Spieldose des achtzehnten Jahrhunderts war wie der Mensch des achtzehnten Jahrhunderts von seinem Schöpfer mit einem Charakter ausgestattet worden. Der Phonograph hat wie der Massenmensch keinen Charakter, um davon zu sagen oder zu singen. Er hat keine eigene Musik. Er reagiert nur auf die eingegebenen Daten.

Die Parabel von unserer Daseinsbedingung, die der Phonograph inszeniert – und das Gefühl, daß die Musik der letzte Ort ist, wo die Mechanik ihr Haupt erheben sollte – hat ihn zu einem Lieblingsobjekt der Satiriker gemacht. Orwell hätte sein »On a Ruined Farm near the His Masters Voice Gramophone Factory« in der Nähe einer anderen Fabrik schreiben können, aber er wählte diese. René Clair hätte sein *A nous la liberté*, die wuchernde Farce, die Chaplins *Moderne Zeiten* inspiriert haben soll, in einer anderen Fabrik spielen lassen können; der Plot bezieht sich auf die Großtaten der Brüder Pathé, aber sie machten auch die Geräte für Filme. Die Fließbandposse wäre sowieso dieselbe gewesen, aber einige entscheidende Bilder hätten ihren Witz verloren. Wenn die Verbrecherbrüder in der Stadt ankommen, wo sie ihr Vermögen machen wollen, hören sie die liebliche Stimme einer Frau, die durch die Vorhänge eines offenen Fensters klingt; bei näherer Betrachtung ist es nur ein Phonograph, der erste, den sie sehen. Später, wenn sie ihre Freiheit weit weg von der Fabrik feiern, strecken sie sich in ein Feld von wilden Blumen, die für sie singen. Die bauschigen Blumenblätter vibrieren wie Phonographentrichter.

Diese Szene ist mit Weichzeichner gedreht, die Musik ist verrückt, und man fühlt intensiv die Ambivalenz, die den ganzen Film so hintergründig macht. In *Moderne Zeiten* haben Satire und Empfindung eine schärfere Arbeitsteilung; ebenfalls in *Lich-*

ter der Großstadt, aber auch hier ist der Phonograph außergewöhnlich. Das arme blinde Mädchen läßt ihn spielen, während sie nach dem Tramp schmachtet, den sie sich als einen schneidigen Millionär vorstellt. Es ist eigentlich ein komisches Thema – die Blinde hört auf das Unsichtbare – würdig des älteren Breughel, aber Chaplin entlockt ihm Tränen. Auf dem Plattenteller liegt seine eigene spätere Hitplatte, das rührselige »Smile«.

In *Moderne Zeiten* wird der Tramp einen kurzen Moment lang eine Maschine; er ist sonst eher ein Stück Rohmaterial, das von Maschinen grob behandelt wird. Die tiefere Schmach, eine Maschine zu sein und dazu noch eine defekte, ist besser ergründet in dem Bühnenstück gegen Ende von *Rampenlicht,* mit Chaplin als Geiger und Buster Keaton als dessen Begleiter. Die Violine verstimmt sich von selbst, Chaplins Bein ändert dauernd seine Länge, und unterdessen gleiten Keatons Noten schneller vom Piano als er sie zurücklegen kann, wie eine ständige Papierfontäne. Kurz, sie können nicht anfangen. Sie sind wie eine Phonographennadel, die in der allerersten Rille feststeckt. Robert Warshow spricht von »der tiefen, süßen Geduld, mit der die beiden unglücklichen Musiker diese Schwierigkeiten hinnehmen, irgendwie zuversichtlich – aus Gott weiß welchem Reservoir an schrecklichen Erfahrungen –, daß zuletzt doch der Augenblick kommt, da sie ihr Stück spielen können ... Die Szene ist unerträglich lustig, aber die Analogien, die mir dazu einfallen, sind tragisch: Lears »Niemals, niemals, niemals, niemals, niemals!« oder Kafkas »Es ist genug, daß die Pfeile genau in die von ihnen geschlagenen Wunden passen.« Diese Analogien sollten nicht verblüffen, denn die Szene ist nicht nur jenseits der Satire, wie Warshow sagt, sondern jenseits von Tragik und Komik. Das Tragische und das Komische sind Masken, die wir aufsetzen, aber hinter diesen beiden ist die Maske, mit der wir geboren sind. Es gibt nichts Traurigeres oder Lustigeres als den Körper. Er bleibt trotz aller Windungen des *Zeitgeists.* Selbst Kafkas Bemerkung über die Pfeile ist komisch und erinnert doch an seine grausige Strafkolonie, wo dem Gefangenen das Verbrechen mit der Nadel einer iesigen Maschine auf dem Rücken eingraviert wird – einer Maschine, die an den Phonographen aus Kafkas Tagen denken läßt, an jenen Typ, der auf einer Wachsmatrize aufzeichnen und dann die entwickelte Platte zurückspielen konnte. Natürlich handelt die Geschichte nicht von Platten; sie ist eine Vision, die der Körper unmittelbar anerkennt, was immer der Kopf daraus macht. Danach zu fragen, was sie bedeutet, gleicht dem Versuch, den eigenen Rücken zu lesen.

Sich wie eine Platte zu fühlen ist in mancher Hinsicht noch schlimmer als sich wie ein Phonograph zu fühlen. Es gibt etwas boshaft Zirkuläres im Leben einer Platte. Als Platte kannst du die Maschine beherrschen und zu deiner Melodie tanzen lassen; aber die Melodie wurde zuvor durch eine Maschine in dich gelegt. Die Parabel handelt nicht nur vom technischen Menschen, sondern von jedem Menschen mit einem Körper.

Maschinen sind Projektionen. Der Uhrwerkflötist ist ein Traum an Zierat. Der Roboter ist ein Alptraum an Ausdauer. Lewis Mumford schrieb: »Die Menschen werden mechanisiert, sie selbst werden in mechanische, uniforme, ersetzbare Teile transformiert . . ., bevor sie den letzten Schritt machen und Maschinen erfinden, die diese Aufgaben übernehmen.« Wir schaffen ein Ding nach unserem Bild und erschrecken dann, daß wir ihm ähnlich sind.

Automaten haben Komponisten so bezaubert, daß sie für und über sie schrieben, aber in der Musik des neunzehnten Jahrhunderts wird dieser Zauber allmählich schief. Im Allegretto seiner Achten Symphonie scheint Beethoven (Forscher streiten darüber) sich wohlwollend über das Metronom seines Freundes Mälzel lustig zu machen. Der alte Drehorgelspieler in Schuberts »Der Leiermann« scheint zu seiner Maschine geworden zu sein; obgleich niemand jemals zuhört, hören seine steifen Finger nie mit dem Drehen auf. Der Wechsel von Klavier und Stimme, beide sowohl rhythmisch wie melodisch stockend, übermittelt die unheimliche Verwandtschaft von Mensch und Maschine. Offenbachs Hoffmann fällt für eine lebende Puppe, die singen und tanzen kann und deren Melodie auf bezaubernde Weise die mechanischen Possen der Belcanto-Soprane vortäuscht. Wenn teuflische Kräfte ihr Glied um Glied wegreißen, ist die Szene grausam genug für Euripides, aber auch geschmackvoll genug für die Bühne der Opéra Comique, da es ja nur die Demontage einer Maschine ist.

Es wird noch komplizierter in Strawinskys *Die Nachtigall*, einem 1908 unter der Betreuung von Rimski-Korsakow begonnenen Werk, dessen federleichte Exotik es nachahmt, und das nach einer Unterbrechung für *Feuervogel, Petruschka* und *Le Sacre du Printemps* 1914 beendet wurde. Kritiker finden den ersten und den letzten Akt stilistisch inkonsistent, aber der Abgrund, den Zuhörer, die nicht Kritiker sind, überspringen müssen, um vom einen Ende der Oper zum anderen zu gelangen, ist weniger ein stilistischer als ein emotionaler.

Die Geschichte hält sich eng an ein Märchen von Hans Christian Andersen: eine unter chinesischen Bauern berühmte Nachtigall wird an den Hof des Kaisers gebracht. Ihr Gesang rührt ihn zu Tränen, aber bald wendet er sich einer mechanischen Nachtigall zu, die der Kaiser von Japan gesandt hat. Der wahre Singvogel fliegt weg, und der Kaiser ernennt den Automaten zu seinem »ersten Sänger« im Schlafgemach. Mit der Zeit versagt der Automat, der Kaiser wird krank, der Tod steht schon neben seinem Bett; als plötzlich die wirkliche Nachtigall erscheint und den Tod so bezaubert, daß er auf seinen Lohn verzichtet.

Der Komponist beginnt wie seine romantische Textvorlage mit Zuneigung für die Fleisch-und-Blut-Nachtigall und Verachtung für die mechanische. Sechs Jahre später haben sich seine Sympathien verschoben. Er hat das Pathos der Drehorgel und die Pein der Marionette Petruschka entdeckt. Er hat in dieser Marionette das Bild des industriellen Menschen entdeckt und (ein weiteres Mal dem Strom eine Kurve voraus) in der Mechanik das eiserne Gesetz allen Lebens vom prähistorischen Frühling von *Le Sacre* bis zum Winter von St. Petersburg und Paris gesehen. (»Und obwohl in *Le Sacre* keine Automaten auf die Bühne dringen«, schreibt Paul Rosenfeld, »und die Partitur frei von der Uhrwerksmusik ihrer unmittelbaren Vorgängerin ist, stimmt auch sie uns mit ihren dunklen, wilden Farben auf die mechanistische Ordnung der Dinge ein ...«) Die beiden Nachtigallen sind Vögel von derselben Feder. Der Kaiser könnte ebensogut eine Münze werfen.

Für jeden, der schon eine Nachtigall gehört hat, klingt dies gar nicht so weit hergeholt. Der Gesang ist wunderbar, aber wie der Gesang vieler Vögel ist er knarrig und oft repetitiv und klingt daher mechanisch. Zu ihm gehört sogar ein charakteristisches tiefes Rasseln wie das Entspannen eines Uhrwerks. Wir wollen an den Vogelgesang als an eine nicht-vorbedachte Kunst denken, die er auch ist; aber Spieldosen sind ebenfalls nicht vorbedacht. In bestimmtem Sinn sind Vogel wie Dose programmiert. Und jeder, der Vögel beobachtet, kennt die ruckartigen, abgezogenen Kopfbewegungen, die so zwingend an Automaten denken lassen.

Es wäre einleuchtend, wenn auch umsonst, in der Nachtigall eine Allegorie auf den Phonographen zu sehen, der in Rußland 1908 die Gemüter erregte. Vielleicht haßte Strawinsky, ein arroganter junger Mandarin wie Prokofiew, den neuen Apparat ebenso wie Prokofiew. Wir wissen, daß er ihn später wie Prokofiew geschätzt hat; vielleicht änderte er seine Einstellung vor 1914. Bei einer solchen Lesart tauchen köstliche Ironien auf. Das Uhrwerkgeschenk, das der Japaner trägt, ist juwelenbesetzt und herausgeputzt wie eine Primadonna. Es ist etwas zum Anschauen. Die wirkliche Nachtigall ist etwas Bräunliches, glücklich, daß sie im Dickicht verschwindet. Wie der Phonograph ist sie nichts zum Anschauen. Gewöhnlich wird sie, wie die verborgenen Musiker des Phonographen, gehört, bleibt aber selbst ungesehen. Das stimmt für viele Singvögel; was auch einen Vogelbeobachter im Zustand der Verwunderung hält, ist die sanfte Attacke eines körperlosen Gesangs. Selbst im Winter kann es einige Zeit dauern, bis man die mitteilsame Kehle entdeckt, und in Sommerwäldern kann es endlos dauern. (Von Bächen des Gesangs geweckt zu werden, ihnen dann nach draußen zu folgen und dann eine halbe Stunde ganz still zu stehen, während die feuchten Blätter mit deinen Pantoffeln verschmelzen, und dabei nach oben in die Gewölbe der vor Klang strahlenden Bäume zu sehen, ist bestimmt wunderschön, ob man nun seine Baumdrossel findet oder nicht.) Das körperlose Wesen des Vogelgesangs könnte ihn gerade für die Aufzeichnung und für die Verkörperung in aufgezeichneter Form, in menschlicher Musik, geeignet machen. 1924 hat Respighi, ein anderer Schüler von Rimski-Korsakow eine Nachtigall in die Partitur von *Pini die Roma* geschrieben. Ihr aufgezeichneter Gesang war im Konzert zu hören – von nirgendwo kommend, wie in einem Piniengehölz – und auch in den Aufnahmen von diesem Konzert. Ein sehr viel späterer Klassiker, das Weiße Album der Beatles, hat backing vocals von einer Amsel, und Durchschnittsarrangeure haben die Vögel zu Tode verwendet.

Gleichgültig wie wir *Die Nachtigall* lesen, wir wissen, daß sich Strawinsky mit Mechanik befaßte. 1927 gab er mit *König Ödipus* dem Mechanischen einen klassischen Stammbaum. Bei der amerikanischen Premiere unter der Leitung von Stokowski ragten über drei Meter große Marionetten auf der Bühne auf (damit wir uns den Marionetten nicht überlegen fühlen), während die Solisten als Bauchredner agierten und ein unsichtbarer Erzähler durch ein Megaphon sprach. (Cocteau, der Librettist, hat ebenfalls ein Stück geschrieben, in dem der Erzähler in einem riesigen Phonographen verborgen war.) Strawinskys Respekt vor der Mechanik wird nicht nur in seinen geschriebenen Werken deutlich, sondern auch in dem, was er an Plattenaufzeichnungen hinterlassen hat, auf denen er – rigider als in der Spielwalze einer Nachtigall – die Interpretation seiner Werke festgelegt hat. Aber die Annahme des eisernen Gesetzes geschah nicht fröhlich, sondern sehr klarsichtig. Sein Pessimismus war die schmale Öffnung, durch die ein scharfes Bild aufgenommen werden konnte.

Andere Slawen vor Capek und Strawinsky hatten das Gerassel des Mechanischen gehört. Die schrecklichste Szene in Boris Godunow ist die, in der das Schlagen einer Glocke mit ihren Infestationen von sich bewegenden Figuren beim Zaren die Halluzination eines ermordeten Kindes einleitet. Die Uhr schlägt eine spöttische Variation über die Glocken seiner Krönung. Versprachen jene Allmacht, so spricht diese Glocke erbarmungslos von der Übermacht des Schicksals – wie es eine Figur das Licht sehen läßt und sie dann wieder zurück in die Dunkelheit schwingt.

Die Glockenszene wirkt auf der Schallplatte erschreckend gut; Schaljapins blecherne Aufnahme von 1931 gibt einem ein Gefühl, als ob man in die Gemächer des Zaren einträte. Und im allgemeinen wirkt motorische Musik, Musik mit einem festen mechanischen Beat, auf der Schallplatte besser als jede andere. Wenn es keinen Live-Musiker gibt, an dem man sich festhalten kann, entfernt sich der Geist von Rezitativen und dünnem Impressionismus. Ein Beat verankert ihn felsenfest. Das kann erklären, warum amerikanische Pop-Songs sich von der langsamen Einleitung im Broadway-Stil gelöst haben. Und es kann den Erfolg des aufgezeichneten Jazz und Rock erklären (wie Chuck Berry sagt: »It's got a backbeat, you can't lose it.«) und daß Beethoven in der LP-Ära überrollt wurde und den barocken Concerti grossi Platz gemacht hat. Ein Beat ist wie eine Kantische Kategorie, eine Matrix, die uns Dinge als Dinge anstelle von Chaos verstehen läßt. Unverständliche Kläge sind erträglicher, wenn sie dieses Rückgrat haben, was auch ein Grund dafür ist, warum avantgardistischer Jazz-Rock über mehr Anhänger verfügt als avantgardistische klassische Musik (ausgenommen die Minimal Music, die eingängige Harmonien *und* einen Puls hat).

Doch ist es nicht ganz so, daß ein Gesicht *faut de mieux* durch einen Beat ersetzt wird. Der mechanische Beat von Rock and Roll oder Corelli klingt richtig, wenn er direkt aus einer Maschine kommt. Singen Eisenbahnwagen Rezitative? Sind Preßluftbohrer rhapsodisch? »Alles ist, was es ist, und nicht etwas anderes«, wie G. E. Moore sagt, und ein Phonograph ist keine Person.

Von den Futuristen zu einem Extrem getrieben, wird das Bedürfnis nach etwas Mechanischem in der Musik zu einem Bedürfnis nach Lärm. Emilio Marinetti, der den Mechanismus als etwas Neues fehlinterpretierte, dachte, er erfordere eine brandneue Ästhetik. Aber andere Komponisten verstanden, daß die neue Ästhetik in mancher Hinsicht eine sehr alte sein würde. Strawinsky fand die Materialien für seine Maschinenzeitalter-

Musik im russischen Volkslied und bei Gesualdo, während Varèse auf Pérotin zurückging. Selbst George Antheil streute *Chinoiserie* über sein schreckliches *Ballet mécanique*.

Aber schlechte Ideen sterben schwer, wenn sie auf schlechte Gefühle gegründet sind. Heute haben wir Heavy Metal Musik, deren Anziehungskraft mit der eines Motorradunfalles verglichen werden kann. Umarmt man die Maschine mit offenen Armen und Beinen, scheint man das Mechanische aus sich selbst auszutreiben. Wie ein Zentaur von den Rippen an ein Gott wird, weil er unterhalb ganz Tier ist, so schweben die oberen Extremitäten eines Motorradfahrers in einer Region reiner Freiheit. Aber die Mischung ist instabil und explodiert zum Schluß.

Sieht man das Mechanische als etwas außerhalb des eigenen Selbst, hofft man sich darin zu verlieren – wörtlich, wenn nötig. »Krieg ist wundervoll, weil er die erträumte Metallisierung des menschlichen Körpers initiiert«, schreibt Marinetti. »Krieg ist wundervoll, weil er eine blühende Wiese um feurige Orchideen von Maschinengewehren bereichert. Krieg ist wundervoll, weil er das Gewehrfeuer, die Kanonaden, den Waffenstillstand, die Gerüche und den Gestank der Verwesung zu einer Symphonie kombiniert.« (Dies ist nicht so ausgefallen; selbst der friedliche Sibelius, der während der Belagerung von Helsingfors vierzig Pfund verlor, vertraute seinem Tagebuch an, daß »das Crescendo, als der Donner der Geschütze näher kam, ein Crescendo, das beinahe dreißig Stunden andauerte und in einem Fortissimo endete, das ich nie hätte erträumen können, wirklich eine große Sensation war.)

Die Liebe zur Mechanik hat aber auch ihre friedliche Seite. Der junge John Cage zum Beispiel liebte die überflüssigen Teile und Schrott wie der Sohn des Erfinders, der er war (sein Vater hatte ein Unterseeboot erfunden), und verwendete Phonographen-Tonabnehmer und Radio-Spulen in Rube Goldberg-Verkettungen, um den Klang zu kriegen, den er wollte. Als das Tonband aufkam, verwendete er das ebenfalls, und klebte sechs Monate lang zwölf Stunden am Tag, heiter wie ein Shushi-Koch, um ein einziges Werk herzustellen. Die Maschine gab Cage etwas, was er unbedingt brauchte: Unbewußtsein, Unabsichtlichkeit. (Sein Vater behauptete, er mache seine besten Erfindungen während des Schlafens.) Maschinen sind mehr Natur als wir. Sich selbst überlassen, sind sie alle Zen-Meister. »Antike Maler übten, Punkte in künstlerischer Unordnung auf Papier zu bringen«, erzählte Shunryu Suzuki. Das ist ziemlich schwierig. Selbst wenn du es versuchst, bringt man es doch gewöhnlich in eine gewisse Ordnung.« Aber für einen Computer ist das ein Kinderspiel. Um die verfeinerte Ebene der Zufälligkeit zu erreichen, muß man entweder Klänge aus der Natur nehmen oder eine Maschine verwenden. Sonst kommt einem seine Menschlichkeit in die Quere. (»Einmal«, schreibt Cage, »besuchte ich meine Tante Marge. Sie machte gerade ihre Wäsche. Sie wandte sich mir zu und sagte: ›Weißt du, ich liebe diese Maschine weit mehr als deinen Onkel Walter.‹«) Die Maschine kann menschliche Musik selbst bei der Wiedergabe naturalisieren, indem sie sie in zufällige Entfernung von ihrem beabsichtigten Kontext wirft. In einem von Cages *Imaginary Landscapes* spielen gleichzeitig zwölf zufällig eingestellte Radios; wir machen alle gelegentlich etwas Ähnliches, wenn wir beiläufig einen Sender suchen oder eine Platte laufen lassen.

Man kann nie ganz sicher sein, daß man irgendwo angekommen ist, solange man nicht auf einer Straßenkarte nachgesehen hat. Wenn ein Geisteszustand zur Debatte steht, ist Dialektik hilfreich, deshalb will ich diese Mäander in eine derartige Karte komprimieren. Zuerst gab es die Aufklärung, die die Maschine als Magd der Sinne begrüßte. Dann kam die romantische Reaktion, in ihrer lebendigsten Form fast Maschinenstürmerei. Die Synthese ist die moderne Ästhetik, die in der Maschinerie etwas Grausameres, Edleres, Unbeschädigteres, Interessanteres als den Menschen spürt.

Wie mit Adams Fall Gott starb – wenigstens zur Seite treten und diesen zufälligen Gott das Rampenlicht einnehmen lassen mußte –, so wird im Fall der Maschine, in der Offenbarung ihrer Macht, das Böse zu tun, der Mensch wieder klein; und welche Erleichterung ist das. Als alle Kräfte der Natur sich der Manipulation ergaben, war nichts übrig geblieben, das ungeheuerlich genug war, verehrt zu werden. Nun *ist* als Nebenprodukt derselben Manipulation etwas wirklich Ungeheuerliches aufgetaucht.

Das sind weite Themen, die man in einem Buch über Autos oder Bomben oder andere technische Gegenstände, die man eben am anziehendsten oder am ekelhaftesten findet, illustrieren könnte. Der Phonograph ist, wie alle Themen, ein willkürliches Thema. Manche sind erkennbar dringender, aber die dringenderen sind schon durch exzessives Licht verdunkelt worden. Vielleicht wirft ein trivialeres Thema einen schärferen Schatten in den fluoreszierenden Nebel. Der Phonograph zeigt einige dieser Konflikte ungewöhnlich gut auf; er ist keine alte Maschine, sondern eine Maschine der Musik, jener Kunst, auf deren Zustand alle anderen zielen, oft mit unheilvollen Ergebnissen. Allen anderen Künsten muß das menschliche Element durch einen Willensakt ausgetrieben werden: durch ein in Stein geschriebenes Gebot oder durch eine erzwungene Selbstauslöschung, wie sie Ortega y Gasset in der Moderne angeprangert hat. In der Musik ist das menschliche Element von Anfang an abwesend oder vielmehr: es ist nur als eine Leihgabe anwesend. Absolute, nicht-Programm-Musik enthält keine Bilder des Menschen, und sie enthält seine Emotionen nur dort, wo man sie zu finden sich entschließt.

Wenn andere Künste die Maschine als Instrument aufgreifen, hängen sie nur um so fester an dem Menschen als dem behandelten Thema. Während die Malerei höchstens nicht-repräsentierend war, stand die Photographie unerschütterlich beim Gesicht und der Figur des Menschen. Die Arbeit der Kamera muß mimetisch sein, aber warum hat es weniger Stilleben und Landschaften als Porträts, Nackte und Genreszenen gegeben? Und warum hat sich die von Moholy-Nagy und Man Ray initiierte linsenlose Photographie niemals wirklich durchgesetzt? Während Drama und Tanz mit Zeit und Geometrie spielten und so abstrakt wurden, wie es die bohrende Gegenwart der menschlichen Schauspieler nur irgend zuließ, blieb der Film verwickelt in Handlungsabläufe und Charaktere. Selbst die ungezügelten Einfälle von

Busby Berkeley organisierten nur die Materialien des täglichen Lebens neu. Dasselbe ließ sich von Cocteau und Buñuel sagen. Filmemacher, die mit wahrer Abstraktion experimentiert haben, sind noch nicht einmal Avantgarde – sie haben das Regiment völlig verlassen.

Die Phonographie war anders. Plattenhersteller haben sich nicht von absoluter Musik ferngehalten. Tatsächlich ist vieles von dem, was Phonographie im reinsten Sinn genannt werden könnte – Musik, die im Prozeß der Aufzeichnung geschaffen wurde, wie elektronische Musik oder Studio-Jazz – absolute Musik. Platten haben den typischen Zuhörer in die Lage versetzt, Musik, wahrscheinlich zum ersten Mal, als etwas absolut Abstraktes zu erfahren – abstrahiert von der menschlichen Erfahrung und in einer Region weit jenseits davon lokalisiert.

Ist das ein korrekter Weg, Musik zu erleben? Die Antwort hängt von der jeweiligen Theorie der Musik ab, die ihrerseits wieder von der jeweiligen Erfahrung abhängt. Aber deine Theorie der Musik muß auch mit deiner Metaphysik ihren Kurs ändern. Schopenhauers Theorie der Musik, zu der uns diese Überlegungen nun führen, war die Schwelle zu einem großen metaphysischen Bauwerk voller feuchter Korridore, die heute keiner mehr besucht. Sie war einmal sehr populär wegen ihrer Wucht und ihrer Schwermut, die auf ein *fin de siècle*-Bedürfnis reagierten, und wegen ihrer merkwürdigen, aber überzeugenden Erklärung, wie man fühlt beim Musikhören. Nietzsche und Wagner änderten beide die Theorie, damit sie der überladenen Musik, die sie bevorzugten, passen würde. Aber erst jetzt können wir mit Hilfe des Phonographen deutlich hören, was Schopenhauer hörte.

Nach Schopenhauer ist die Welt, die ich wahrnehme, bloß eine Repräsentation – *Vorstellung*, die den physischen Sinn hat, ein Bild vor den Geist zu stellen. Die Welt ist etwas, das ich mit Hilfe bestimmter angeborener, automatischer mentaler Instrumente konstruiere. Das sind die Kategorien, modelliert nach Kant (obgleich für Schopenhauer die Kategorie der Kausalität alle anderen einschließt). Hinter dieser Bilderschau ist das Ding an sich, das nach Kant unerkennbar ist; nach Schopenhauer aber ist das

Ding an sich bekannt und erstrangig. Es ist der Wille, den ich in mir fühle und durch Analogie in allen anderen lebenden und unbeseelten Objekten erkenne. Der Wille ist der rasende, ziellose Strom, der durch mich und durch alles andere fließt. Er wird durch die platonischen Ideen gebrochen und erreicht im Felsen, der Eiche, dem Kaninchen, dem Menschen verschiedene Stadien der Objektivation. Diese Ideen oder perfekten Formen werden wiederum durch das Prinzip der Individuation – Zeit, Raum, Kausalität – in die zahllosen Felsen, Eichen, Kaninchen und Menschen gebrochen, die ich wahrnehme.

Auf diese Weise wird der Wille für mich, das Subjekt, zu einem Objekt. Selbst der Wille in mir, den ich direkt kenne, kann für mich ein Objekt sein: dies geschieht, wann immer ich mein Verhalten in den Kategorien von Motiven, Zwecken, Emotionen oder Charakter erkläre. Diese sind Illusionen, aber so ist auch, in einem tieferen Sinn, meine direkte Erfahrung des Willens – nämlich mein Gefühl des freien Willens. Die harte Tatsache ist, daß ich eine Marionette des Willens bin, festgehalten in einem Todeskampf gegen alle seine anderen Marionetten. »... Der Wille muß aus sich selbst leben, da nichts anderes neben ihm existiert, und er ist ein hungriger Wille. Aus ihm erheben sich Streben, Jagen, Angst und Leiden.« Summiert sich nun all diese Aufregung zu irgendetwas, wie bei Nietzsche oder Darwin? Nein. Der Wille bleibt ein Wurm, hungrig und blind. In seinen Entzweiungen kämpft er gegen sich selbst, wie eine zerschnittene Bulldogs-Ameise.

Gibt es irgendeinen Ausweg? Nur der Heilige findet einen dauerhaften Ausweg, wenn er den Willen zum Leben ablegt. Aber eine vorübergehende Erleichterung, ein »Sabbat der Schuldknechtschaft des Wollens«, kann in der Kunst gefunden werden. Die Wahrnehmung des Künstlers ist nicht an seinen Willen gekettet. Er blickt auf einen Apfelbaum nicht als etwas, von dem gegessen oder aus dem etwas gebaut werden kann, sondern als etwas, das man betrachten kann. So ist er für ihn als ein individuelles Geschöpf nicht länger ein nützliches oder unnützes individuelles Objekt; er ist zur Idee seiner Spezies geworden. Kunst ist ein Abbild dieser Idee (nicht, wie Platon behauptet, ein Abbild des Abbilds). Als Künstler gibt man sich ganz der Anschauung hin, »indem man, nach einer sinnvollen deutschen Redensart, sich gänzlich in diesen Gegenstand verliert, d. h. eben sein Individuum, seinen Willen, vergißt und nur noch als reines Subjekt, als klarer Spiegel des Objekts bestehend bleibt«.

Wie die meisten mimetischen Kunsttheorien scheint auch diese die Musik im Regen stehen zu lassen. Wenn keine Idee ihren Abdruck in der Musik hinterläßt, muß es eine noch tiefere Spur geben, denn von allen Künsten spricht die Musik am mächtigsten. Schopenhauer argumentiert, daß sie wie die anderen Künste sein muß, nur mehr – daß »ihre nachbildliche Beziehung zur Welt eine sehr innige« sein muß.

Wenn man nun also seinen Geist »dem Eindruck der Tonkunst, in ihren mannigfaltigen Formen, gänzlich« hingibt, kommt man zu dieser überwältigenden Schlußfolgerung: ». . . so ist die Musik, da sie die Ideen übergeht, auch von der erscheinenden Welt ganz unabhängig, ignoriert sie schlechthin, könnte gewissermaßen, auch wenn die Welt gar nicht wäre, doch bestehn: was von den andern Künsten sich nicht sagen läßt. Die Musik ist nämlich eine so unmittelbare Objektivation und Abbild des ganzen Willens, wie die Welt selbst es ist, ja wie die Ideen es sind . . .«

Musik könnte, auch wenn die Welt gar nicht wäre, doch bestehn. Diese Worte ziehen uns den Boden unter den Füßen weg, wie es die Musik oft selbst tut: dieser metaphysische Schauder, den wir in Carnegie Hall spüren, als ob der rote Teppich weggerutscht wäre und uns nun über dem Abgrund hängen ließe, hat nichts zu tun mit dem schwachen Rumpeln der U-Bahnen.

Musik und Ideen sind beide Objektivationen des Willens. Obgleich es keine Ähnlichkeit zwischen ihnen gibt, muß es einen Parallelismus geben. Der tiefe Baß, sagt Schopenhauer, ist dem niedersten Grad der Ideen analog, der fühllosen Masse des Planeten, aus der alles andere entstanden ist. Zwischen Baß und Sopran fallen die Ripienstimmen oder Harmonie-Teile, die die Stufenfolge der Objektivierung des Willens darstellen – Mineralien, Pflanzen, Tiere. Und die Melodie ist der Mensch: »Sie erzählt folglich die Geschichte des von der Besonnenheit beleuchteten Willens, ... sie erzählt seine geheimste Geschichte, malt jede Regung, jedes Streben, jede Bewegung des Willens, alles das, was die Vernunft unter den weiten und negativen Begriff Gefühl zusammenfaßt.« So drückt die Musik also Gefühle aus, wie es immer geheißen hat, aber sie drückt »das Wesentliche derselben, ohne alles Beiwerk, also auch ohne die Motive dazu« aus.

Unter allen Teilen ist nur die Melodie ein bedeutsames Ganzes, da nur der Mensch das zusammenhängende Bewußtsein hat, das dem Leben Gestalt gibt. Wie das Wesen des Menschenlebens ein rastloser Übergang von Wunsch zu Befriedigung und von neuem zu einem andern Wunsch ist, ist auch das Wesen der Melodie ein »stetes Abweichen, Abirren vom Grundton, auf tausend Wegen«. Daß sie uns auch Trost gibt, liegt an dem unaussprechlich Innigen aller Musik, »vermöge dessen sie als ein so ganz vertrautes und doch ewig fernes Paradies an uns vorüberzieht, so ganz verständlich und doch so unerklärlich ist, beruht darauf, daß sie alle Regungen unsers innersten Wesens wiedergibt, aber ganz ohne die Wirklichkeit und fern von ihrer Qual.« Im wirklichen Leben dagegen »sind wir selbst die schwingende Saite, die gedehnt und angeschlagen wird«.

Jetzt allmählich klingen Schopenhauers Worte, die bis auf uns gekommen sind, weniger fern und vertrauter. Haben uns nicht Hanslick und Langer das Fleisch dieser Theorie gegeben – ohne die scholastische Garnitur? Selbst der Teil über die nichtmenschliche Natur kann allgemeinverständlich ausgedrückt werden: zum Beispiel sagt Langer, daß der Rhythmus des in Musik ausgedrückten inneren Lebens auch der der Natur sein könnte. Schopenhauers Lehre läßt sich als geniale, wenn auch triviale Spezifizierung, als eine Anpassung der harmonischen Theorie seiner Zeit an die Kosmologie sehen. Warum also dann nicht klar in den Begriffen von Bewegung oder Kraft oder einheitlicher Feldtheorie sprechen und das ganze Zeug über den Willen vergessen?

Es gibt Gründe. »Bisher«, schreibt Schopenhauer, »ist der

Begriff des *Willens* unter den Begriff der *Gewalt* subsummiert worden; Ich dagegen mache genau das Umgekehrte und möchte jede *Gewalt* in der Natur als *Willen* verstanden wissen.« Den Begriff der Gewalt kennen wir von außen, von der Wahrnehmung; aber den Begriff des Willens kennen wir von innen. »Wenn wir daher den Begriff der Gewalt auf den des Willens beziehen, haben wir eigentlich etwas Unbekannteres auf etwas unendlich besser Bekanntes bezogen, tatsächlich sogar das eine Ding, das uns wirklich unmittelbar und vollständig bekannt ist; und wir haben unser Wissen erheblich ausgeweitet.« Natürlich bin ich versucht zu sagen, daß nur ich Willen habe, während die Bewegungen von Felsen und Kaninchen das Ergebnis von Gewalt ist. Selbst die Bewegungen meiner Nachbarn scheinen mir durch die Gewalt der Natur determiniert – Lust, Trägheit, Schwerkraft, Genetik. Sie scheinen so *vorhersagbar*. Doch sie können dasselbe über mich sagen. »Spinoza sagt, daß der durch einen Stoß in die Luft fliegende Stein, wenn er Bewußtsein hätte, meinen würde, aus seinem eigenen Willen zu fliegen. Ich setze nur noch hinzu, daß der Stein Recht hätte.«

Welchen Unterschied macht das alles für jemanden, der einfach Musik hören möchte und Philosophie nur toleriert, wenn sie sein Hören vertieft. Mit Hilfe der Musik, sagt Schopenhauer, philosophieren wir, ohne es zu wissen. Machen wir diese Philosophie explizit, besteht die Gefahr, nicht, daß wir es zu gut machen und so die Magie platzen lassen - wir sind Jahrhunderte davon entfernt –, sondern daß wir es falsch machen. Eine enge Theorie kann unsere Ohren abklemmen und unser Hören verarmen lassen. Und das gerade machen psychologisierende, menschenorientierte Theorien der Musik, und abstrahierende Theorien wie Langers sind nur wenig besser. Die erste Art Theorie ignoriert die Natur völlig oder erwähnt sie nur, wenn ein Spaßvogel *Pastorale* über seine Partitur schreibt; was vielleicht sinnvoll wäre, wenn wir es mit einer marginalen Kunst wie Kameenschnitt oder Perlenstickerei zu tun hätten. Die zweite Art Theorie läßt Musik das ganze Universum umfassen, aber nur um die Knöchel, das heißt auf einer trivialen Ebene der Abstraktion. Alles, was Mikrokosmos und Makrokosmos gemeinsam haben dürfen, ist eine Art mobiler Geometrie.

Warum sind wir beim Anblick einer Fontäne bewegt, beim sehnsüchtigen Aufstieg und sterbenden Fall des Wassers? Die Antwort liegt natürlich in den Adjektiven; was nicht besagen soll, daß die Fontäne nur eine Metapher ist. Wenn es eine Metapher ist, dann in der tiefen, nicht der knauserigen Art, die allein auf Grund einer visuellen Ähnlichkeit funktioniert. Die Fontäne bewegt uns, nicht weil sie uns daran erinnert, wie wir uns manchmal fühlen, sondern weil wir genau wissen, wie sie sich fühlt. Ein Melodienstrahl, der sich zur Oktave erhebt, abbricht, bevor er sie erreicht und auf die Subdominante fällt, bewegt uns auf dieselbe Weise. Diese Formulierung handelt nicht von Fontänen und nicht von menschlichem Streben. Sie handelt von einer elementareren Energie, als durch die beiden fließt.

Die Musik in einer so universalen Sicht zu betrachten, ist nicht gerade revolutionär. In Wirklichkeit ist es sogar ziemlich reaktionär. Pythagoras und Platon verbanden die Harmonie der Seele mit der des Universums, und dieses Einvernehmen hielt bis zu Shakespeares Zeit. Denn damals begann die große Kette des Seins sich abzunutzen, als Nivellierer, Bastarde und Angeber die Stufen für nichtig erklärten und diese Saite verstimmten. Bei Schopenhauer ist diese Kette jedoch nicht nur naturalisiert, sondern ihr ganzer moralischer Glanz ist weggekratzt worden. Wir sehen seinen Pessimismus und seinen wedischen Skeptizismus am Werk. Die Kette ist in Wirklichkeit eine Schlange, die blind nach ihrem eigenen Schwanz schnappt. Dies ist kein so schöner Anblick wie Platons; aber unter einem streng modernen Gesichtspunkt – sind die Dinge nicht einfach so?

Wenn wir auch nicht unbedingt Schopenhauers praktische Konsequenzen ziehen, werden wir doch in seine Weltsicht gezogen. Sein Verständnis der Musik sollte ebenso zwingend sein. Wahrscheinlich nicht seine mühsamen Korrespondenzen zwischen den abgestuften Ideen und der zeitgenössischen Musiktheorie (er geht so weit, die Ablehnung von parallelen Quinten mit der Natur der anorganischen Materie zu begründen). Das funktioniert vielleicht bei Mozart, von dessen Perfektion man sagen könnte, daß sie ein momentanes Gleichgewicht des Menschen und der Natur reflektiert, wobei der Mensch sicher an der Spitze steht und die Natur dankbar seine Vermenschlichung der Natur akzeptiert. Es funktioniert nicht beim gregorianischen Cantus planus, bei javanischer Gamelanmusik oder einem Charlie Mingus Baß-Solo. Aber Schopenhauers zentrale Einsicht ist sehr viel weniger kulturgebunden. Es gelingt ihm zu erklären, wie es kommt, daß wir, wenn wir ganz vertieft Musik hören, mit einer Hand die Furchen des Geistes, mit der anderen die Falten des Universums nachzuzeichnen scheinen. Mit anderen Worten, Musik handelt nicht nur von Menschen; sie ist größer.

Wie seltsam, daß jahrhundertelang der westliche Mensch anders gedacht haben soll. Aber dies waren rauhe Jahrhunderte, und natürlicherweise war der Mensch mit seinen eigenen Angelegenheiten beschäftigt. Wenn er sein gutes Geld für einen Konzertplatz bezahlte, hatte er nicht die Absicht, mit Pflanzen oder Felsen zu empathieren, noch weniger mit dem uranfänglichen Willen. Er war dort, um seine eigenen Emotionen gestreichelt zu bekommen. Oder vielleicht auch nur, um sie in Erscheinung zu bringen, denn das Konzert war ein soziales Ereignis. Im Konzertsaal saß er unter Menschen. Auf der Bühne waren nur Menschen. Die Natur und ihre Geräusche waren ausgeschlossen, und es gab nicht einmal wie in der Kirche ein Bild, ihn an außer-menschliche Zonen zu erinnern. Selbst die Instrumente waren anthropomorph (die weibliche Violinfamilie zum Beispiel). Die Musik wurde von Menschen für Menschen gemacht und hatte demnach vom Menschen zu handeln.

Im neunzehnten Jahrhundert konnte nur ein Mystiker oder Eremit diese Denkbahn verlassen, jemand wie Schopenhauer oder Thoreau. »Ich höre jemanden unten auf einer Gitarre spielen... Ich fliege oder schwebe mit sauberen Schößen über das Feld meines Lebens.« Wenn wir Musik hören, »strecken wir unsere schlafenden Fühler an die Grenzen des Universums....

Keine Einzelheiten überleben diese Ausdehnung; Personen überleben sie nicht.« Man beachte, daß diese und ähnliche Meditationen bei Thoreau fast immer von Musik ausgelöst werden, die aus einer Entfernung oder aus einem anderen Raum hereinflutet. So hat Thoreau seine Musik eingenommen, wenn er nicht auf einer Waldlichtung die Flöte spielte. Andere bekommen vielleicht ein ähnliches Gefühl in der Kirche, wenn der Klang des Chores und der Orgel sich von oben her verteilt. Diese verfeinerte Art der Erfahrung ist für uns durch den Phonographen routinemäßig verfügbar.

Das Konzert, das schon früher als ein Beispiel gedient hat, soll hier ebenfalls dienen. Es ist eine Form, die von der Relation zwischen dem Individuum und der Gesellschaft spricht. Mehr als nur Etymologie verknüpft es mit dem Konzertsaal und dem Problem, wie man »konzertierend« mit seinen Mitmenschen umgehen kann. Wir haben schon gesehen, wie der Phonograph die Perspektive des Hörers verändern kann, so daß man statt den Solisten aus der Mitte der Menge zu sehen, die Menge durch die Augen des Solisten sieht. Aber noch eine weitere Möglichkeit wird eingeführt. Das Konzert kann die Beziehung des Helden, nicht zur Gesellschaft, sondern zur Natur oder der Welt als ganzer beschreiben. Zum Beispiel kann die Aufnahme des Sibelius-Violinkonzertes mit Heifetz und dem Chicago Symphonieorchester die Vorstellung von einem Menschen, der im Zwielicht in den Wäldern des Nordens wandert, entstehen lassen: ein Gefühl für Gemeinschaft ohne Vollzug. Im Konzertsaal können dieselben Noten rührend oder unbeholfen scheinen, wie ein Mensch, der nicht an Gesellschaft gewöhnt ist. Auch das Beethovenkonzert scheint manchmal langsam und schrecklich, wenn es dem näheren Blick einer Menge ausgesetzt ist, während es auf Platte (etwa Menuhin mit Furtwängler) entspannte, frische Luft atmet. Beiden Konzerten gelang es zunächst nicht, im Konzertsaal festen Fuß zu fassen.

Ähnlich gibt es Symphonien und Ouvertüren und Chorwerke, in denen wir gern Natur hören, selbst wenn wir auf sechzig oder siebzig Repräsentanten der Gesellschaft blicken. Pastoralmusik im Symphonieformat ist nur ein Beispiel für das, was Komponisten vielleicht hätten machen wollen, aber nicht tun konnten, bevor der Phonograph auftauchte. Sie haben vielleicht Musik ohne Vermittlung von Interpreten schaffen wollen. Sie haben vielleicht direkte Kommunikation mit dem Hörer gewollt (»von Herzen, möge es wieder zu Herzen gehen«). Ihre inneren Visionen waren vielleicht zu persönlich oder mystisch oder naturmystisch, um in einem Konzertsaal mitgeteilt zu werden, aber zu reich gefärbt und riesig für jedes andere Medium als das Orchester. Historiker stellen für das Symphonieorchester des neunzehnten Jahrhunderts einen Zusammenhang mit den stehenden Heeren, Nationalismen und den erderschütternden Bewegungen organisierter Menschen her. Und doch sind Mahlers Symphonien, geplant für ganze Regimenter, die Geistesbewegungen – eines Mannes oder des Universums, sicher aber nicht die einer Gruppe. »Stellen sie sich vor, daß das Universum zu tönen und singen beginnt«, schrieb Mahler von seiner Achten Symphonie. »Dies sind nicht mehr menschliche Stimmen, sondern kreisende Planeten und Sonnen.« Er ist nicht der einzige Komponist, dessen Orchester wuchs, als seine Vision hermetischer wurde. Man könnte das von Bruckner, Ives, Strauss, Berlioz, sogar von Beethoven sagen. Eine verzweifelte Situation für die Komponisten, die ihre größeren Werke, wenn sie überhaupt aufgeführt wurden, mit Ereignissen wie dem Bostoner Friedensfest von 1869 vermengt sahen, bei dem ein Orchester von Tausend, ein Chor von Zehntausend und hundert auf Ambosse hämmernde Feuerwehrleute aufgestellt wurden.

Ebenfalls könnte viel naiv deskriptive Pastoralmusik und viel Programmusik der bramarbasierenden Freiluftart in Reaktion auf die enge, sentimentale Luft des Konzertsaals, des Salons und des Provinzpalastes entworfen sein. Wenn Mäzene und Abonnenten über edle Affektionen plappern, wie konnte man dann überhaupt seine Musik lüften? Wie konnte man zeigen, daß sie nicht dasselbe Thema wie deren Geschwätz hatte? Vielleicht, indem man die Flöten einen Sturm simulieren ließ. Das war zwar auch nicht das wahre Thema, aber es war eine Verbesserung.

Ich denke an Beethoven, aber ein Jahrhundert später stand Debussy vor derselben Verlegenheit. Er entwarf »eine Art Musik, die speziell für das Freie komponiert war, mit breiten Linien, mit kühnen Vokal- und Instrumentaleffekten, die zwischen den Baumspitzen in Sonnenschein und frischer Luft sich tummeln und umherstreifen würden. Harmonien, die in einem geschlossenen Konzertsaal unangemessen erscheinen würden, während sie hier in ihrer wahren Umgebung wären.« Mir scheint, der Phonograph hätte es den Komponisten leichter gemacht, wie er es auch ihren Hörern leichter gemacht hat. Debussy hegte sicher gemischte Gefühle gegenüber dem Pathé-Gerät und behauptete im selben Aufsatz, Militärmusik unter Bäumen gleiche »den schrillen Tönen eines großen Grammophons«. Aber Varèse konnte in der neuen Erfindung die Stimme seines Herrn Debussy hören und erkannte in ihr das Medium einer Musik »von sich im Raum bewegenden Klangkörpern«, einer Musik, die dem Universum gleiche.

Auch hier wieder ist das logische Extrem der Phonographie die elektronische Musik. Ich zitierte früher schon Stockhausens Kommentar, wenn man zu Hause elektronische Musik hört, die Augen geschlossen, »öffnet sich das innere Auge den Visionen in Zeit und Raum, die alles übertreten, was die Gesetze der physischen Welt ringsum erlauben; räumliche Perspektive und Logik von Ursache und Wirkung in zeitlichen Ereignissen sind aufgehoben.« Ursache und Wirkung und räumliche Perspektive sind Aspekte der phänomenalen Welt, dem Willen fremd. Stockhausen bedient hier Schopenhauer, ob er das will oder nicht. Während der menschliche Ursprung der elektronischen Musik ein Mysterium ist, »nach dem zu fragen sinnlos ist«, ist der der gewöhnlichen aufgezeichneten Musik eine Gewißheit (mehr oder weniger), über die man nicht nachzudenken braucht. In beiden Fällen ist man frei, den Geist mit der Musik selbst zu füllen – oder die Musik mit deinem Geist.

Wenn wir Musik hören, dehnen wir uns aus, um den verfügbaren Raum zu füllen. Dies ist ein Grund für das Gulliver-Gefühl, das wir bekommen, ein Gefühl monströser Sensitivität – als ob unsere Nerven sich über das Universum streckten – und Verletztbarkeit. (Kopfhörer vermitteln dies Gefühl sofort, aber in einer etwas anderen Form. Zwar ist es schwer zu sagen ist, ob mein Selbst sich ausgedehnt hat oder die Welt implodiert ist, aber die heftige Privatheit der Erfahrung macht das Gefühl der Implosion stärker. Weil die Musik aus meinem Inneren zu kommen scheint, verschmilzt sie mit meiner direkten Erfahrung des Willens. Deshalb scheint die Musik meine momentanen Gefühle auszudrükken, auch wenn sie ihrer Natur nach mit ihnen über Kreuz liegen müßte. Noch eine andere Wirkung stellt sich ein, wie Nina beobachtet hat: Ich scheine nicht so sehr der Musik zuzuhören als sie zu spielen.)

Vielleicht erweitert jede Kunst die Seele. Aber nicht jede Kunst macht es so wie die Musik. Zum Beispiel sollte die Architektur die Seele aufbauen, aber weil unsere Augen sich vorsichtig über die großen Räume bewegen, werden wir eher erniedrigt als erhöht. Das Innere einer großen Kathedrale macht, daß wir uns klein fühlen; und erst wenn es sich mit Musik füllt, dehnt sich der Geist zu seinen Dimensionen.

»... für den Menschen, der sich völlig dem Eindruck einer Symphonie hingibt«, sagt Schopenhauer, »ist es, als ob er alle möglichen Ereignisse des Lebens und der Welt in seinem Inneren vorbeiziehen sieht.« De Quincey, eher unter dem Einfluß von Opium als Metaphysik, scheint etwas Ähnliches empfunden zu haben:

> ... ein Chor, & c., von ausgefeilter Harmonie, ausgebreitet vor mir wie ein Stück Teppich, das Ganze meines vergangenen Lebens – nicht als ob es durch einen Gedächtnisakt erinnert wäre, sondern als ob es gegenwärtig und in der Musik inkarniert wäre: nicht länger schmerzlich dabei zu verweilen: und die Details seiner Zufälle entfernt oder in einer unbestimmten Abstraktion vermischt; und seine Leidenschaften erhöht, spiritualisiert und sublimiert. Alles das war für fünf Schillinge zu haben.

Aber ob man nun tatsächlich eine Unendlichkeit von Bildern oder Ereignissen »sieht« oder nicht, man hat doch oft das Gefühl, daß eine Stunde Musik eine Welt in sich enthält. Eine

Platte ist eine Welt; sogar ihre Form, unverändert von Emile Berliner bis zur Laser-Disc, deutet das an. Im Rock and Roll hat die drehende Scheibe andere Assoziationen, die am meisten mit ungerichteter Bewegung zu tun haben, aber es gibt auch den Wunsch, einen mystischen Kreis um die eigene Welt zu ziehen. »Ich floh aus der Schule in das Sanktuarium meines Zimmers«, erinnert sich der Kritiker Jim Miller, »wo ich durch die Auswahl von Singles eine Welt heraufrufen konnte. Das war für mich die Bedeutung von Rock and Roll.«

Jede Platte ist ein Mikrokosmos, eine 30cm- oder 12cm-Welt. Ein Regal mit Platten ist eine Reihe von möglichen Welten. Nimm eine heraus und lege sie auf, und eine Welt spult sich ab, die Welt, in der für die nächste Stunde zu leben man sich entschieden hat.

Wie unterscheidet sich das Plattenregal vom Bücherregal darüber? Wir stellen uns auch ein Buch oft als eine Welt vor. Aber ein Roman, weil er sich auf spezielle Gegenstände der Möblierung der Welt in einem Konversationsarrangement bezieht, ist gesegnet partiell. Es ist ein Raum, in den wir aus dem Raum, in dem wir tatsächlich leben, entkommen können. Es ist »eine Welt«, aber nicht eine ganze Welt, nicht eine Version der Welt. Deshalb kann man einen großen Roman von Balzac oder Jane Austen oder Flannery O'Connor als Ausflucht lesen, weil man gewiß sein kann, daß er die zärtlichen Orte des eigenen täglichen Lebens nicht antasten wird. Diese Art Ausflucht ist mit Berlioz, Haydn oder Billie Holiday nicht so leicht möglich. (Schopenhauer hat dafür eine andere, aber verwandte Erklärung: Die nichtmusikalischen Künste lassen uns dem Willen entkommen, indem wir uns selbst in reine Erscheinung verlieren.) Bücher, die versuchen, eine ganze Welt darzustellen, philosophische Bücher und manche Gedichtbände, verlieren zu oft ihre Macht uns zu rühren. Nur Musik ist zugleich universal und geht an die Knochen.

Musik, die diesen Namen verdient, ist gefräßig, anmaßend, selbst wenn sie so eigentümliche Liedtexte hat, daß man sie zum Adressieren eines Briefes benutzen könnte. Sie paßt entweder zur eigenen Stimmung, oder sie widerspricht ihr (oder beides); sie kann sie nicht mehr ignorieren als ein Stein die Schwerkraft. Wenn wir davon sprechen, die Musik als Ausflucht zu gebrauchen, dann meinen wir, wir wollen, daß durch die Zugkraft der Musik etwas der – gar nicht weggewünschten – Schwerkraft unserer Situation entgegenwirkt. Wir wollen Abhebegeschwindigkeit erreichen. Wenn es funktioniert, sind wir im Weltraum, umkreisen diese Welt; wir sind zwar ihren tieferen Gesetzen unterworfen, aber wir sehen sie von einer höheren Perspektive. Nur eine Handvoll Bücher haben eine vergleichbare Reichweite (niemand kann auf triviale Weis3Tolstoi oder den Weden oder Spinoza entkommen).

Angenommen also, ich säße in einem in keiner Weise bemerkenswerten Zimmer, außer daß die Air aus Bachs dritter Orchestersuite durch es hindurchzieht. Ich starre auf ein Stück Teppich und das Bein eines Stuhls, aber geistesabwesend; eigentlich verfolge ich den Faden dieser Melodie, den schreitenden Baß, der mit einem Schritt Galaxien zu durchqueren scheint. Wenn eine Platte auf den Plattenteller gelegt ist, wird eine Folie oder ein Dia über ein Segment von Raum und Zeit gelegt. Der Effekt ist doppelte Belichtung. Aber wenn die Musik ihr Salz wert ist, wird sie sich selbst als die wahre Realität behaupten, und die schönen Möbel des eigenen Raums erscheinen (wenn man sich dessen überhaupt bewußt ist) als bloßes Bild, als Schleier der Maya.

Kann irgendeine andere Einrichtung zur »Heimunterhaltung« dieses Kunststück fertigbringen – den eigenen Raum über den Raum, in dem die Leute wohnen, zu legen? Fernsehen bleibt immer eine Fläche oder bestenfalls ein Kasten, in dem die Bilder tanzen und ringen. Bücher haben keinerlei Beziehung zu dem Raum, in dem sie gelesen werden; ihr Raum ist andernorts, und wir folgen ihnen dorthin. Dann gibt es das Radio, das in dieser Hinsicht manchmal vom Phonographen nicht zu unterscheiden ist; aber seine wirkliche Tendenz ist doch, meinen Raum mit den anderen Räumen in der Welt zusammenfließen zu lassen. Wenn der Phonograph die enge städtische Zelle zu ebenso vielen Welten öffnet, wie es Platten gibt, macht das Radio die ganze Welt zu einer heimeligen häuslichen Szene.

Wenn ich von einer doppelten Belichtung spreche, dann meine ich damit nicht, daß unser Sinn für Musik visuell sein müsse. Ich meine aber, er ist nicht nur einfach auditiv; der Sinn richtet sich auf eine Präsenz, eine Realität. Wir können sie mit imaginierten Formen ausfüllen oder nicht. Cavell schreibt: »Diejenigen, die ernsthaftes Radio vermissen, werden sagen, daß es, anders als das Fernsehen, der Imagination Raum lasse. Das scheint mir ein falsches Lob der Imagination, die gewöhnlich die trägste, wenn auch potentiell kostbarste menschliche Fähigkeit ist. Eine Welt des Klangs ist eine Welt der unmittelbaren Überzeugung.« Er spricht von Hörspielen, aber dasselbe gilt auch für Musik im Radio oder auf Platte. Ob man nun den Stift der Imagination verwendet oder nicht, die Realität ist da.

Eine frühere Form dieser Erfahrung wird von Kierkegaard im ersten Band von *Entweder/Oder* beschrieben, wo der Erzähler von *Don Giovanni* ganz ergriffen ist, aber nicht einen Taler für ein Billett ausgibt. »Ich stehe draußen auf dem Korridor, lehne mich an die Wand, die mich vom Zuschauerraum trennt; da ist die Wirkung am stärksten. Es ist eine Welt für sich, abgesondert von mir; ich sehe nichts, aber ich bin nahe genug um zu hören, und bin doch so unendlich fern.« Er möchte nicht einmal (wie Saul oder Tomás wollen) sich den Auftritt des Don vorstellen, denn wenn man ihn sieht, »dann hört man ihn nicht mehr, und so geht er verloren«. Der Don ist nicht ein Mensch, sondern eine universale Kraft, »die überschießende Lebensfreude«, die die ganze Oper beseelt, und er ist »absolut musikalisch«. An einem guten Tag könnte Schopenhauer in Don Giovanni vielleicht den Willen hören.

Die Wirkung ist nicht auf Innenräume begrenzt. Thoreau sagt, daß Musik »die Landschaft plötzlich malt, wie sie durch keine Landwirtschaft, keine Blumenzucht errichtet werden kann«. Tatsächlich malt sie draußen sehr viel öfters, was das Auge sieht, als daß sie ihm entgegenstände. »Das Murmeln des Windes«, sagt Debussy, als er seine Anordnung für Musik *en plein air* gab, »würde sich mystisch mit dem Rascheln der Blätter und dem Geruch der Blumen mischen, da die Musik sie alle in einer so völlig natürlichen Harmonie vereinte, daß sie eins mit ihnen zu werden scheint. Die hohen friedvollen Bäume glichen den Pfeifen einer großen Orgel...«

Stühle und Tische sind nicht weniger als Bäume Objektivationen des Willens. Selbst Innen sollte die Musik demnach zumindest manchmal malen, was wir sehen, und die Realität vertiefen, statt ihr zu widersprechen. Schopenhauer sagt: »Man könnte demnach die Welt eben so wohl verkörperte Musik, als verkörperten Willen nennen: daraus also ist es erklärlich, warum Musik jedes Gemälde, ja jede Scene des wirklichen Lebens und der Welt sogleich in erhöhter Bedeutsamkeit hervortreten läßt; freilich um so mehr, je analoger ihre Melodie dem innern Geiste der gegebenen Erscheinung ist.« Um dies zu testen, denken wir für den Augenblick in den Begriffen der Analogien von Tempo. So wie jede Art von Bewegung auf einer Leinwand mit jeder dahinter gespielten Musik synchron zu sein scheint, wenn auch nur die vageste Ähnlichkeit des Tempos besteht, so wird die Musik, die man im eigenen Wohnzimmer spielt, zu allem passen, was dort vor sich geht. (John Cages Musik und Merce Cunninghams Choreographie, unabhängig voneinander geschaffen und dann zusammengebracht, sind ein anderes Beispiel.) Aber wenn es keine Bewegung im Raum gibt oder die Bewegung am fernen Ende der Tempobreite ist, dann bekommt man ein Gefühl für die sichtbare Welt wie Maya. Außen ist dieses Ergebnis möglich, aber weniger üblich, da der Außenraum beinahe so groß wie die Musik erscheinen kann, seine Bewegung ebenso anmutig und vielfältig.

In »The World of the Phonograph«, einem Aufsatz, von dem ich nur eine Seite gelesen und ihn dann für zwei Jahre weggelegt habe, weil er dem, was ich schreiben wollte, zu nahe war, erzählt Paul Rosenfeld von einem in einem Farmhaus verbrachten Sommer, wo zwischen einer Tapetentür und einem Fenster, das auf See, Berge und Himmel blickte, ein Orthophonic stand. Hier entdeckte er die Welt des Phonographen, »eine der physischen sehr ähnliche metaphysische Welt«. In so purpurroten Zeilen wie Holger, der Geist-Dichter, beschreibt er, wie er in den Gesängen der Brüder von Solesmes »schwach opaleszierendes Licht in

Streifen durch die grauen Abendwolken ziehen« sah; im zweiten Akt des *Tristan* den Schoß der schöpferischen Erde »Herd der dunklen Flammen«, im Zwischenspiel von *Chowanschtschina* eine Ebene, aber dunkel wie das Grab, die »das kolossale Gewicht der Berge und mit ihm die Tragödie der Welt« trägt. Bachs Toccata und Fuge in D-Moll hatte mit dem »spitzwinkligen Licht und dem schrägfallenden Regen«, dem mechanischen Spiel der elementaren Gewalten zu tun. Brahms war ein königlicher Sonnenuntergang, Mozart ein goldener, olympischer Nachmittag, Beethoven »die wechselvolle Erdoberfläche, eine menschliche Bewegung wie eines Mannes, der unter feuchten Bäumen inmitten eines frischen Windes schlendert«. Der Phonograph ließ Rosenfeld Werke der Musik neben »die natürliche Welt« stellen, »die die Erfahrungen interpretieren können, die sie ausdrücken.« Natürlich schließt die natürliche Welt den Menschen ein, und ein zu einer Großstadtstraße hin offenes Fenster könnte ähnliche Einsichten vermitteln; tatsächlich war Rosenfelds Imagination durch die menschlichen Ereignisse jenes »schweren Sommers 1931« angespornt. Der Konzertsaal jedoch ist dafür gebaut, daß er alle menschlichen Ereignisse, die größer als ein Husten sind, ausschließt.

»Unter dem Zauber des Dionysischen«, schreibt Nietzsche, »feiert die Natur, die entfremdete, feindselige oder unterworfene, wieder ihre Versöhnung mit ihrem verlorenen Sohn, dem Menschen.« Aber wenn die Musik auch ohne eine Welt existieren würde, dann kann sie gewiß auch ohne den Menschen existieren. Wir sollten mittlerweile modern genug sein, der Musik zuzuhören und eine Welt zu hören, in der die Anwesenheit des Menschen unwesentlich, ja sogar irrelevant ist.

Dank der Atombombe können wir den letzten Satz der Sechsten Symphonie von Vaughan Williams als Schlußbetrachtung über die absolut leeren Felder eines zukünftigen Krieges hören. (Die brummelnde Rede des alten Komponisten, die einer frühen Aufnahme so merkwürdig angehängt war, könnte von Decca als Abmilderung dieser Leere gemeint sein.) Aber ein großer Teil prä-atomarer Musik kann ebenfalls als nicht-menschlich gehört werden. Beethovens Sphären-Musik in der Neunten Symphonie – die auf die Worte »über Sternen muß er wohnen« folgenden aufsteigenden kleinen Terzen – klingen nie ganz richtig, wenn sie von Holzbläsern in Dinnerjackets kommen; sie klingen richtig, wenn sie aus der Leere eines Lautsprechers, vorzugsweise eines hoch stehenden kommen. Aber der ganze letzte Satz, auf den Nietzsche als eine Vision der dionysischen Ekstase verweist, bleibt absichtsvoll menschlich. An anderer Stelle läßt sich Beethoven von seiner Einsamkeit, anstatt sie wegzuwünschen, zu eisigen, unbewohnten Landschaften führen. Der Beginn der Neunten Symphonie deutet die Schöpfung der Welt an, ein Ereignis, bei dem kein Mensch so nahe war, daß er darüber gefühlvoll werden müßte. Der langsame Satz des zweiten Viertels in Opus 59 ist wie ein öder Planet, nicht einmal von dem Künstler besucht, der ihn beschreibt, bedeckt mit zerfallenen Portiken und den Füßen von Statuen – so etwa scheint es mir unter dem Einfluß des Phonographen.

Die normale Weltraum-Musik von heute ist elektronisch, der Phonograph findet zu seiner eigenen Stimme. Sie reicht von den Blips der Videospiele bis zu den astralen Extravaganzen von Stockhausen (das erste elektronische Werk, das von einer Plattenfirma in Auftrag gegeben wurde, Subotnicks *Silver Apples of the Moon*, fällt plumpsend in die Mitte dieses Spektrums). Varèse plante ein dramatisches Werk über einen Astronomen, der mit Sirius Signale austauscht und, als ihn die unverständigen Massen ergreifen wollen, dorthin per »radiation instantée« übergesetzt wird. Die Grundlage dieser Geschichte war ein amerikanisch-indianisches Volksmärchen, dessen Held Varèse mit Nietzsches *Übermensch* in Verbindung brachte.

Folgen wir dieser Spur noch ein wenig weiter. Richard Strauss, eine der grauen Eminenzen, die von dem jungen Varèse beeindruckt waren, schrieb seine eigene direktere Behandlung von Nietzsches Thema. Sie wurde nicht allzuoft gespielt, bis dann Stanley Kubrick sie in *2001: Odysse im Weltraum*, einer anderen Geschichte über einen Menschen, der die Menschheit hinter sich läßt, verwendete. Sofort wurde die Eröffnungsfanfare (wie Holsts *The Planets*) ein Standardstück zur audiophonen Demonstration. Trommeln und Orgel konnte man in Mouret finden; was wirklich zählte, war das Gefühl, daß sich die Galaxien ihrem Erwählten selbst ankündigen.

Es wird erwartet, daß sich Intelligenz von einem anderen Planeten in einfachen geometrischen Formen manifestiert. Der Monolith von *2001* ist ein solches Symbol; und daß die Scheibe ein weiteres ist, ahnt man sofort, zumal die machtvolle Titelmusik von dorther kommt. Und so haben wir nun die Scheibe als unseren eigenen Begleiter zum Rest des wissenden Universums, wenn es ein solches ist, gewählt. Beide Voyager-Raumschiffe tragen auf dem Flug zu ihren abertausenden von Lichtjahren entfernten Zielen eine goldbeschichtete Platte, kodiert mit menschlicher Musik – Bach, Beethoven, Chuck Berry, Javanische Gamelan –, gesprochenen Grüßen und verschiedenerlei Photographien vom Leben auf der Erde. »In Milliarden Jahren« schreibt Carl Sagan, »wird unsere Sonne ... die Erde in ausgebrannte Asche verwandelt haben. Aber die Voyager-Schallplatte wird noch weitgehend intakt sein ... und das Gemurmel einer alten Kultur bewahren, die einmal ... auf dem fernen Planeten Erde blühte.«

Offiziell wurde das Medium wegen seiner Einfachheit und Dauer ausgewählt (eine goldene Schallplatte ist dauerhaft, wenn man sie nicht spielt). Tiefere Gründe aber werden auf dem Buchumschlag von *Murmurs of the Earth* angedeutet, auf dem man die goldene Platte durch den Raum schweben sieht, heimisch zwischen den anderen Himmelskörpern. Eine Platte ist eine Welt. Es ist die Welt, vom Menschen in eine Form gekratzt, die ihn vielleicht überlebt.

Autor und Verlag möchten folgenden Institutionen für die freundliche Genehmigung zum Nachdruck danken:
»Radio, Radio« (E. Costello) © Plangent Visions Music Limited for the world. Mit freundlicher Genehmigung.
»Life During Wartime« (D. Byrne, J. Harrison, C. Frantz und T. Weymuth) © 1979 Blue Disque Music Co. Inc. and Index Music Inc. Alle Rechte vorbehalten.
»One Nation Under a Groove« (G. Clinton, G. Shider und W. Morrison) © Bridgeport Music. Mit freundlicher Genehmigung.
»P. Funk (Wants to get Funked Up)« von George Clinton/William Collins/Bernie Worrell © 1976 Malbiz Music and Rick's Music, Inc. Alle Rechte von Rightsong Music, Inc. kontrolliert.
»Give Up the Funk (Tear the Roof Off the Sucker)« von Jeromo Eugene Brailey/George Clinton/William Collins © 1976 Malbiz Music and Rick's Music, Inc. Alle Rechte von Rightsong Music, Inc. kontrolliert.
»Unfunky UFO« von George Clinton/William Collins/Garry Marshall Shider © 1976 Malbiz Music, Inc.
»School Days« von Chuck Berry © 1957 Arc Music Corp. Mit freundlicher Genehmigung. Alle Rechte vorbehalten.

Register

Adorno, Theodor W. 33, 34, 90, 183
Albanese, Licia 240
Albinoni, Tommaso 56
Alkibiades 197
Allen, Woody 105, 139
Amram, David 118
Andersen, Hans Christian 251
Angelico, Fra 75
Antheil, George 255
Aristoteles 30, 112, 195, 197, 198, 199, 202, 205, 214, 218, 223, 224
Armstrong, Lil Hardin 158
Armstrong, Louis 43, 44, 76, 82, 154, 156, 157, 158, 159, 160, 161, 163, 169, 170, 230
Astaire, Fred 12, 13, 170
Atlee, John York 128
Austen, Jane 107, 109, 269
The Average White Band 180

Baal Schem Tob 177
Babai, Bela 105
Babbitt, Milton 148, 149, 150
Babel, Isaac 41
Bach, Johann Sebastian 38, 64, 71, 84, 92, 117, 119, 142, 148, 152, 153, 167, 175, 182, 185, 207, 210, 270, 273, 274, 275
Bacon, Roger 245
Baker, Janet 210
Balliett, Whitney 107, 110
Balzac, Honoré de 269
Barraud, Francis 74, 75
Bartók, Béla 68, 73
Barzun, Jacques 190
Basie, Count 136, 163, 184
The Beach Boys 79
The Beatles 55, 73, 78, 79, 139, 155, 162, 171, 173
Beattie, Ann 92
Beecham, Sir Thomas 73, 122, 167, 204, 232, 247
Beethoven, Ludwig van 22, 37, 38, 42, 47, 56, 62, 72, 92, 95, 108, 115, 125, 141, 144, 175, 183, 186, 203, 205, 213, 231, 246, 250, 254, 265, 266, 267, 273, 274, 275
Beiderbecke, Bix 230
Bellow, Saul 31, 94
Benjamin, Walter 31, 60, 125
Berio, Luciano 171
Berkeley, Busby 258
Berlin, Irving 83
Berliner, Emile 53, 60
Berlioz, Louis-Hector 84, 143, 157, 266, 269

Bernstein, Leonard 46, 49, 125
Berrigan, Bunny 230
Berry, Chuck 108, 155, 171, 254, 275
Bizet, Georges 210
Blacking, John 89
Blake, William 27
Bolden, Buddy 163
Borodin, Alexander 207
Boulez, Pierre 146, 150, 171
Boyé, Caspar Johannes 209
Brahms, Johannes 37, 47, 58, 164, 169, 208, 273
Branch, Elwood 18
Brecht, Bertolt 58, 183, 205
Britten, Benjamin 63, 85, 88, 151
Brown, Claude 85
Browne, Clarence Abram 13, 44
Bruckner, Anton 266
Buñuel, Louis 258
Busch, Fritz 232
Burney, Charles 85
Busoni, Ferruccio 74, 143, 144
Byrd, Donald 56

Caballé, Montserrat 238
Caccini, Giulio 210
Cage, John 87, 88, 113, 146, 150, 151, 220, 255, 256, 271
Cahill, Thaddeus 144, 145
Cale, John 171
Callas, Maria 47, 48, 49, 131
Cantelli, Guido 73
Capek, Karel 247, 253
Carlos, Wendy 113, 148
Cartier-Bresson, Henri 124
Caruso, Enrico 25, 67, 73, 83, 99, 104, 128, 160, 161, 164, 169, 231
Casals, Pablo 55, 73
Cavell, Stanley 67, 106, 107, 271
Chaplin, Charlie 58, 139, 160, 248, 249
Chatschaturjan, Aram 167
Chopin, Frédéric 37, 39, 178, 205
Chotzinoff, Samuel 84
Clair, René 248
Clapton, Eric 85
Clementi, Muzio 246
Clinton, George 95, 96, 139
Clinton, Larry 230
Cocteau, Jean 142, 253, 258
Colbert, Claudette 175
Coleman, Ornette 163
Collier, James Lincoln 159
Commander Cody 127
Condon, Eddie 230
Cooke, Deryck 211
Cooper, Jackie 14
Corelli, Franco 47, 254
Costello, Elvis 42, 92, 171, 206
Cox, Ida 154
Craft, Robert 130
Croce, Jim 73
Crosby, Bing 120, 170, 171, 230
The Crystals 138
Culshaw, John 115, 132, 133, 134, 151
Cunningham, Merce 151, 272

Daniel, Oliver 164
Darwin, Charles 259
Davis, Miles 162, 163, 170, 171
Debussy, Claude 65, 66, 118, 124, 143, 267, 271
DeGaetani, Jan 130
de Leuven, Adolphe 210
del Monaco, Mario 231
de Mille, Cecil 169
de Qunicey, Thomas 268
de Sabata, Victor 131
Dewey, John 216
Dodge, Charles 67
Donizetti, Gaetano
The Doors 73
Dorsey, Jimmy 230
Dorsey, Tommy 230
Dozier, Lamont 138
Dunstable, John 211
Dvořák, Anton 55
Dylan, Bob 136, 155, 171

Earth, Wind and Fire 97
Edison, Thomas Alva 17, 25, 53, 60, 81, 120, 122, 136, 157
Eisenstein, Sergej 126, 127, 161, 162
Elgar, Sir Edward 128, 141, 202
Eliot, T. S. 106
Ellington, Duke 162, 163, 171
Ellison, Ralph 43, 44, 159
Elman, Mischa 168
Emerson, Ralph Waldo 25, 60, 192
Eno, Brian 140
Etting, Ruth 19
Evans, Bill 163, 170

Faber, Josef 245
Farrar, Geraldine 129
Fellini, Federico 41
Fischer-Dieskau, Dietrich 234
Fisher, Eddie 104
Fitzgerald, Eddie 14
Fitzgerald, Pegeen 14, 17, 31
Flagstad, Kirsten 127
Fletcher, Harvey 166
Fogerty, Tom 139
France, Anatole 23
Franco, Francisco 91
Franklin, Aretha 136, 140, 180
Franklin, Joe 13
Frayne, George 127
Freud, Sigmund 177, 210
Frye, Northrop 203
Fuqua, Harvey 138
Furtwängler, Wilhelm 73, 265

Gaisberg, Fred 55, 81, 116, 123, 128, 129, 132, 133, 136, 161, 165
Galli-Curci, Amelita 231
Gave, Marvin 139
Gelatt, Roland 26
Gershwin, Frances 13
Gershwin, George 12, 13
Gershwin, Ira 13
Gesualdo, Don Carlo 174, 255
Getz, Stan 163
Gigli, Benjamino 231
Gluck, Christoph Willibald 178, 209, 210
Gobbi, Tito 131
Goethe, Johann Wolfgang von 38
Goldberg, Rube 255
Goldberg, Isaac 100
Goodman, Benny 230
Gordon, Dexter 171
Gordy, Berry 109, 138
Gould, Glenn 71, 73, 92, 111, 112, 113, 114, 115, 116, 117, 118, 135, 138, 149, 150, 166, 168, 169, 170, 173, 203, 217
Gounod, Charles 69
Greenfeld, Howard 99

Haggin, B. H. 124, 157, 217
Händel, Georg Friedrich 87, 203
Hammond, John 136, 137
Handy, W. C. 154
Hanslick, Eduard 178, 208, 209, 210, 211, 213, 214, 261
Hawkins, Erskine 107
Haydn, Joseph 60, 157, 184, 246, 269
Heifetz, Jascha 207, 265
Helmholtz, Hermann 143
Henderson, Fletcher 155, 160
Hendrix, Jimi 73
Hillel, der Alte 29
Hindemith, Paul 58, 84
Hines, Earl 163
Hoagland, Edward 92
Hodeir, André 164
Hoene-Wrońsky, Jozef Maria 143
Hoffmann, E. T. A. 24
Holiday, Billie 15, 82, 103, 136, 154, 170, 269
Holland, Brian 138
Holly, Buddy 73
Holst, Gustav 275
Hooker, Richard 212
Horowitz, Vladimir 175
The Hot Five 157
Houston, Joe 148
Hunter, Alberta 154
Huxley, Aldous 72

Isherwood, Christopher 103
Ives, Charles 88, 266

Jackson, Mahalia 154
Jackson, Tony 103
Jacquet-Droz 245
Jefferson, Blind Lemon 154
Johnson, Bunk 76
Johnson, Emma
Johnson, Robert 102, 154, 155, 171
Jolson, Al 13, 230
Joplin, Janis 73

Kael, Pauline 78
Kafka, Franz 249, 250
Kant, Immanuel 258
Karajan, Herbert von 66, 128, 129, 130
Keyserling, Baron H. C. von 71
Keaton, Buster 249
Keats, John 192
Keil, Charles 172
Kellaway, Roger 127
Keppard, Freddie 156, 157
Kierkegaard, Sören 271
King, B. B. 137
Kipnis, Alexander 232
The Kiss 32
Kleiber, Erich 234
Klemperer, Otto 62
Koheleth 235
Kolodin, Irving 74
Koschetz, Nina 129
Kreisler, Fritz 70, 123
Kubrick, Stanley 274
Kundera, Milan 96

Lamb, Charles 219
Langer, Susanne 178, 179, 211, 212, 213, 214, 215, 261
Lanin, Lester 229
Lauri-Volpi, Giacomo 231
Lawrence, Jerry 14
Laxness, Halldór 190
Le Corbusier (Charles Jeanneret) 147
Leden, Christian 68
Legge, Walter 62, 74, 128, 129, 130, 131, 132, 139
Lehmann, Lotte 131
Leibniz, Gottfried Wilhelm von 142
Leinsdorf, Erich 232
Le Moyne, Jean 112, 113
Lennon, John 55, 73
Lenya, Lotte 173
Leoncavallo, Ruggiero 142
Leopold von Köthen 39
Leppard, Raymond 203
Lewis, Sibbey 107
Lieberson, Goddard 134
Lipatti, Dinu 73
Liszt, Franz 37
Lomax, Alan 137, 153, 162
Lucier, Alvin 150
Luening, Otto 144, 146, 166
Lully, Jean Baptiste 153

Ma, Yo Yo 177
McCarey, Leo 109
McCartney, Paul 139
Mackenzie, Compton 53, 55, 57, 58, 59, 60, 90, 92, 123, 161, 189
McLuhan, Marshall 140
Madonna 104
Mälzel, Johann Nepomuk 246, 250
Mahler, Gustav 55, 202, 206, 266
Malinowski, Bronislaw 98
Mann, Thomas 69, 118, 210
Marantz, Saul 240, 241
Marcus, Greil 53, 55
Marcuse, Herbert 33
Marinetti, Emilio 254, 255
Marley, Bob 73
Martin, George 109, 141
Martinelli, Giovanni 231
Marx, Groucho 15
Masaccio 174
Mayfield, Curtis 139
Mendelssohn Bartholdy, Felix 104
Mengelberg, Willem 74
Menuhin, Yehudi 123, 128, 265
Merriam, Alan P. 36
Merrill, Robert 231
Miller, Glenn 230
Miller, Jim 269
Milton, John 22
Mingus, Charlie 162, 264
Modigliani, Amadeo 143
Moholy-Nagy, Laszlo 257
Molotsky, Irvin 13
Monk, Thelonious 62, 162, 163, 171, 173
Monteverdi, Claudio 38, 153, 210
Moore, Dudley 105
Moore, G. E. 254
Moore, Gerald 91
Morris, William 33
Morrison, Jim 73
Morrison, Van 171
Morton, Jelly Roll 103, 153, 154, 157, 161, 162
Mozart, Leopold 246
Mozart, Wolfgang Amadeus 37, 38, 39, 45, 47, 59, 87, 92, 118, 144, 152, 180, 181, 184, 185, 203, 204, 206, 210, 222, 264, 273
Müller, Wilhelm 24, 25
Mumford, Lewis 248, 249
Muscio, Bing 90
Mussorgski, Modest 117
Muzak 90, 91, 92, 110, 117, 148, 220, 221, 223

Nancarrow, Conlon 152
Newman, Ernest 190
Nietzsche, Friedrich 35, 197, 208, 258, 259, 273, 274
Nilsson, Birgit 47, 132
Niven, David 102

Obraszowa, Elena 46, 49
O'Connor, Flannery 269
Offenbach, Jacques 69, 250
Oldfield, Mike 139
Oliver, Joe 157, 158, 159, 160
Orff, Carl 151
Ortega y Gassett, José 257
Orwell, George 248
Osborne, Conrad L. 132, 133

Pachmann, Vladimir von 116
Page, Tim 111, 112
Parker, Charlie 33, 85, 164
Partch, Harry 151, 152, 171
Pascal, Blaise 27
Pathé, Charles 66, 99, 248, 267
Pathé, Emile 66, 99, 248, 267
Patti, Adelina 25, 101
Payzant, Geoffrey 111, 152
Peri, Jacopo 210
Peters, Roberta 231, 238
Phillips, Sam 137, 140
Picasso, Pablo 142, 164
Pinza, Ezio 172, 232, 236, 237
Platon 112, 113, 176, 184, 195, 197, 198, 199, 200, 206, 214, 218, 220, 221, 222, 260, 263
The Police 186
Pons, Lily 231
Ponselle, Rose 129, 131
Pope, Alexander 25
Presley, Elvis 73, 137, 155
Priestley, John B. 219
Prokofiew, Sergej 80, 81, 126, 127, 141, 167, 252
Proust, Marcel 105
Puccini, Giacomo 131
Purcell, Henry 152

Rachmaninow, Sergej 136, 141, 166
Rainey, Ma 101, 154
Rasumofsky, Graf Andreas 39
Ravel, Maurice 141
Raynor, Henry 61, 85
Redding, Otis 73
Reddy, Helen 218
Reik, Theodor 207
Reiner, Fritz 73, 232
Respighi, Ottorino 253
Richter, Swjatoslav 124
Riesman, David 27, 29
The Righteous Brothers 138
Rilling, Helmuth 106
Rimski-Korsakow, Nikolai 251, 253
Robinson, Smokey 138, 139
Rockwell, Norman 18
Rolland, Romain 144
The Rolling Stones 85, 171
Rollins, Sonny 171, 244
The Ronnettes 138, 139
Roosevelt, Franklin D. 128
Rosenfeld, Paul 58, 251, 272, 273
Rostand, Edmond 98, 99, 104

Rothstein, Edward 111
Rousseau, Jean-Jacques 209
Rubinstein, Arthur 168, 169, 215
Rush, Otis 180, 184

Sachs, Curt 61, 101, 102
Sagan, Carl 275
St. Cyr, Johnny 156
Samaroff, Olga 103
Satie, Erik 86, 87, 171
Schaeffer, Pierre 146
Schaljapin, Fjodor 75, 128, 254
Schenker, Heinrich 203
Schlegel, Friedrich von 24
Schnabel, Artur 170
Schönberg, Arnold 114, 117, 118, 150, 206
Schopenhauer, Arthur 38, 113 , 213, 258, 260, 261, 263, 264, 267, 268, 269, 271, 272
Schostakowitsch, Dimitri 207
Schubert, Franz 25, 58, 69, 219, 250
Schuller, Gunther 167
Schuman, William 91
Schumann, Robert 24, 39
Schütz, Heinrich 106
Schwarzkopf, Elisabeth 127, 128, 129, 130
Scott, Herman 108, 241
Seeger, Charles 137
Seeger, Pete 136
Sellers, Peter 66
Serkin, Rudolf 177
Shakespeare, William 53, 107, 263
Shaw, Artie 230
Shaw, George Bernard 39, 202
Shepherd, Bert 81
Sibelius, Jean 205, 207, 265
Sinatra, Frank 171
Smith, Bessie 82, 136, 154, 160
Smith, Mamie 154
Smith, Sidney 79
Smucker, Tom 78
Smyth, Ethel 204
Solti, Sir George 132
Solschenizyn, Alexander 221
Spector, Phil 109, 115, 138, 139, 140
Spector, Veronica
Spinoza, Baruch 262, 270
Spivey, Victoria 154
Stein, Gertrude 194
Stefano, Giuseppe di 231
Stevenson, Robert Louis 59
Stockhausen, Karlheinz 115, 118, 146, 147, 150, 151, 171, 267, 274
Stokowski, Leopold 105, 115, 134, 144, 164, 165, 166, 167, 168, 169, 253
Stoltzmann, Richard 172
Stratas, Teresa 172
Strauss, Richard 73, 117, 133, 141, 143, 266, 274
Strawinsky, Igor 54, 58, 118, 125, 134, 141, 142, 143, 150, 152, 246, 251, 252, 253, 254
Streisand, Barbra 66
Subotnick, Morton 147, 274
Sudhalter, Dick 17
The Supremes 180
Suzuki, Shunryu 256
Szell, George 55, 232

Tagliavini, Ferruccio 232
The Talking Heads 55, 171
Tebaldi, Renata 47, 234
Telemann, Georg Philipp 38, 87
Teyte, Maggie 122
Thackeray, William Makepeace 36
Theremin, Leon 145
Thoreau, Henry David 114, 192, 193, 219, 265, 271
Thurnwald, Richard 101
Tieck, Ludwig 24
Tolstoi, Leo 59, 80, 81, 270
Toscanini, Arturo 73, 75, 84, 123, 167, 217
Toscanini, Walter 123
Troyat, Henry 60
Tschaikowski, Pjotr 211
Tucker, Richard 231, 232
Tucker, Sophie 154
Twitty Conway 137

Ussachevsky, Vladimir 146, 166

Varèse, Edgar 118, 142, 143, 144, 145, 146, 147, 148, 150, 153, 166, 255, 267, 274
Vaucanson, Jacques 245, 248
Vivaldi, Antonio 87

Wagner, Richard 51, 84, 133, 197, 208, 231, 258
Waller Fats 171
Walter, Bruno 55
Warshow, Robert 218, 249
Waters, Ethel 13, 17
Weber, Max 61, 64
Webern, Anton von 118, 205
Weill, Kurt 58, 118, 144, 171, 173, 205
Weissenberg, Alexis 172
Welles, Orson 139
Welte, Edwin 74
Wexler, Jerry 140
Whiteman, Paul 229
Williams, Martin 154
Willis, Ellen 55
Winter, Johnny 155
Wolf, Hugo 129, 137
Wonder, Stevie 99, 139
Wuorinen, Charles 148

Xenakis, Iannis 147

Zappa, Frank 56, 115, 139, 140, 148, 155, 162, 171, 173, 180, 181, 183, 186
Zinzendorf, Nikolaus Graf von 63, 64